U0515510

河北省智库研究项目
河北省重点高端智库"河北省社会科学院京津冀协同发展研究中心"年度研究报告

THE ANNUAL REPORT ON THE COORDINATED DEVELOPMENT OF BEIJING-TIANJIN-HEBEI (2022)

京津冀协同发展报告

(2022)

主　编◎陈　璐

副主编◎边继云

中国财经出版传媒集团
经济科学出版社
Economic Science Press

图书在版编目（CIP）数据

京津冀协同发展报告 . 2022 / 陈璐主编；边继云副主编 .
—北京：经济科学出版社，2022.5
（河北省社会科学院·智库系列）
ISBN 978 - 7 - 5218 - 3669 - 1

Ⅰ. ①京…　Ⅱ. ①陈… ②边…　Ⅲ. ①区域经济发展 -
研究报告 - 华北地区 - 2022　Ⅳ. ①F127. 2

中国版本图书馆 CIP 数据核字（2022）第 080110 号

责任编辑：胡成洁
责任校对：齐 杰　杨 海
责任印制：范 艳

京津冀协同发展报告

（2022）

主 编 陈 璐

副主编 边继云

经济科学出版社出版、发行　新华书店经销
社址：北京市海淀区阜成路甲 28 号　邮编：100142
经管编辑中心电话：010 - 88191335　发行部电话：010 - 88191522
网址：www. esp. com. cn
电子邮箱：espcxy@ 126. com
天猫网店：经济科学出版社旗舰店
网址：http: //jjkxcbs. tmall. com
北京季蜂印刷有限公司印装
710 × 1000　16 开　14. 75 印张　260000 字
2022 年 5 月第 1 版　2022 年 5 月第 1 次印刷
ISBN 978 - 7 - 5218 - 3669 - 1　定价：75. 00 元
（图书出现印装问题，本社负责调换。电话：010 - 88191510）
（版权所有　侵权必究　打击盗版　举报热线：010 - 88191661
QQ：2242791300　营销中心电话：010 - 88191537
电子邮箱：dbts@ esp. com. cn）

前　言

　　本书分为四个板块。其中，总报告板块从京津冀协同创新的视角分析了协同创新的历史责任与战略使命，提出了战略科技力量建设与京津冀协同创新的关系，总结剖析了京津冀战略科技力量建设的布局与制约因素，提出了推动京津冀战略科技力量建设的着力点、实现路径和保障措施；宏观视野板块从融入新发展格局、构建现代化经济体系、推动城乡统筹发展、打造先进制造业集群、深化协同体制机制改革等角度分别提出了未来发展方向与对策思路；区域研究板块从雄安新区承接疏解转移、承德国家可持续发展议程创新示范区、环雄安地区、县域经济和融入"一带一盟"等角度出发，深入分析了现状和问题，提出下一步的发展设想；专题报告板块聚焦科技服务业协同发展、医疗卫生协同发展、民营经济发展、产业结构优化、旅游产业发展等方面的问题，在学术理论方向提出或论证了一些创新观点，从实践的角度提出了相关的对策建议，力争为河北在推进与京津协同发展中的重大决策提供参考和智力支持。

目　录

Ⅳ　专题报告

Ⅰ 总报告 →

京津冀协同创新：战略科技力量建设与布局优化①

边继云②

摘　要：面对高水平科技自立自强的发展需求和建设自主创新重要源头、原始创新主要策源地的战略任务，京津冀协同创新将步入以战略科技力量体系化建设引领区域协同创新发展的全新阶段。战略科技力量如何建设、如何布局则成为研究的关键。基于此，本报告从"十四五"京津冀协同创新的历史责任、战略使命与战略科技力量建设的必要性入手，分析了京津冀战略科技力量建设的布局现状与发展制约、应避免的误区以及着眼点，并从强化顶层设计、加快建设雄安战略科技力量集聚平台、培育区域战略科技力量体系、优化人才资源配置、推动体制机制创新五方面提出了京津冀战略科技力量建设与布局的实现路径与发展保障。

关键词：京津冀　战略科技力量　建设　布局

当前，从全球来看，都市圈和城市群一体化加速发展已成为推动区域经济社会高质量发展最具潜力的增长动能。高度一体化的城市群也已经成为资源集聚、体系整合、利益共享的创新共同体，正在以前所未有的形象、规模和发展速度，成为全球科技创新要素的集聚配置者、科技前沿领域的引领探索者和重点产业技术创新的研发践行者。其中，作为支撑创新与科技发展关键的战略科技力量的建设与布局优化与否，则成为城市群创新潜力能否有效发挥、城市群经济社会发展质量能否有效提升的关键决定因素，京津冀同样如此。进入全新

---

① 本文为河北省软科学研究专项《优化科技资源配置构建河北战略科技力量的若干重点问题研究》（项目编号：215576128D）阶段成果。

② 边继云，河北省社科院经济研究所研究员，河北省政府特殊津贴专家，研究方向：区域经济、旅游经济、科技创新战略与政策发展。

发展阶段，面对高水平科技自立自强的全新发展需求，推动京津冀战略科技力量高质量建设与优化布局，已成为推动京津冀协同创新深化发展和提升京津冀整体发展层级的核心任务。

一、京津冀协同创新："十四五"京津冀高质量协同发展的核心任务与关键支撑

（一）协同创新——京津冀协同发展的既有主题

京津冀协同创新是京津冀协同发展战略的核心主题。2015年4月，中共中央政治局批复通过《京津冀协同发展规划纲要》，其中提出了打造"京津冀协同创新共同体"的建设目标。此后，京津冀三地围绕协同创新共同体的建设开展了大量工作。2018年，在京津冀三地的共同努力下，三地签署了《关于共同推进京津冀协同创新共同体建设合作协议（2018－2021年）》，共同构建了分管副省级领导、厅局级领导和具体业务处室的三级定期交流机制。河北更是创造性地提出了将协同创新重点工作指标纳入市县党政领导班子和省直部门综合考评体系等系列政策措施，有效促进了各项推进举措在河北省落地落实。此后，河北·京南科技成果转移转化示范区、科技冬奥绿色廊道、环首都现代农业科技示范带等重大协同创新平台得以建立。2014～2018年京津冀技术合同交易总量及天津、河北占北京技术合同输出的比例均实现显著增长，2014年，北京向天津、河北输出的技术合同成交额总量为83.2亿元，2018年此成交额增加至350.4亿元，年均增长率达到22.8%；北京向津冀输出的技术合同成交额占流向外省市的技术合同成交额的比重也由4.8%上升至8.1%，京津冀协同创新取得了明显成效。[①] 尽管如此，与京津冀协同创新共同体的建设目标相比，与京津冀协同发展的需求相比，京津冀协同创新仍然任重道远。协同创新重大成果突破、成果转化与产业化都仍不尽如人意，"北京研发、河北转化"态势还远没有形成，产业发展"你中有我""我中有你"的局面更是相差甚远。

---

① 资料来源：2021年全国技术市场统计年报。

（二）"十四五"京津冀协同创新的历史责任与战略使命

1. 要在自主创新和原始创新的发展上实现突破，成为全国创新发展的动力源

建设自主创新的重要源头和原始创新的主要策源地是京津冀协同发展进入滚石上山、爬坡过坎、攻坚克难的全新发展阶段后，进一步深化协同发展必须要完成的战略任务。"十四五"期间，京津冀地区必须在落实这一战略任务上取得实质性突破和进展。这就要求京津冀三地必须围绕科技前沿和国家重大需求，改革深化科技创新的体制机制，提高重大创新策源能力。实现科学新发现、技术新发明、产业新方向、发展新理念从无到有的跨越。而其中作为创新与科技发展最关键支撑的战略科技力量的建设与布局优化，是京津冀创新策源地能否形成的关键因素。

2. 要在推动跨区域基础研究与应用研究融通发展上实现突破，成为区域协同创新的示范高地

"十四五"时期，将是我国以创新引领发展，由并跑向领跑转换的关键时期。以基础研究的创新发展实现关键卡脖子技术的突破，并实现成果转化，助推新兴产业创新崛起是我国发展的核心任务。京津冀地区作为全国重点建设的战略区域，需要在区域协同创新体制机制建设上，在政策改革突破上，在基础研究与应用研究融通发展上给出示范。这就要求京津冀三地必须把握科技发展趋势，完善创新生态，在着力实现前瞻性基础研究、引领性原创成果重大突破的基础上，推动基础研究、应用研究和技术创新融通发展，围绕基础研究、应用研究和技术创新全链条部署创新要素，增加成果供给，促进成果转化，培育发展新兴产业。并在区域科技创新政策有效衔接，科技资源高效共享，基础研究与应用研究融通发展上，形成可示范推广的经验，成为区域协同创新的示范高地、区域基础研究与应用研究融通发展的示范高地。

3. 要在推动区域创新资源向区域创新竞争力转化上实现突破，成为科技创新驱动区域高质量发展的全国典范

客观来看，京津冀地区是全国创新资源较为丰富的地区，但却不是创新竞争力最强的地区。提升区域创新能力和水平，将区域创新资源尽快转化为区域创新竞争力是京津冀地区迫切需要完成的重要任务。这就要求京津冀在进行区域创新规划和要素布局时，要突破行政区域的局限，构建泛区域、跨学科、强关联、高强度的协同创新网络，并结合自身的创新基础和产业发展特征，通过创新资源、创新政策等途径引导提升创新研究的集中度，探索新时代区域创新改革试验，强化核心技术协同攻关，把强大的创新资源转化成为强大的科技竞争力，以科技创新驱动高质量发展。

4. 要在提升集聚和使用全球创新资源的能力上实现突破，成为全国开放创新的引领区

通过开放合作战略集聚全球创新资源，以开放创新引领创新的突破性发展，是在当前"双循环"新格局的构建中，提升创新能力和创新发展水平仍要坚持的战略方针。京津冀都市圈作为全国重点建设的三大都市圈之一，理应在开放创新发展上进一步实现突破，探索出一条在"双循环"发展格局下更具现实针对性和实践指导性的开放创新之路。这就决定了京津冀的协同创新必须主动融入全球创新网络，对接国际通行规则，优化开放合作服务环境，在集聚和使用全球创新资源上拓宽路径、创新机制，打造全国开放创新的引领区，成为引领带动全国其他区域融入全球创新网络的前沿和窗口。

二、京津冀协同创新：战略科技力量支撑与引领下的创新突破

（一）建设战略科技力量的提出与建设背景

强化国家战略科技力量是党中央做出的重要战略决策和战略部署，探究战略科技力量提出与建设背景，可以从以下两个方面进行探析。

一是发达国家对价值链中高端创新技术的垄断和封锁，使得建设战略科技力量、加强自主创新和原始创新成为我国应对不合理竞争手段的核心举措。当前，放眼世界，以美国为首的西方发达国家已经在全球价值链高端环节形成了垄断地位，在创新领域具备了先发优势。利用此种垄断地位和先发优势，其开始对后发国家进行技术封锁和技术围堵。在此形势下，必须以高水平自立自强实现创新突围，才能实现自主发展。能否打造形成一支具有较强自主创新和原始创新能力的战略科技力量，实现颠覆性技术、关键共性技术、关键核心技术的自主创新与突破，则是关键中的关键。

二是科技革命和产业变革的加速演进使得打造战略科技力量、抢占全球创新制高点并推动创新产出产业化发展成为我国进一步加快发展的必然选择。当

今世界，基于新一代信息技术的创新应用，新一轮科技革命和产业变革也正在加速推进，世界经济发展进入大调整时期。在这场调整中，工业经济时代建立的产业运行体系正在发生根本性变革，资源配置、创新协作、生产组织、商业运营等方式加快转变，全球经济正迈入体系重构、动力变革、范式迁移的新阶段。在这场变革中，国家与国家、区域与区域、行业与行业、企业与企业之间的竞合关系日趋复杂，每个参与主体都需要重新审视自己的地位、重新定位自己的角色、重新找到发展的方向，中国要在全球经济格局深刻变化中走出一条创新之路，必须打造战略科技力量，抢占全球创新制高点。与此同时，催生新发展动能，支撑经济社会高质量发展。

（二）战略科技力量的界定

就当前而言，国内尚无权威文件对战略科技力量的内涵与外延进行明确阐释。综观现有研究观点，对于战略科技力量的界定多集中于两方面：一是以肖小溪、李晓轩为代表的基于战略科技力量从政策背景和国家实验室建设的使命定位进行分析；一是以张杰为代表的将战略科技力量置于区域创新链和产业链融合发展的体系逻辑进行分析。

前者认为，战略科技力量尤其是国家战略科技力量是以满足国家战略需求为定位，由国家支持、主要从事一般科研主体无意或无法开展的高投入、高风险、大团队、长周期的科技创新活动的科研力量，是国家科研机构、高校、企业（包括高科技民企）等优势力量的集合与协同。从国家层面看，战略科技力量主要应包括国家实验室、国家重点实验室、大学科研院所和其他形式的战略科技力量（如攻克关键核心技术的头部企业）。后者则认为战略科技力量是一个广义的发展体系，是支撑一国或一个区域创新链和产业链深度融合发展的创新体系，是一个能够从基础研究传递到应用基础研究进而传递到应用开发研究和中间试验研究，最后传递到工程化研究和产业化研究的包括产学研完整环节的科技创新体系。战略科技力量应具有体系性特征，而不能碎片化、单一化发展。因此，战略科技力量既包括培育和提升一批国家重点实验室、国家工程中心和国家技术创新中心，也包括打造一批新型研究型大学、新型研发机构，更要围绕产业化研究推动以领军企业为核心组建创新联合体。就京津冀区域而言，体系化建设布局战略科技力量，围绕创新链与产业链关键环节的突破、协同与融合发展，打造创新核心支撑力量体系，提升京津冀区域整体创新能级更为迫切。

（三）京津冀协同创新：战略科技力量建设的必要性分析

1. 战略科技力量是新时期支持京津冀实现创新突破、打造全国创新高地的中流砥柱

正如我们前文所分析的，建设"自主创新的重要源头和原始创新的主要策源地"是京津冀进入全新发展阶段必须要完成的战略任务。与此同时，面对区域协同创新不断深入的发展需求，京津冀还要承担起引领带动区域协同创新向更高层级发展的重要使命，在跨区域基础研究与应用研究融通发展上实现突破，在推动区域创新资源向区域创新竞争力转化上实现突破，在集聚和使用全球创新资源的能力上实现突破。这些都需要在京津冀战略关键领域系统谋划、整合资源，优化战略科技力量布局，增强京津冀区域科技创新的体系化能力。

2. 战略科技力量是新时期京津冀在国家高水平自立自强发展中实现创新引领的关键支撑

京津冀经济圈以首都为中心城市，除经济发展功能外，其还具有强大的政治服务功能。京津冀经济圈的建设除要关注自身发展外，还要在区域创新发展、持续发展，高质量等方面为其他地区树立示范榜样，在国家高水平自立自强发展中承担起自己的使命，做出自己的贡献。利用已有资源优势，建设国家战略科技力量，形成战略性技术储备、关键性技术应对、协同性技术转化的京津冀方案，实现国家科技自立自强的京津冀引领刻不容缓。

3. 战略科技力量是新时期重塑京津冀创新发展格局、高标准高质量推动京津冀协同发展的核心力量

京津冀地区有着较为丰富的创新资源和较高产出的创新成果，但是"高资源集聚低区域流动、高成果产出低区域转化"的老问题却一直没有得到有效解决，河北的创新短板与发展短板也一直是制约京津冀整体发展层级提升的主要因素。重塑京津冀创新发展格局、推动区域创新要素自由流动、推动区域创新产出高质量创新转化和产业化已经成为新时期京津冀高质量协同发展的迫切要求。其中，建设战略科技力量，推动战略科技力量实现区域内的布局与优化则成为重塑京津冀创新格局的关键，也成为京津冀协同发展能否深度推进、实质性发展的核心。

三、京津冀战略科技力量建设布局现状与发展制约

（一）区域实力相对雄厚，具备打造创新策源地的基础

京津冀地区创新资源丰厚，无论是以国家实验室、技术创新中心等为代表的狭义的战略科技创新平台，还是大学、科研院所、高新技术企业、重大科技基础设施等广义战略创新主体和创新载体都具有明显的比较优势。以北京为例，北京拥有 90 多所大学、1000 多所科研院所，其中包括中科院、清华、北大等一批全国顶尖高校和科研机构。拥有近 3 万家国家级高新技术企业，高新技术制造业企业市值排在全球第五位。还拥有一批世界顶尖的科学家和工程技术专家，全国近一半（47%）的两院院士。布局有 128 个国家重点实验室、68 个国家工程技术中心和 20 多个国家级重大创新平台，[①] 如新能源汽车技术创新中心、国家动力电池创新中心、国家先进计算产业创新中心等，再加上已经具有成熟科技创新发展经验的中关村和正在加速建设的北京怀柔综合性国家科学中心以及 2020 年国家首个综合类技术创新中心——京津冀国家技术创新中心的成立，更是强化了这一实力。与此同时，京津冀尤其是北京的高质量创新成果突出，每年的国家科技奖励一等奖和每年的全国十大科技进展中约有一半来自北京。相对雄厚的发展实力，奠定了京津冀打造全国创新策源地的基础。

（二）布局单核集中、区域创新实力差距制约了京津冀整体创新效能的发挥

截至 2020 年，京津冀共有国家重点实验室 154 家（见表 1），国家级技术创新中心 85 家，但其中 80% 以上分布在北京，布局呈现出单核集中的态势。京津冀地区创新能力相对薄弱的河北，截至 2020 年国家级重点实验室仅有 12 家，国家级技术创新中心仅有 5 家，仅占京津冀平台数量的 7.8% 和 5.9%。2020 年，河北省省级以上科技研发平台数量为 1206 家，其中重点实验室 273 家、技术创新中心 792 家、产业技术研究院 141 家，国家级创新平台仅占河北省全部创新平台的 1.41%。[②] 在全国 7449 个学科中，河北省进入 B 档及以上

---

① 资料来源：国新办就介绍落实五中全会精神，加快推进北京国际科技创新中心建设有关情况举行发布会。

② 资料来源：2020 年度河北省科技创新平台综合统计年报。

档次的仅有 17 个学科，排在全国第 22 名，仅为北京的 1/25；获评 A 档的只有燕山大学的机械工程学科（A－），仅为北京的 1/213。① 布局的单核集中状态和区域创新资源的巨大落差，使得京津冀整体创新效能的发挥不尽如人意。

表 1　　　　　　　　　河北省国家级重点实验室

序号	名称	依托单位
1	省部共建电工装备可靠性与智能化国家重点实验室	河北工业大学
2	亚稳材料制备技术与科学国家重点实验室	燕山大学
3	煤基低碳能源国家重点实验室	新奥集团股份有限公司
4	抗体药物研制国家重点实验室	华北制药集团新药研究开发有限责任公司
5	新型药物制剂与辅料国家重点实验室	石药控股集团有限公司
6	光伏材料与技术国家重点实验室	英利集团有限公司
7	风电设备及控制国家重点实验室	国电联合动力技术有限公司
8	卫星导航系统与装备技术国家重点实验室	中国电子科技集团公司第五十四研究所
9	络病研究与创新中药国家重点实验室	石家庄以岭药业股份有限公司
10	轧辊复合材料国家重点实验室	中钢集团邢台机械轧辊有限公司
11	省部共建交通工程结构力学行为与系统安全国家重点实验室	石家庄铁道大学
12	省部共建华北作物改良与调控国家重点实验室	河北农业大学

资料来源：河北省科技厅发布的《2020 年河北省重点实验室年度报告》。

（三）单环节创新成效凸显，区域化链式创新发育严重不足

北京作为全国科技创新中心，在创新产出和对全国其他区域的辐射和带动上，一直居于全国前列。2021 年，北京技术合同成交额突破 7000 亿大关，达 7005.7 亿元，位居全国第一。② 尽管如此，但以区域发展视角来看，放眼整个

① 数据来源：全国第四轮学科评估结果（cingta.com）。
② 数据来源：科技部《关于公布 2021 年度全国技术合同交易数据的通知》。

京津冀地区，高创新产出与低区域转化同在的状况并没有转变。2021 年，作为京津冀地区研发转化主要承载区的河北，承接京津技术合同成交额 300 亿元，尽管增长率超过 40%，但仅占京津输出技术合同成交额的 3.6%。① 综合科技创新水平指数仅为 58.26%，排在全国第 18 位，不过在沿海地区当中是洼地，也远低于中西部地区的江西、陕西、湖南、湖北、四川等省份。② 与此同时，天津承接北京技术合同成交额 33.60 亿元，仅占北京输出技术合同成交额的 0.7%。区域化链式创新发育的不足，暴露了区域战略科技力量的体系化发展不尽如人意。

四、京津冀战略科技力量建设与布局的着眼点

（一）京津冀战略科技力量建设与布局应避免的误区

1. 战略科技力量打造应遵循体系化布局而非碎片化建设

战略科技力量建设的核心在于实现创新链的自主可控，并在自主可控创新成果和关键技术的支撑下实现创新链和产业链的融合发展，通过创新成果的产业化转化，推动实现区域高水平自立自强。也就是说，战略科技力量建设不仅要瞄准原始创新或基础研究，更要聚焦从基础研究到应用基础研究再到工程化产业化的全创新链过程，构建"战略科技力量 + 企业技术创新能力"的一体化体系。换言之，就是要实现以"国家重点实验室、国家工程中心或大学等专业化科研机构 + 现代化产业体系"为主导的系统性发展（张杰，2021）。从此角度而言，战略科技力量建设中不仅要重视国家重点实验室、国家工程中心或大学等具备基础研究能力的专业化科研机构建设发展，更要注重政产学研的贯通。以体系化布局形成基础科技力量、区域科技力量、产业科技力量协同编队、良性互动，打造空间分布合理、功能体系完整的科技基础设施集群与区域科技创新高地。

2. 战略科技力量建设应强化政府与市场的有机结合

战略科技力量虽然代表了区域创新的最高水平，承担着推动高水平科技自立自强、催生区域新发展动能、支撑经济社会高质量发展的政治使命，但这并不意味着战略科技力量的建设打造只能依赖国家或地方政府的财政投入。正如

---

① 数据来源：2021 年《河北省推动京津冀协同发展统计监测报告》。
② 数据来源：《中国区域科技创新能力评价报告 2021》。

前文所述，区域战略科技力量打造的核心是要形成基础科技力量、区域科技力量和产业科技力量的体系化布局。这就决定了京津冀战略科技力量的建设发展必须正视和客观推进市场化创新力量的发展，必须注重多元资本的吸收与运用，不能仅强调或依靠政府投入而忽略市场的作用，而应激发各市场主体的积极性，实现政府和市场的有机结合。具体而言，就是要构建形成一种市场和政府有机结合，有效推动战略科技力量建设发展的新型科技创新体制。既要避免简单依赖市场机制而造成的企业自主投入不足，进而导致产业竞争能力下降的弊端；又要避免完全依赖政府投入，增加政府财政负担或降低资源配置效率的情况发生。

3. 战略科技力量建设布局应实现服务国家发展与服务区域发展的统一

当前，都市圈已经成为我国新兴产业集聚和技术创新的中心，更是承载创新要素、对接全球创新链和价值链的主要空间载体。2012～2020年，京津冀、长三角和粤港澳大湾区三个都市圈合计占全国经济总量和专利授权总量比重年均分别约为40%和60%（赵祥，2021）。在科技自立自强国家战略的引领下，都市圈首当其冲应承担起建设战略科技力量，服务国家战略科技任务的责任使命。尤其是北京，作为全国明确打造的国际科技创新中心，建设世界主要科学中心和创新高地、服务国家科技战略发展责无旁贷。但与此同时，从区域协同发展的角度来看，战略科技力量的布局建设应承担起催生区域经济发展新动能、支撑区域产业高层级发展的责任。对于京津冀而言，迫切需要通过战略科技力量的构建推动圈域科技、产业融合发展和整体创新层级提升。因此，京津冀战略科技力量的建设布局应实现服务国家发展与服务区域发展的统一。

（二）京津冀战略科技力量建设与布局的着眼点

面对国内外科技创新趋势的深刻变化，京津冀必须准确把握自身发展所处的历史方位和阶段特征，立足区域创新体系和基础，聚焦新时期国家和京津冀区域创新使命、创新任务、创新发展需求，以提升全国和区域科技创新能级和核心竞争力、突破关键核心技术制约为目标，布局建设战略科技力量。

1. 围绕京津冀区域科技创新体系发展，布局建设战略科技力量

从新中国成立至今、经过多年的发展，我国区域科技创新体系在客观上形成了三类发展逻辑和途径：一是以承接国家创新任务为导向，以国有科研机构为主体的科研体系；二是以高水平成果发表为评价标准，以大学为主体的科研

体系；三是以市场化为导向，以企业为主体的科研体系（白光祖、曹晓阳，2021），京津冀也不例外。进入新发展阶段，以新发展理念布局建设战略科技力量，不能脱离现有体系而另起炉灶，而应针对现有不同科研体系类型，分类施策，资源整合，合理布局。在新一轮科技革命和产业变革的推动下，创新的技术路径正在发生改变，创新力量的资源配置方式已发生颠覆性改变。在创新系统性演变的规律和科学技术全球一体化发展的趋势下，京津冀要突破资源配置的地域限制。改变过去只关注创新要素构成和创新资源静态配置的局部思维，以全球视野汇聚创新资源，将其与已有区域创新体系有机融合，应是京津冀战略科技力量建设与布局的重要方面。

2. 围绕增强京津冀产业链、供应链自主可控能力，布局建设战略科技力量

安全稳定、自主可控的产业链和供应链，是构建新发展格局的基础。近年来，以美国为首的个别国家，置市场规则于不顾，对技术转让实施限制，对产业链关键核心零部件实施产品断供，对我国产业链和供应链带来了不小的冲击，对我国高科技龙头企业的发展也产生了不小的影响。有效解决当前和未来产业链发展中可能遇到"卡脖子"问题、关键核心技术制约问题，加大核心零部件自主研发和核心技术自主创新是解决问题的根本途径。而围绕增强京津冀产业链供应链自主可控能力，布局建设战略科技力量，则是推动全产业链优化升级，形成具有更强创新力、更安全可靠的产业链和供应链的重要支撑。

3. 围绕构筑京津冀未来战略竞争优势，布局建设战略科技力量

当前，以人工智能、量子技术、大数据、机器人等为代表的新技术不断发展。围绕新技术布局未来产业、形成具有先发优势的领先竞争力已经成为各经济发展区域的通用做法。未来产业竞争力能否形成已经成为影响未来区域竞争力和一个区域（城市也好、都市圈也好、城市群也好）在全国乃至全球发展方位的决定力量。对京津冀而言，能否抓住新技术不断发展变革的机遇，构建引领和支撑未来经济发展的战略科技力量，抢占未来产业制高点，将是决定能否在未来十数年全国竞争格局中占有一线竞争优势的关键。在此背景下，面向世界科技前沿，立足全球产业链和价值链，汇聚战略资源，布局建设战略科技力量，对核心技术进行集中攻关，形成对未来产业发展的战略性科技支撑，成为京津冀都市圈加速发展的关键。

4. 围绕京津冀高质量发展新动力源的培育，布局建设战略科技力量

当前和未来很长一段时期，京津冀经济结构调整与产业转型升级将进入深水区，推动经济发展质量变革、效率变革、动力变革，建设现代化经济体系的任务将更加繁重。以创新培育增长新动力、形成发展新优势的要求将更加迫切。因此，面向重大科技需求，深入参与构建社会主义市场经济条件下关键核心技术攻关的新型举国体制，围绕京津冀高质量发展新动力源的培育配置战略科技力量，突出自主创新补短板、挖潜力、增优势的战略重点，推动区域经济转型提升、主导产业的创新发展，使京津冀区域顺利实现新旧动能转换、产业向价值链中高端跃升是京津冀高质量发展的重要内容。

5. 围绕破解区域创新短板，提升区域整体创新层级，布局建设战略科技力量

正如前文所述，京津冀地区创新资源丰富，但创新资源分布不均，区域创新研发转化的产业链并不顺畅，尤其是河北创新短板的客观存在，使得京津冀在创新链与产业链的衔接上、在区域创新层级的提升上都存在着明显的制约。通过战略科技力量的布局建设，重塑京津冀区域创新格局、形成京津冀区域创新驱动合力刻不容缓。

五、京津冀战略科技力量建设与布局的实现路径与发展保障

（一）强化顶层设计，系统谋划总体方针和总路线图

充分利用京津冀新一轮全面创新改革试验方案制订实施的有利机遇，在京津冀协同发展领导小组领导下成立由战略科学家主导、三地政府部门和相关机构参与的京津冀战略科技力量建设指导委员会。围绕服务国家战略需求，支撑我国在新一轮大国博弈中赢得优势、主动和服务区域发展需求，在新发展格局构建中重塑京津冀发展优势、增强内生动力，系统谋划京津冀战略科技力量建设布局的总路线图。在明确各类战略科技力量建设发展的总体目标、基本定位、承担任务的基础上，深入研究论证其建设责任主体、运行治理机制、任务组织模式、评价考核导向、总体建设进度与支撑保障政策等的可行性，为京津冀区域战略科技力量的布局建设提供路线指引，为京津冀整体科技实力和创新能力的提升提供有效保障。

（二）加快建设雄安战略科技力量集聚平台，实现京津冀战略科技力量的均衡布局

在京津冀国家技术创新中心以及北京"三城一区"即中关村科学城、怀柔科学城、未来科学城以及北京经济技术开发区，天津中国信创谷、生物制造谷、细胞谷、天津智谷等创新建设主平台的建设的基础上，着力布局建设雄安战略科技力量集聚平台，实现京津冀战略科技力量的均衡布局，推动河北科技创新短板加速提升。具体而言，要结合北京非首都功能的疏解，有效承接北京高校、科研院所疏解，布局建设一批国际一流研究型大学、高精尖科研院所和国家级科技创新平台。结合国家科技创新基地总体部署，布局建设生命科学重大科技基础设施和网络空间安全、人口与健康国家实验室，在人工智能、芯片、无人系统、区块链、生物技术等领域建设一批国家产业创新中心、技术创新中心和未来产业研究院，并配套建立现代科研院所制度。与此同时，加强雄安新区与北京中关村科学城、怀柔科学城、未来科学城和北京经济技术开发区以及天津滨海中关村科技园的合作对接，加快推进雄安新区中关村科技园建设。以雄安新区为龙头，统筹全省科技创新平台资源，优化科技创新区域布局，形成京津冀区域协同创新合力。

（三）打造从原始创新、应用研究到成果转化产业化的区域战略科技力量体系

一是布局建设一批京津冀重大科技联动创新基地和学科交叉研究中心，夯实战略科技力量的主体支撑。鼓励京津冀三省市在科技前沿、共性关键技术和公共安全等领域集中优势科技资源，创新体制机制，建设国家实验室、国家重点实验室、国家技术创新中心、国家产业创新中心、国家制造业创新中心、国家临床医学研究中心等重大科技创新基地。以北京怀柔综合性国家科学中心为依托，联动津冀，加快构建世界一流的重大科技基础设施集群和区域重大科技基础设施网络，推动京津冀重大科技基础设施升级和联合建设。依托京津冀国家技术创新中心，建设京津冀科技资源共享平台，围绕提升重点产业领域技术创新水平，打通重大基础研究成果产业化的关键环节，构建风险共担、收益共享、多元主体的协同创新共同体，提升能够引领未来产业发展方向的技术创新策源能力。与此同时，探索适应大科学时代基础研究特点，加强自然科学与社会科学的融合，组建京津冀学科交叉研究中心。聚焦符合科学发展趋势且对未

来长远发展产生巨大推动作用的前沿科学问题，聚焦学科交叉前沿研究方向，开展前瞻性、战略性、前沿性基础研究。根据世界科技前沿和国家长远发展重大需求，在优势学科群基础上，成熟一个，启动一个。

二是布局建设一批京津冀创新融合的新型研发机构，提升研究成果转化应用能力。新型研发机构建设目前已经成为部分科技创新引领型区域破解科技成果转化难题的钥匙。清华大学长三角研究院、江苏省产业技术研究院、中国科学技术大学先进技术研究院等一批新型研发机构对区域创新发展的有效支撑也证明了这点。就京津冀而言，推动创新要素在区域自由流动，整合三地企业、高校、科研院所等在资金、技术、人才等方面的优势，围绕产业链、创新链、资金链有机结合，打造一批多主体联合建设、法人化现代化管理、市场化运作的新型科研机构，推动创新活动和科研成果快速向现实生产力转化。如围绕河北创新短板的拉升，紧密结合其产业发展需求可探索组建生物技术和医药产业联合创新中心、智能电网和电力装备联合研发中心、智慧农业联合创新研究院等。

三是布局建设一批以领军企业为核心的企业创新联合体，筑牢研究成果区域产业化发展的根基。围绕传统产业转型提升和战略性新型产业发展培育，支持优势企业承担国家重大科技项目，前瞻部署未来产业技术。加快形成龙头企业领衔突破产业核心关键技术，中小企业应用、孵化和延伸产业创新链条的集群创新机制。与此同时，围绕提升京津冀区域产业转型升级能力，支持和引导企业采取自建、合建、并购、收购等形式，加快建设省级以上企业技术中心、工程技术研究中心、工程实验室、重点实验室、产业技术研究院。鼓励优势企业联合省内外企业、行业协会、高校和科研院所等，在智能装备、精细化工、清洁能源、新能源汽车、半导体照明、现代中药等领域，运用市场机制共建产业技术创新战略联盟。突出体制机制创新，发挥企业主体作用，调动社会各方参与，强化产学研深度合作，推进组建 3~5 家京津冀平台型、网络型、高水平产业创新联合体，通过重大科技任务带动，构建跨领域、跨区域、多主体协作的创新合作机制，加快关键核心技术的攻关和转化。

（四）优化人才资源配置，形成跨区域、跨主体、跨部门共建战略科技力量的要素保障

人才是战略科技力量建设发展的最核心要素，建设战略科技力量关键是建设一支具有强创新能力和强创新潜力的人才队伍。

一是共建京津冀人才服务体系。聚焦重点合作园区，积极促进人才交流和联合培养，完善跨区域人才服务网络，努力实现京津冀人才支持政策相互衔接、工作体系相互对接、资源市场相互贯通、发展平台相互支撑、体制机制改革相互促进，不断增强对高端人才的吸引力。共同建立京津冀高级专家数据库，搭建三地高层次人才资源交流共享平台。建立京津冀人才圈公共服务平台，支持三地公共就业和人才服务机构、青联、社会组织等举办人才招聘、沙龙、研讨会、论坛等活动，促进人才互动交流。

二是搭建区域科技人才信息共享平台。鼓励京津冀联合推行外籍高端人才绿卡制度，加快区域内人事档案管理、社会保险、专业技术人才支撑等方面的制度衔接，健全跨区域人才多向流动机制，推动京津科技领军人才赴河北创新创业。

三是建立区域人才资源开发孵化基地。推动京津冀三地联合组建人力资源市场、人才服务中心、科技领军人才创新驱动中心等。充分利用"千人计划""创新人才推进计划"等重大人才工程，推动人才合作与交流，吸引和培养一批高端创新人才。

四是构建国际科技人才引进机制。把国际人才战略上升为国家战略，积极制定一系列人才政策，大力引进国际性人才。引进过程要遵循国际惯例，考虑区域状况，既摸着石头过河、努力探索，又稳扎稳打、走好每一步。区域政府结合自身的实际，发挥优势，积极出台引才政策、建设引才网络、创新引才方式、为人才提供良好的工作生活配套等，在引进国际性人才过程中充分发挥政府的引导、服务职能，积极探索政府引才服务机制建设，取得引才效果。

五是促进京津冀高等教育协同发展。将高等教育协同发展加入京津冀的社会治理体系中，建构符合现实发展需求的系统发展原则和发展方向。注重集群效应，提高教育资源的优化配置。构建三地的教育财政协调机制，加大中央财政的支付力度，构建三地的教育协调组织，设立专门的发展基金，为京津冀高等教育发展提供有力的物质支持。

（五）推动体制机制创新，完善支撑战略科技力量发展提升的制度保障

一是改革创新京津冀三地重大科研计划的制度设置和组织方式。破解当前京津冀三地重大科研技术任务仍然各自为战的状态（如河北的财政资金仍不能直接划拨至京津的科研单位进行相关科研任务的委托研究），根据新形势以

及区域战略科技力量建设发展的新要求，从科研计划的目标设定、关键科学问题凝练、立项机制、组织模式、经费使用等方面深入改革，促进跨区域、跨学科和跨主体的创新，健全和完善重大科技任务京津冀三地联合攻关机制。

二是构建京津冀政府财政资金有效鼓励企业主体进行基础研究的新型激励体制。改革当前科技计划项目的管理与实施方案，允许和鼓励企业独立申报或联合高等院校、科研机构一起申报国家或省市科技重大专项、自然基金项目等研究课题。全面放宽企业独立申报或联合高等院校、科研机构联合申报国家和省市重点实验室、工程中心和技术创新中心的各项限制，提升企业承担战略科技任务的积极性与主动性。

三是建立京津冀协同实施或参与国际大科学计划的推进机制。以全球视野谋划和推动科技创新，提升通过国际合作全面加强基础科学研究水平的能力。围绕空间天文、物质科学、生物与健康、地球系统与环境气候变化等领域，集中优势资源，适时牵头和参与发起国际大科学计划和大科学工程。鼓励在生物医药、新能源、新材料、信息技术等领域加强国际科技合作。建立京津冀三地国际大科学计划组织运行、实施管理、知识产权管理等新模式、新机制，通过有偿使用、知识产权共享等方式，吸引三地政府、科研机构、高等院校、企业及社会团体等参与支持大科学计划建设、运营和管理。

参考文献

［1］白光祖、曹晓：《关于强化国家战略科技力量体系化布局的思考》，载于《中国科学院院刊》2021 年第 5 期。

［2］边继云：《"十四五"京津冀协同发展中河北的战略使命及突破路径》，载于《京津冀协同发展报告（2021）》，经济科学出版社 2021 年版。

［3］河北省科技厅科技平台与基础研究处：《2020 年河北省重点实验室年度报告》，2021。

［4］河北省科技厅综合规划处：《"十四五"时期深度对接北京科创中心、推进京津冀协同创新思路和重点举措研究》，河北省"十四五"规划战略专题汇编，2021。

［5］河北省科学技术情报研究院：《2020 年度河北省科技创新平台综合统计年报》，2021。

［6］肖小溪、李晓轩：《关于国家战略科技力量概念及特征的研究》，载于《中国科技论坛》2021年第3期。

［7］尹西明、陈劲等：《高水平科技自立自强视角下国家战略科技力量的突出特征与强化路径》，载于《中国科技论坛》2021年第9期。

［8］张杰：《构建中国国家战略科技力量的途径与对策》，载于《河北学刊》2021年第9期。

［9］赵祥：《创新体制机制，促进都市圈产业协同发展》，载于《广州日报》2021年8月30日。

‖ 宏观视野 →

贯彻新发展理念 建设具有河北特色的现代化经济体系

苏凤虎 杨 华 罗 静①

摘 要：建设现代化经济体系，关乎河北现在和未来发展大局，是建设现代化经济强省美丽河北的核心任务和战略之举。本报告从深刻认识建设现代化经济体系的意义着手，全面剖析了河北所处的历史方位，立足河北的发展基础和存在的矛盾问题，从构建制造主导型产业体系、实施创新驱动战略、优化区域发展格局、塑造双向开放新优势、推动绿色低碳发展、促进经济体制改革六个方面提出了重点方向和任务。

关键词：新发展理念 河北 现代化经济体系

建设现代化经济体系，是国家顺应时代要求作出的重大决策部署，已经成为当前和未来经济发展的行动总纲领。河北肩负重大国家使命，面临千载难逢的发展良机。建设现代化经济体系，关乎河北现在和未来发展大局，已经成为现代化经济强省美丽河北建设的核心任务。

一、建设现代化经济体系的重大意义

建设现代化经济体系不仅是我国转变发展方式、优化经济结构、转换增长动力的迫切要求，也是新时期国家发展的战略目标。河北正处在爬坡过坎、滚石上山的攻坚期，既面临千载难逢的历史性机遇，也面临新旧动能转换的艰巨

---

① 苏凤虎，河北省宏观经济研究院副研究员，研究方向为国民经济；杨华，河北省宏观经济研究院副研究员，研究方向为产业经济；罗静，河北省宏观经济研究院研究员，研究方向为区域经济。

任务，建设现代化经济体系已经成为落实国家功能定位、全面开启建设现代化经济强省美丽河北新征程的战略之举。

（1）建设现代化经济体系，是贯彻新发展理念、践行习近平同志重要指示的具体行动。现代化经济体系是新发展理念在经济领域的延伸和实践。党的十八大以来，习近平同志对河北作出了"四个加快""六个扎实""三个扎扎实实"和建设经济强省、美丽河北等一系列重要指示，深刻揭示了河北经济结构的主要矛盾，指明了河北经济结构战略性调整的主导方向和实现路径，是当前和今后一个时期做好全省经济工作的总方针。建设现代化经济体系，是深入贯彻落实新发展理念，把习近平同志重要指示落地实施的具体行动。

（2）建设现代化经济体系，是推动三大变革、实现高质量跨越赶超的迫切要求。近年来，河北供给结构不优、动能转换不畅、发展质量和效益不高，区域经济地位持续下滑，与国家赋予的功能地位和使命任务不相适应，建设现代化经济体系，迫切需要明确以供给质量提升的主攻方向，加快发展方式转变，调优经济结构，推动经济发展质量、效率、动力三大变革。

（3）建设现代化经济体系，是建设经济强省美丽河北、迈向现代化新征程的必由之路。经济强首先要经济体系强。当前，河北正在全力推进经济强省美丽河北建设、开启现代化建设新征程，处在经济发展阶段的特有关口，既要全力推进经济发展方式长期性、根本性的转变，又要实现高质量发展。置身新的历史方位，须牢牢把握建设现代化经济体系这个关键，聚力创新谋变革、转变方式调结构、聚焦矛盾补短板、厚植发展新优势，奠定新时代现代化经济强省美丽河北建设的坚实基础。

二、河北发展的历史方位

建设具有河北特色的现代化经济体系，必须认清河北所处的历史方位，主动顺应世界发展的时代潮流、准确把握在国家发展大局中的功能地位、科学认知自身所处的发展阶段。

（一）当今三大时代潮流

当前，全球政治、经济、科技、贸易格局深度调整，纷繁复杂的变局中孕育着三大时代潮流。

一是技术突破推动的经济形态、社会形态加速演进。历史一再证明，重大技术突破都大幅提高了生产力水平，催生了生产关系变革，引发了经济社会形态的重大改变。当前，以新一代信息技术为代表的一大批重大颠覆性技术轮番取得突破，产业技术路线和商业模式加速演变，带动产业发展路径、企业组织形态以及就业与消费方式发生重大变化。经济社会形态的加速演变，势必对经济体系的结构、状态、层次和发展方向产生深刻影响。

二是世界经济可能步入全球化与区域化双轨并行时代。当今世界已经成为联系紧密的命运共同体，经济全球化仍是未来发展的主流。但也应看到，近年来逆全球化暗流涌动，部分国家重新反思全球化的影响，再加上新冠肺炎疫情冲击下的全球经济重构，经济安全越来越成为区域发展的重要考量，全球产业链和供应链战略性调整态势明显，经济发展的区域化、本地化趋势加速显现。世界经济全球化与区域化处于复杂的再平衡状态，极有可能步入双轨并行时代。

三是国家之间竞争越来越体现为经济体系的竞争。冷战结束后，经济在综合国力竞争中的地位凸显，已经成为国家竞争的核心内容。以往产业、科技、贸易等关键领域的"单项冠军"往往能够在竞争中"一招制胜"，近年来，各国经济竞争越来越表现为体系之争，不仅要拥有"单项冠军"，而且不能有竞争弱项，更重要的是各领域配合默契协调，循环畅通高效。我国能够在中美贸易战中不落下风，正是得益于完整的产业结构、巨大的国内市场、强大的制度优势、全方位的对外开放等方面的综合作用。欧美国家积极倡导"再工业化"和"制造业回流"，加速完善经济体系，也是应对国际竞争需求、重塑竞争优势的主动选择。"国家强，经济体系必须强"，也正是习近平同志敏锐洞察国家竞争实质而提出的科学论断。

（二）河北在国家发展大局中的功能地位

站在全国发展的战略高度，充分认识全省的基础条件和国家未来发展要求，明确河北在国家战略布局中的三大功能地位。

一是京津冀地区物质生产的主要承担者。京津冀地区面积21.6万平方千米、人口1.3亿。从区域发展的一般规律看，面积如此大、人口如此多的一个区域，其物质供给单纯由区外供应是不经济、不安全、不现实的，必须建立区域内部相对完善的物资供应体系。按照区域功能分工，北京将主要建设服务主导型产业体系，天津虽然制造业基础较为雄厚，但发展空间整体受限。河北地域宽广，资源丰富、产业体系完备、制造业基础较好，有责任、有条件、有能力承担起区域物质财富创造的功能。

二是世界级城市群建设的重要支撑。京津冀世界级城市群是协同发展的首要任务，也是带动"三北"、引领全国发展的动力源，是代表我国参与全球竞争的核心区和标志区。从世界知名城市群观察，城市群除拥有一个或两个特（超）大城市以外，更要有与核心城市联系紧密的广大腹地作为重要支撑。从城市群发展的规律看，北京、天津两个特大城市毫无疑问是城市群的核心城市，河北则是世界级城市群的重要支撑。

三是国家经济发展和双向开放的中枢地区。从地理区位看，河北东连东北、西接西北、南通华东华中，是我国北方乃至东北亚地区的地理中心，是"陆、海丝绸之路"黄金交汇点之一，是沟通全国各大区域的枢纽，中枢区位特征十分明显。从经济区位看，河北所处的首都地区理应是全国发展水平最高、引领带动作用最强的区域。无论是从地理区位还是从经济区位看，未来河北都应是全国经济发展和双向开放的中枢地区。

（三）河北所处的发展阶段

经过四十多年的长足发展，河北省进入了一个全新发展阶段，呈现出六个方面的特点。

从工业化进程看，河北正处于由工业化中期向后期过渡阶段，面临更新动能、重塑优势的艰巨任务。通过国际通行的工业化阶段划分标准判断，当前河北正在由工业化中期进入工业化后期。按照国际经验，这一阶段创新驱动将代替要素驱动成为发展的主动能，需要严防新旧动能接续不当导致的"中等收入陷阱"。从全省看，作为资源型产业一直发挥核心支撑作用的传统经济大省，发展动能"青黄不接"已经导致全省经济地位持续下滑，处于转型升级阵痛期、爬坡过坎关键期，面临着更新动能、重塑优势的艰巨任务。

从城镇化进程看，河北已经进入都市圈形成阶段，面临提升核心城市能级和促进城际协同发展双重任务。按照国际经验，一个地区城镇化率超过50%时，中心城市引领带动功能将持续增强，都市圈形成步伐将全面提速。2015年，河北城镇人口首次超过乡村人口，已经进入都市圈形成阶段。从发达国家发展看，都市圈主要具备以下条件：核心城市辐射带动作用足够强；周围一批中小城市（镇）实现了较为充分的成长，并与核心城市功能上紧密联系、相互依存；城际轨道交通发达，形成 1 小时通勤圈（半径 50～70 千米）。当前，河北省中心城市发展能级偏低，对周边辐射带动作用较弱，城市之间同城化水平不高，在都市圈建设阶段，面临着提升中心城市能级、强化中心城市与周边城镇联系协作的双重任务。

从信息化进程看，河北正在进入智能化加速发展阶段，面临全面推进数字河北建设紧迫任务。当前全球第三次信息化浪潮扑面而来，河北省信息化进入了智能化加速发展阶段。智能化阶段的核心任务是深度挖掘数据和促进数据的融合应用。河北面临着推动实体经济和 5G、互联网、大数据、人工智能深度融合，促进新一代信息技术在医疗卫生、文化教育、社交娱乐、社会治理等领域扩大应用，发展数字经济，建设数字河北的紧迫任务。

从市场化进程看，河北仍处于全面改革的攻坚克难阶段，面临着更加有效激励各类市场主体的迫切任务。党的十八届三中全会以来，河北重点推进九项改革，先后开展"双创双服""三深化三提升""三创四建""三重四创五优化"活动，大幅精简行政许可事项，持续提升政务服务效能，市场在资源配置中的决定性作用日益增强。但总体看，制约经济社会发展的体制机制障碍仍然没有根本突破，全省仍处于全面改革的攻坚克难阶段，核心任务是营造一流国际营商环境，构建公平高效、统一透明、竞争有序的市场体系，充分激发市场主体活力。

从国际化进程看，河北仍处于低水平发展阶段，面临着在加速形成全面开放新格局中塑造新优势的重要任务。河北虽然与世界经济的联系互动日益密切，但是开放型经济规模小，对经济发展的支撑能力弱，全省仍处于开放发展的低水平阶段。面临的核心任务是主动适应新一轮高水平开放的新要求，探索开放型经济发展新模式、新路径、新机制，提高开放的质量效益，提升在全球价值链体系中的地位，塑造开放新优势。

从绿色化进程看，河北正在进入资源环境与经济社会日趋协调发展阶段，面临着以制度建设纵深推进绿色发展的核心任务。21 世纪以来，河北生态建设环境保护深度推进，绿色化进程不断加快，特别是党的十八大以后，生态文明建设和环境保护在河北的战略地位更为突出，经济社会与资源环境的矛盾日趋缓解，逐步进入协调发展阶段。阶段目标将由环境污染治理为主转向绿色生产生活方式的推行，核心任务是综合运用法律、制度、市场、行政等手段，完善法律制度，明确政策导向、技术准则和考核标准，全方位推动绿色发展。

三、河北经济发展面临的主要矛盾

建设现代化经济体系必须先正视经济发展面临的主要矛盾。从经济发展地位、供给体系质量、城乡区域发展、对外开放水平、先进要素供给和经济体制机制等方面看，当前河北经济发展主要存在六个"不相适应"。

（一）经济地位与前所未有的使命不相适应

当前，河北肩负多项重大国家战略和国家大事落地落实的使命，京津冀协同发展将河北发展提高到前所未有的战略高度，雄安新区规划建设以及与北京携手筹办 2022 年冬奥会，更是国家赋予河北空前重大的使命任务，河北的发展从没有像今天这样万众瞩目、备受期待。近年来，虽然河北在经济、政治、文化、社会、生态等领域取得了明显进步，但是从综合发展水平在全国的位次看，河北却一直滑落。"十二五"以来，河北经济总量与四川、湖北等省份差距不断缩小。2015～2020 年 6 年间，河北相继被四川、湖北、湖南、福建、上海、安徽六省市超越，经济总量从当初的全国第 6 位滑落至如今的第 12 位（见图 1）。如果不改变经济地位持续下降的窘境，河北将很难担当起国家赋予的历史重任。

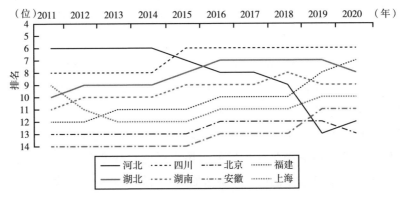

图 1　2011～2020 年河北与其他六省市 GDP 全国排位变化

资料来源：河北省统计局《河北统计摘要 2020》。

（二）低层次的供给体系与不断升级的需求不相适应

当今国际国内需求不断升级，呈现出高端化、个性化、智能化、品牌化趋势，但河北供给体系整体层级相对较低，与日趋升级的多层次需求难以有效匹配。钢铁作为河北名片的产业，普通建材用钢比重大、高端特种钢材比重过低，汽车用钢、大型船舶用钢等高附加值钢材生产能力不足。近年来规模逐步扩大成为全省第一大产业的装备制造业，零部件产品多、终端整机产品少，一般装备多、大型工程装备和电子信息等高精尖装备少，贴牌仿制多、自主品牌和自主开发产品少。医药产业作为传统的优势产业，原料药比重过大，制剂产品比重过低，新特药开发明显不足。石化产业，一般产品多、精细化工产品少，原料型产品多、材料型产品少。食品行业，大众性食品多、名优产品少，方便食品多、优质有机食品少。低水平的供给能力，难以适应日益升级的消费市场需求。

（三）低水平的城乡发展格局与打造世界级城市群的要求不相适应

打造世界级城市群是国家赋予京津冀地区的重要使命，河北作为京津冀的重要组成部分，承担着加快城乡建设发展的重要任务。但目前河北城乡发展总体水平较低，与国家发展要求和应承担的区域地位不相适应。一方面，城市建设水平整体偏低，人口超过 500 万的特大城市只有石家庄一个，而且现代化基础设施配套不足，与其他先进兄弟省份省会城市相比辐射力和带动力偏弱；大中城市建设发展滞后，唐山、保定、邯郸等地级市建设规模相对偏小、发展水平不高，与周边省份同级别城市相比差距较大；小规模、低品质城镇群体庞大，扩规提质和改造升级的任务十分艰巨。同时，乡村建设任重道远，基础设施和公共服务设施配套不足，与城镇发展差距较大，难以满足乡村居民对美好生活的向往。

（四）内向封闭的发展特征与加快打造开放型经济体系的要求不相适应

构建开放型经济体系是新时期推动经济高质量发展的必然要求，其核心要义是发展更高层次的开放型经济，使开放切实成为拉动经济增长的重要引擎。河北地处渤海湾沿岸地理中心，具有连通东北亚与亚欧大陆腹地的陆海通道优势，本应成为高开放度地区，承担北方地区乃至国家双向对外开放的枢纽功能。但河北经济内向型特征依然明显，经济内循环发展模式仍未打破，难以适应开放型经济体系建设要求。2020 年河北省实现进出口总值 4410.4 亿元，不足江苏一成，与浙江和山东差距也较大。实际利用外资仅为 110.3 亿美元，不足河南的 60% 和山东、浙江的 70%。

（五）低下的先进要素供给能力与经济高质量发展的要求不相适应

在高质量发展下，服务于创新活动的人才、技术、资金、信息等高端要素日渐成为支撑经济发展的主导型要素，是区域赢得竞争主动权的关键。当前河北人才、技术、资本等先进要素供给能力仍显不足。一方面，人才数量少、层次低，引才育才平台不足，高学历人才与京津和先进省市相比仍有较大差距，在全国处于中下游水平。另一方面，国家级创新平台不足，不仅少于江浙等先进省份，与周边河南、山东等省份相比也存在较大差距，国家级实验室、重大科学装置等在河北布局较少。此外，资本供给不足问题突出，全省金融机构本外币各项贷款余额为 60605.2 亿元，仅相当于广东、浙江、山东的 31%、42% 和 62%[1]，新增社会融资规模为 10169 亿元，仅相当于北京、浙江和江苏的 61%、32% 和 30%，[2] 资本要素供给水平亟待提升。

（六）体制机制与释放经济发展动力的内在要求不相适应

体制机制创新在推动经济发展过程中始终发挥着"逢山开路、遇水搭桥"的重要作用，建设更具活力、更有激励性的市场经济体制是现代化经济体系的基本要求。然而，河北体制机制障碍突出，改革步伐相对缓慢，距离建设现代化经济体系的要求存在明显差距。国企改革进展缓慢，截至 2020 年底全省仅 1 家企业纳入全国国企混改试点，现代企业制度尚待完善，产权制度改革亟待破题。科研领域改革滞后，科研人员激励不足，很多国家出台的科研激励政策尚未有效落实。城乡资源要素自由流动障碍突出，难以实现城乡间高效配置。开发区体制机制改革不彻底、政策落实不到位，政策"堵点"和改革"盲点"仍然存在，管理运营市场化改革不足，在实现开发区规范管理、高效运转，有效激活市场主体动力活力方面仍有大量工作要做。

四、建设现代化经济体系的国内外经验和启示

现代化经济体系是不断演进、日趋完善的过程。西方发达国家和国内先进

---

① 数据由 2020 年各省份国民经济和社会发展统计公报相关数据计算而来。
② 数据来源于 https://www.sohu.com/a/449031983_777747。

省份针对经济体系建设开展了大量的探索与实践，形成了诸多宝贵经验，为河北建设现代化经济体系提供了有益借鉴。

（一）发达国家经济体系建设历程及经验

20世纪40年代，现代化经济理论初步形成较为完整的理论体系，20世纪70年代，美国、日本、德国等西方发达国家逐步将理论付诸实践，利用转换主导产业、加强技术研发创新、资本要素积累和优化制度供给等举措，推动经济结构优化持续升级，其建设现代化经济体系的方式、路径和举措，对河北具有重要借鉴意义。

1. 美国

作为创新驱动发展最典型的国家，美国现代化经济体系建设始终遵循创新驱动的路径，其成功经验在于构建形成的五个"体系"。第一，构建以维护创新垄断收益权为核心的产权法律体系，为激发各类市场主体创新创业活力提供制度保障。第二，构建以企业、大学和科研机构为主体的自主创新体系，为产业转型升级和新经济发展提供技术支撑。第三，构建以支持军民融合互动和技术转移转化为重点的政策体系，为科技成果产业化、商业化应用提供强力扶持。第四，构建以国民教育和教育服务贸易为基础的人才储备体系，为高端产业和高精尖技术发展提供人力支持。第五，推进产业向高新技术产业和知识密集型产业转型，奠定了现代化经济体系的坚实基础。

2. 日本

作为亚洲国家实现经济现代化的代表，日本构建现代化经济体系主要通过适时调整经济体系子系统，推动实现四个"转变"。第一，产业体系从"重厚长大"向"轻薄短小"转变，大力推进产业结构性改革，促进节能型、技术密集型和高附加值型产业发展。第二，科技创新从"技术引进"向"技术立国"转变，全面制定技术立国战略，促进研发体制向"产学官"结合转变，大幅提升了日本的自主创新能力。第三，转变"政府主导"的制度体系，推进政府职能和经济市场化双向改革，打造良好的政务服务环境和公平竞争的市场环境。第四，开放体制从"本国保护"向"全面国际化"转变，全面推行国际化，不断扩大对外开放合作。

3. 德国

作为老牌资本主义国家实现经济现代化的典范，德国推进现代化经济体系建设，主要体现在四个"重视"。第一，重视政策法规保障，以优化政府工作机制为抓手，持续完善政策法规保障体系，为经济转型升级创造公开、可预期的良好外部环境。第二，重视生态环境保护，在区域经济发展规划和生产力布局过程中优先保障生态环境安全。第三，重视科技教育，持续加大各层次的教育投入，加强人才培养力度，不断优化创新科研环境，构建以创新成果转化和人力资本积累为核心的创新体系。第四，重视制造业发展，将制造业视为立国强国之本，迭代升级制造业发展策略，在全球范围内率先提出"工业4.0"，制定并实施"德国工业战略2030"，推动制造业转型升级。

（二）先进省市的做法和经验

近年来，浙江、广东、上海等省市在推进现代化经济体系建设方面取得了积极成效，经验弥足珍贵，其极具创新特色的现代化经济体系建设之路对河北尤具启发作用。

1. 浙江

以"八八战略"为统领，打出了一套以创新驱动为核心，以环境整治为突破，以"拆、治、归"等为抓手的现代化经济体系建设组合拳。加快推进"三改一拆"，不断优化区域环境，腾出城乡建设和发展的空间；着力实施"五水共治"，用环境约束推进企业加快转型，同时修复生态环境；大力促进"浙商回归"，积极招引大项目和好项目，为全省经济发展注入源头活水；有效开展"四换三名"，提升经济发展质量，促进经济全方位转型；以创新为动力激发经济强大动能，形成新一代创新创业后备力量；以信息经济赋能"七大万亿产业"，培育经济新增长点；以发展都市区经济和特色小镇强化载体支撑，优化生产力布局；以融入"一带一路"推进开放合作，发展外向经济；以"最多跑一次"推进"放管服"改革，打造优质营商环境。

2. 广东

以制造强省、科技创新强省、外贸强省等战略实施为抓手，统筹谋划，大胆实践，努力在现代化经济体系建设方面走在全国各省市前列。一是围绕制造强省谋篇布局，建设综合制造基地，大力振兴实体经济。二是从科技创新源头和根基入手，转变旧有跟踪模仿方式为自主开发自主创新方式，工作重点由集成创新转向基础科学创新，推动建设科技创新强省。三是大力实施以功能区位为核心引领的空间发展战略，建立健全推动区域协调发展的相关政策和机制，加强"一核一带一区"建设，不断优化空间格局。四是唱响粤港澳大湾区品牌，在"一带一路"建设上打开新局面，打造外贸强省，把对外开放水平提到新的高度。五是对标国际发达国家和国内先进地区，加大经济体制机制改革力度，打造营商环境高地。

3. 上海

突出"五个中心""四大品牌"建设，全面提升城市经济密度和投入产出效率，增强全球资源配置能力，加强全球创新策源能力，推出了体现上海优势和特点的现代化经济体系建设路径。一是统筹发展现代服务业、战略性新兴产业、先进制造业，防止经济"脱实向虚"，让优质要素更多流向实体经济，确保实体经济做大做强。二是跟踪全球科技前沿，加快相关领域布局，在科技创新领域全力建设策源地和创新中心。三是以自由贸易试验区建设为抓手和引领，加快推进相关领域改革，全力实施长江三角洲区域一体化发展国家战略，提升对外开放层级和水平，努力营造具有全球吸引力的营商环境。

（三）国内外经验对河北的启示

他山之石，可以攻玉。尽管发达国家经济、历史和文化各不相同，国内先进地区发展基础、条件和阶段存在差异，但建设现代化经济体系的核心理念、推进方式和实践路径基本相似，学习对象的典型经验和做法，对河北有四点启示。

启示一：抓住全球性科技革命战略机遇，全力推动科技创新，以创新推动产业转型、层级提升，是发达国家和先进地区普遍采取的提升经济发展质量的有效手段，也是其始终保持国际经济竞争优势的成功之道。美国之所以经济现代化水平领跑全球，靠的是领先全球的创新能力以及依托创新构建形成的现代产业体系。河北构建现代化经济体系，必须抢抓科技革命和产业变革机遇，在科技创新上积极作为，努力在科技前沿占据一席之地，甚至抢占发展竞争制高点；同时，要尽可能利用国内国际科技前沿成果，大力催生新产业，不断培育新业态，力争在产业升级换代上走在前列。

启示二：构建现代化经济体系是一项复杂、系统的工程，涉及各领域、各层面、各环节。围绕经济发展基本要素构建完善经济体系子系统，并实现各子系统的有机统一、高效融合、互促共进，是世界各国尤其是西方发达国家推进经济体系现代化的普遍经验，也是我国先进地区加快经济高质量发展的成功之道。河北必须牢牢把握其系统性、关联性、整合性这一基本特征，统筹推进产业体系、创新体系、开放体系、市场体系等建设，确保各体系目标同向、步调一致、动作协同、形成合力。

启示三：建设现代化经济体系是一个复杂的系统工程和长期的动态过程，既需要遵循经济发展规律，又必须符合区域实际、体现时代特点。从国内外的实践看，立足国情区情，根据发展阶段，选择适合自身实际的模式和路径，是发达国家和先进地区建设现代化经济体系的普遍做法。河北必须立足发展基础和条件，结合发展优势和特色，站在新的历史方位，根据新的历史使命，科学确定现代化经济体系建设目标，坚定发展方向，选择合理路径，采取有效举措。

启示四：构建完善配套的政策制度体系，制定科学合理的发展规划战略，是建设现代化经济体系的重要保障。日本现代化经济体系的形成发展，得益于经济体制改革和"技术立国"等战略的实施，德国经济成为高质量发展的标杆，离不开区域经济发展规划和"工业4.0"等战略的引导，广东在现代化经济体系建设上领先全国，靠的是在改革开放领域的率先实践。河北建设现代化经济体系，必须把制度建设放在突出重要的位置，深度推进体制创新、政策创新和管理创新，发挥好规划战略的导向作用，努力营造优质经济发展环境。

五、建设河北特色现代化经济体系的思路和目标

建设具有河北特色的现代化经济体系，是关系河北未来数十年发展全局的重大战略问题，必须清晰认知全球变局和国家发展大势，准确把握河北发展的阶段性矛盾和任务，统筹处理好内外重大关系，科学回答"要建设一个什么样的经济体系"的问题。

（一）总体把握

回答上述问题，应站在全球发展大势、国家发展大局和河北发展全局的角度，从四个层面把握。一是要顺应世界经济和科技发展的时代潮流，把握世界变局、科技革命、产业变革大势，既顺势而为、又主动作为，努力在变局中抢抓新机遇、抢占制高点。二是要符合经济高质量发展的根本要求，坚持质量第一、效益优先，崇尚创新、注重协调、追求绿色、厚植开放、深谋共享，推动

经济发展质量变革、效率变革、动力变革。三是要服从京津冀协同发展的战略要求，坚持把河北发展寓于京津冀协同发展战略之中，把落实重大国家战略作为发展的总抓手，纵深推进京津冀协同发展，建设与京津密切协同的经济体系。四是要突出现代化经济强省美丽河北的目标导向，围绕跨越赶超的紧迫需要，全面提高供给体系质量，持续激发改革开放源动力，不断增强河北经济创新力和竞争力。

（二）战略目标

对于一个省级区域来说，确立建设现代化经济体系，不仅要契合其自身发展的阶段任务、体现其在国家发展大局中的功能定位，而且要符合世界经济和科技发展潮流、具有鲜明的时代特征和发展导向。建设具有河北特色的现代化经济体系，要紧扣新时代社会主要矛盾变化、紧抓重大战略机遇、紧贴国家赋予河北的功能地位，努力构建创新驱动、协同京津、制造主导的经济体系，包括以下三个方面。

建设以创新为核心动力的经济体系。创新是发展的核心动力，是建设现代化经济体系的战略支撑。对于河北而言，无论是破解当前发展困境，还是厚植未来发展优势，必须进一步确立创新的战略地位，全面实施创新驱动发展战略，切实提高创新对经济发展的贡献。

建设以协同京津为突出特征的经济体系。京津冀是一个相对完整的地理单元，更是一个相互依存的经济系统。协同京津既是国家重大战略的要求，也是河北发展的最大优势和鲜明特色。谋划河北发展，必须始终高举这一"金字招牌"，使协同京津成为河北现代化经济体系最亮眼的特征。

建设以先进制造业为主导的经济体系。制造业是国民经济命脉所系。对于河北这种区位和体量的省份来说，无论从自身发展需要和在国家发展大局中的使命责任看，还是从应对当前挑战和推动高质量发展的要求看，任何时候都必须把建立和发展强大的制造业作为战略重心，坚持制造业立省不动摇，努力构建以先进制造业为主导的经济体系。

具体目标：围绕"6＋1"框架体系，筑牢一个基础，补齐两个短板，推动两个转变，强化一个保障。

筑牢一个基础，就是要突出产业在现代化经济体系建设中的核心地位，强力推进"制造强省"战略，持之以恒地推动传统产业优化升级、新兴产业裂变发展、未来产业战略布局，着力打造具有全球竞争力的产业集群，努力构建制造主导、优势凸显、梯度升级的现代产业体系。

补齐两个短板，就是要补齐创新能力不足的短板，加快创新型河北建设，统筹推进基础研究、应用基础研究和产业技术创新能力建设，深入推动京津冀协同创新，建设具有河北特色的区域创新体系，不断提高创新对经济发展的支撑力；就是要补齐开放水平不高的短板，强化开放意识，调整开放重点，创新开放方式，加速开放步伐，构建接轨国际、全方位、高水平开放新格局，提高现代化经济体系的国际竞争力。

推动两个转变，就是要推动资源依赖发展方式向绿色低碳发展方式转变，牢固树立"绿水青山就是金山银山"理念，保护资源环境系统、打造生态产业体系、推行低碳生活方式、构筑绿色发展格局，切实推进经济社会和资源环境协调发展，厚植现代化经济体系的本底；就是要推动城乡分割、区域割裂的经济布局方式向城乡融合、区域联动的空间治理模式转变，坚持在协调中优化，在优化中协调，强化规划引领，完善空间治理，构建区域联动、优势互补、融合协同、协调发展的城乡区域发展体系，优化现代化经济体系的空间格局。

强化一个保障，就是要全面深化改革，营造规范透明、竞争有序、充满活力的市场环境，建立效率与公平相统一的收入分配制度，为现代化经济体系建设强有力的制度保障。

（三）处理好四个重大关系

建设具有河北特色的现代化经济体系，要处理好四个关系。一是处理好培育壮大新动能与改造提升传统动能的关系，坚持破立结合、"喜新不厌旧"、存量变革和增量崛起并举，积极改造提升传统产业，发展壮大新兴产业，确保全省经济动能不断档、发展不失速。二是处理好重点突破与整体推进的关系，既紧抓突出矛盾问题，聚焦重点领域、重点区域超前探索，又把握整体性、系统性要求，整装跟进，确保全省经济不出现新的失衡。三是处理好近期与中远期的关系，既高瞻远瞩擘画未来15年乃至30年全省现代化经济体系的战略方向，又脚踏实地结合当前紧迫要求落实"十四五"现代化经济体系建设的重点任务，确保近中远期目标任务有序衔接。四是处理好充分发挥市场作用与更好发挥政府作用的关系，深化市场化改革，激发市场主体动力活力，让市场在资源配置中发挥决定性作用，同时坚持放手而不甩手，发挥政府作用，用法治规范市场行为，确保"两只手"同向发力，形成合力。

六、建设河北特色现代化经济体系的主要任务

建设具有河北特色的现代化经济体系，要按照"6＋1"框架要求，结合全省实际，统筹推进六个方面重点任务。

（一）大力实施制造强省战略，建设制造主导型产业体系

制造业是立国之本、强国之基。从国际看，英国、德国、美国、日本等国之所以成为世界强国，正是搭上了工业革命的快车，迅速建立并保持了发达的制造业体系，德国、日本制造业占 GDP 比重始终保持在 20% 以上。而一些新兴国家在竞争中落败，掉入"中等收入陷阱"，一个重要原因就是在发展的某些阶段放松了对制造业的坚持。从国内看，浙江、江苏等发达省份之所以始终保持强劲增长，很大程度上源于其强大制造业的有力支撑，制造业占 GDP 比重始终保持在 30% 以上。近年来，河北经济实力和竞争力下降，其结构性原因主要是制造业增速减缓、占比过早过快下降。历史和现实均告诉我们，必须深刻汲取某些国家和地区兴衰变化的经验教训，大力实施制造强省战略，推动传统制造业升级，积极发展战略性新兴产业，超前布局未来产业，着力构建以先进制造业为主导、特色鲜明、迭代升级的现代产业体系，打造具有全球竞争力的先进制造基地。主要任务有以下四个方面。

（1）精准选择和培育新战略产业。对于河北这样一个人口和国土面积相当于欧洲大国的省份来说，不仅要有相对完整的产业体系，更要有立省强省的战略产业。所谓战略产业，应当是具有广泛的市场需求、广泛的产业带动性、广阔的发展前景、在国民经济中占有相当比重的产业。从全省看，钢铁作为工业社会的基础材料产业，支撑了河北改革开放以来 40 年的高速发展，至今仍是具有全球影响力的世界级产业，是河北名副其实的战略产业。但受制于环境容量、国家政策及其产业生命周期影响，虽仍可做优、做高、做强，但未来增量空间已十分有限，必须尽快确立并加快培育新的战略产业。展望未来，信息智能、生物医药健康、新材料 3 个产业代表了新一轮科技革命和产业变革的三大方向，均具有明显的基础性、广泛的渗透性和广阔的市场前景，可以作为河北战略产业的备选方向。其中生物医药健康，不仅贯通三次产业，符合公众生命健康认知和人口老龄化趋势，更为重要的是它是河北产业实力和人才技术积淀最厚实、与雄安新区产业发展方向和京津冀协同发展需求高度契合的新兴产

业领域，最有可能培育成为引领河北未来30年发展的战略产业。

（2）全力提升制造业智能化水平。当前，新一代信息技术不断向制造领域深入，世界各国纷纷抢抓机遇，推动制造业智能化，谋求产业发展新优势，抢占产业制高点。河北必须前瞻谋划，顺势而为，加快制造业数字化、网络化、智能化发展，实现制造业蜕变和"弯道超越"。下一步应重点做好三件事。一是加快数字河北建设。加快发展大数据、物联网、虚拟现实、区块链等新兴经济，加速新型基础设施建设步伐，提升数字服务能力。二是加快搭建工业互联网平台。推进"企业上云"，推动人机物智慧互联、产业链上共享协作，推行网络协同创新、精准化管理、云制造等"互联网＋"新型制造模式。三是加快发展智能企业、未来企业。实施企业关键工序、关键岗位、关键流程智能化改造工程，大力支持智能工厂/数字化车间建设。

（3）推动产业链集群化发展。产业链集群化发展是优化产业链结构、培育产业生态圈、塑造竞争优势的有效途径，尤其是在当前国际贸易争端不断升级、逆全球化思潮频起的新形势下，推进产业链集群化发展，对于防控区域产业链断裂、提升经济抗风险能力具有重要意义。河北要抓住当前全球产业链重构的机遇，按照链条化延伸、规模化聚集、高端化发展的思路，依托重点和优势产业，加快产业链整合、升级、更新，梯度化打造一批价值链高端、体系完整、具有国际竞争力的产业链集群，构筑全省发展的"四梁八柱"。一是聚焦高端装备、绿色钢铁、绿色石化产业，强化基础材料、核心零部件和先进工艺突破，推动上下游企业、龙头与配套企业协同发展，提升产业链结构层次，建设标杆型产业链，打造具有全球话语权的产业链集群。二是聚焦生物医药健康、新能源、食品产业，加强关键技术攻关，推动生物医药健康产业高端化发展，加速可再生能源多领域规模化应用，提升食品加工业精深化、绿色化、系列化发展水平，建成具有国际影响力的产业链集群。三是聚焦信息智能、新材料、节能环保产业，加快引进一批行业领军企业，实施一批重大科技成果产业化项目，加大资源供给，优化发展环境，促进产业集聚化规模化发展，努力打造成为国内领先的产业链集群。

深度推进产业融合发展。产业融合是转变产业发展方式、改造产业链、重塑价值链的有力举措，已经成为世界经济发展的普遍趋势，美国、芬兰、荷兰等发达国家，制造与服务融合的企业占比分别已达到58%、51%、40%。河北要提高认识、转变观念、顺应趋势，围绕重点行业和环节，加快产业链整合，强化产业发展协同效应，推动产业迈向价值链中高端。一是支持制造企业向增值服务环节延伸，增强企业研发设计、运维管理、市场营销、电子商务等功能，推进企业由单纯的产品制造商向全生命周期管理、全系统解决方案和全程信息增值服务提供商转变。二是加快补齐研发设计、软件与信息服务、检测认证等高端服务发展短板，搭建工业互联网平台，鼓励企业开展品牌授权，支持服务企业多渠道、多形式向加工制造环节渗透。三是推动农村第一、第二、第三产业深度融合，引进战略投资者，推动乡村产业融合发展示范园、田园综合体建设，发展壮大农产品精深加工产业和乡村旅游产业，延长产业链，丰富产业业态，推动农业现代化。

（二）深入实施创新驱动发展战略，强化现代化经济体系的战略支撑作用

建设河北特色现代化经济体系，必须针对自主创新能力弱的问题，聚焦发展所需，深入实施创新驱动发展战略，强化与产业发展紧密结合，提升科技创新和成果转化能力，完善创新要素供给，加快推进创新型省份建设。

（1）提升基础研究能力。基础研究是科技创新的源头。当前全球科技竞争日趋激烈，像河北这种体量的省份，不搞基础研究是不可想象的，当前国家间技术封锁、技术围堵、技术遏制日盛，在科技创新上我们正面临一段没有航标的旅程。事实上，河北科技创新能力弱，根源主要是基础研究能力弱，产业技术创新处于无源之水的状态。新时代建设现代化经济体系，河北必须着眼未来，发扬"沉默长跑"精神，从创新源头上下功夫，加快基础研究体系建设，全面提升基础研究和原始创新能力，为全省创新发展打牢根基、提供源泉。一是谋划建设一批高水平的高等院校和基础学科。下定决心在石家庄、雄安新区谋划建设 1～2 所"双一流"高校，坚决祛除全省长期没有国家顶级高校的长痛。支持重点高校开展一流基础学科建设。二是新建一批重大科研设施和平台。加快雄安新区国家实验室建设，谋划建设诺贝尔奖科学家实验室等高水平科研平台，争取国家重大科研设施和科学装置更多在河北布局，推动国家级创新平台数量倍增。三是积极开展重大问题基础研究。建立重大科技基础设施多元投入机制，鼓励支持基础研究和原始创新，实施信息科学、生命科学、材料科学等基础领域研究专项，形成一批具有支撑和引领作用的重大原创性科学成果。

（2）围绕重点领域打造双创生态。双创生态系统是创新服务功能完善、创新要素紧密衔接、双创活动高效活跃的有机系统，是创新创业完美的"栖

息地"。实践证明，一个地区形成良好的双创生态系统，会产生磁场效应，源源不断地吸引各种创新要素聚集。推动创新驱动发展、提升创新能力关键和前提在于创建优良的双创生态系统。河北要围绕数字经济、人工智能、生命健康等重点领域，着力整合创新资源，优化政策和服务环境，积极打造创新创业生态系统。一是借鉴杭州梦想小镇、武汉"创谷"建设经验，在雄安新区、城市新区等地谋划建设国际化的创新创业社区，按照"三生融合"的理念和国际一流的标准，建设创新创业、公共服务和生活设施，构筑低成本、开放式、国际化的创新创业空间，打造双创生态系统建设的主载体。二是引进一批平台型高科技公司、产业生态主导型企业、新经济初创企业以及重大发明创造产业化项目，引领创新创业发展。三是加快建立与国际接轨的创新创业政策和制度体系，增强聚集创新要素吸引力，保障创新创业高效推进。四是营造大胆尝试、勇于探索、敢为人先的社会激情，打造尊重人才、崇尚创新、追求卓越的创新创业文化。

（3）深入推进协同创新开放创新。提高创新能力是一个长期的过程，不能一蹴而就。在当前自主创新能力较弱的情况下，利用外部资源，推进协同创新开放创新，是提高河北创新供给能力的重要途径。一是深入推进与京津协同创新。加强河北产业链与京津创新链对接，鼓励河北企业与京津科研机构开展广泛合作，在大数据、生物医药、可再生能源等领域，加快建立联合创新机构，共同开展关键核心技术攻关。推动创新资源跨区域自由流动，促进京津科技成果在河北转化。二是深化开放创新。加大对河北企业、科研机构与海外科研机构合作的支持力度，鼓励优势企业在科技发达的国家和地区建设研发机构。聚焦河北优势主导产业发展，创建网络协同创新平台，线上汇集全球创新资源，融入全球创新链条，推进线上科技创新国际合作。

（4）推进军民深度融合创新。河北军工科技资源丰富，拥有多个国家领军型军工科研单位、国家级科技创新团队和国防重点学科实验室，在信息安全、电子元器件、核电、光电、节能环保、太阳能高温集热等领域掌握一大批尖端技术。利用好军工科技资源，推进军民深度融合创新，是提升自主创新能力的重要举措。一是深化与军工科研单位合作。统筹军地两方创新资源，组建技术创新联盟，推进军民两用技术联合攻关。二是加强军工科技成果转化。系统推进新一轮石保廊区域全面创新改革试验，创新军工科研单位创新创业激励机制和非涉密科技成果转化机制，推动军民技术融通共享和双向转移转化应用。三是争创雄安新区国家军民融合创新示范区，吸引军民融合研发和产业化项目聚集。设立河北军民融合创新和产业化转化专项引导基金，成立军民融合产业化项目开发建设投资公司，为军工科技成果转化提供资金支持。

（三）构建"两翼三圈四区"城乡区域发展格局，与京津共建世界级城市群

推动城乡区域协调发展是建设现代化经济体系的应有之义。河北必须抓住都市圈加速形成的历史机遇，站在京津冀协同发展的全局高度，着眼于京津共建世界级城市群，着力构建以雄安新区、张北地区"两翼"为引领，环京津、冀中南、冀东北三大都市圈有效支撑，环京津、沿海、冀中南、冀西北四个地区优势互补、协调联动的城乡区域发展新格局。

（1）深入实施"两翼"带动发展战略。国内外经验表明，打造增长极、建设示范区，引领带动区域发展，是补齐区域发展短板、提升区域经济社会发展质量和水平的有效路径。雄安新区规划建设和筹办北京冬奥会是全省培育区域增长极、优化区域发展布局的难得机遇。河北必须高标准推进雄安新区建设，以筹办冬奥会为契机推进张北地区发展，着力打造河北的"两翼"，引领带动全省发展，形成"两翼"齐飞、全省共进的高质量发展格局。一是高标准建设雄安新区。围绕打造新时代高质量发展全国样板，统筹推进十大示范工程，建立健全高质量发展制度体系，布局建设国家级创新平台和重大科技基础设施，超前布局高端高新产业，创建以人民为中心的现代化城市典范，构建现代化经济体系新引擎。二是高标准建设张北地区。全面落实"四个办奥"理念，积极筹办冬奥盛会。大力推动冰雪运动和冰雪旅游产业发展，建设冬奥经济发展高地。加快首都"两区"建设，建设绿色发展示范区，强化绿色发展带动能力。三是充分发挥"两翼"辐射带动作用。以"两翼"为核心，突出规划统筹引领，优化城镇布局结构，强化区域协调联动，构建高效一体的基础设施网络、融合互补现代产业体系、高效协同创新体系，形成"两翼"互动、联动全省、协同北京的发展格局。

（2）培育雄保廊、石家庄、唐山三大现代都市圈。从国内外城镇化经验看，都市圈是承载发展要素的主要空间形态，加快都市圈建设是提升区域发展协调性、增强区域综合竞争力的重要手段。当前，河北都市圈建设进入快车道，但缺乏发展动力源、中心城市发展滞后、低水平同质化竞争严重等问题较为突出。河北必须以现代化都市圈建设为抓手，着力提升中心城市能级，加速同城化进程，构建"三圈"城镇空间布局。一是推动形成雄保廊都市圈。加

快区域基础设施一体化、公共服务均衡化，合理推进产业专业化分工，大力促进城乡融合发展，与京津共同打造世界级城市群核心区。二是培育以石家庄为中心的现代化省会都市圈，实施大省会战略，推动与邢（台）邯（郸）一体化发展，培育新兴中心城市，加快城市新区建设，提升各级城镇规模和等级，打造京津冀城市群南部支撑区。三是建设以唐山为中心的冀东北都市圈，加快唐山国际化沿海强市建设，推动唐秦两市合理分工、一体化发展，以曹妃甸区、北戴河新区建设为抓手推动城镇发展重心向沿海转移，打造京津冀城市群特色沿海城镇带。

（3）构建优势互补、协调联动的区域经济布局。河北各地区地理区位、资源禀赋、经济条件差异显著，结合各地发展实际，采取差异化发展策略，是优化区域经济布局的必然选择。河北要按照京津冀协同发展要求，以主体功能为指引，推动环京津、沿海、冀中南、冀西北四个战略功能区优势互补、联动发展，走出一条合理分工、优化发展的新路。一是推动环京津地区"借力"发展。廊坊市和保定平原地区要发挥近邻京津的区位优势，充分利用京津优质现代要素资源，加快产业高端智能绿色发展，打造京津联动发展先行区、样板区。二是加快沿海地区"海向"发展。秦唐沧三市要充分发挥对外开放和发展空间优势，加快港口转型升级，大力发展高水平临港产业，培育壮大特色海洋经济，打造京津冀滨海型城镇和产业聚集发展区。三是支持冀中南地区高端发展。发挥区域产业基础良好、自然资源丰富的优势，支持生物医药健康、高端装备制造等战略性新兴产业发展，打造京津冀科技成果产业化基地。四是推动冀西北地区绿色发展。张家口、承德两市和太行山山区要发挥生态环境优势，推进首都水源涵养区和生态环境支撑区建设，加快休闲旅游、绿色制造产业发展，建设京津冀生态产品供应基地。五是建设跨区域特色经济廊道。加快"京雄"现代服务走廊、"石保廊"科技创新走廊、"秦唐沧"海洋经济走廊、"石衡黄"特色产业走廊、"石邢邯"高端制造走廊、"燕山太行山"生态经济走廊建设，为区域联动发展提供有力支撑。

（四）推动陆海统筹、双向开放，打造国际竞争和区域合作新优势

现代化经济体系必然是高度开放的经济体系，河北必须主动适应全球经贸格局变动调整的新形势，坚持对外开放不动摇，加快转变内循环封闭型发展模式，宽领域、多层次开拓国际国内市场，构建陆海联动、东西互济的全面开放新格局。

（1）以"两区一带"引领全域开放。经验表明，在优势区域率先打造高开放功能区，进而带动全域开放，是提高对外开放水平和层级的有效途径。沿海地区发展、雄安新区建设、自贸试验区建设相继上升为国家战略，为河北以重点区域引领全省开放发展创造了有利条件。要按照重点突破、以点带面的原则，推动沿海地区、雄安新区、自贸试验区开放发展，打造对内对外开放高地，引领带动全域开放。一是加快建设雄安新区开放发展先行区。支持雄安新区在对外开放前沿政策举措领域先行先试，创新投资准入政策、贸易制度安排和金融创新措施，在新一轮高水平对外开放中为河北乃至全国积累经验、树立样板。二是加快中国（河北）自由贸易试验区建设。深化投资和经贸领域改革，积极推动制度创新，推进高端高新产业在自贸区聚集发展，创新金融领域开放举措，着力建设国际商贸物流重要枢纽、新型工业化基地、全球创新高地和开放发展先行区。三是加快推动沿海地区开放开发。以装备制造、智能制造等临港产业为重点，加速培育壮大海洋经济，大力发展推动港口转型升级，打造一流的现代化港口群，构筑全省对外开放引领区。

（2）协同京津，提升开放层次。实践表明，加大与先进地区的合作，实现借力发展，是后进地区跨越提升开放水平的有效举措。河北环绕国家国际交往中心和北方国际航运核心区，具有借力开放的独特优势。建设河北特色现代化经济体系，必须全面加强与京津的开放合作，在开放平台共建、口岸通关协作、产业协同开放、市场联合开拓方面求突破、上水平，拓展开放广度、提升层次。一是共建高水平协同开放平台。以大兴国际机场临空经济区、曹妃甸协同发展示范区等为重点，与京津合作建设开放平台，探索建立合作模式与利益分享机制，为高质量协同开放提供有力支撑。二是加强与京津口岸通关协作。联合开展区域"一站式"通关服务合作，推进三地口岸相关管理部门信息互换、监管互认、执法互助，为通关企业提供方便、快捷的服务。三是推动京津冀产业链协同开放。与京津共同推进区域产业链整合和空间重组，引导京津外向型企业向河北转移，支持省内企业与京津企业合作，构建上下游高效协作、竞争力突出的区域化、本地化产业链，共同参与全球产业分工和产业竞争。四是协同开拓海外市场。整合三地技术、装备和资金等要素资源，共建境外营销网络，共揽境外工程，共促劳务合作，联合开拓海外新市场。

（3）东西双向拓展开放空间。能否全面参与"一带一路"建设，决定着河北对外经贸合作的深度和广度。当前，河北面临着海陆互动不畅、内陆开放不足、"走出去"水平不高等突出问题。建设河北特色现代化经济体系，必须融入国家新发展格局，持续优化开放空间，提升海陆互动水平，弥补内陆开放短板，拓展"走出去"新空间，将河北打造成为"一带一路"中的重要战略支点。一是打通陆海大通道。加强与冀蒙俄、冀新欧物流大通道的全方位对接，加快东西向交通干线和综合枢纽建设，构建全方位、立体化、东西向、互动型的现代化交通网络，为陆海联动开放提供设施支撑。二是支持内陆地区全面开放。谋划建设冀中南内陆开放型经济试验区，探索实施适合内陆地区特点的开放政策和体制机制，支持河北港口企业参与腹地内陆港建设，积极发展"水陆空铁"多式联运，大力推进贸易和投资自由化便利化。三是提升国际产能合作能级。全方位加强与"一带一路"沿线国家和地区的合作，打造一批大型综合物流基地，鼓励有实力的企业参与国际工程竞标，推进高铁、冶金建材、汽车机械等大型成套装备出口和技术标准输出，发展中医药、文化艺术、服务外包等特色产品出口和现代服务贸易，全面提升产能合作的水平。

（4）以制度创新盘活开放全局。随着我国对外开放水平的不断提升，制度型开放逐步替代商品与要素流动成为新时期对外开放的新特征。河北要以制度创新为核心，加快规则变革，优化制度供给，逐步扫清开放发展障碍，全面激活开放发展动能。一是全面提高投资自由化便利化水平。严格落实国家外商投资准入的相关管理制度，大力精简审批、核准等事项，探索外商投资信息报告制度，持续优化外商投资企业设立流程。二是健全贸易转型促进机制。提升跨境贸易便利化水平，支持自由贸易试验区设立海关特殊监管区、开展各类进出口贸易试点。支持大宗商品期货保税交割仓库、跨境交易平台建设。探索以外贸企业为单元的税收担保制度。三是创新国际产能合作保障机制。支持对外投资企业以境外资产和股权、采矿权等权益为抵押获得贷款，完善"走出去"综合服务和风险防控体系。

（五）推动经济绿色低碳转型，厚植现代化经济体系美丽底色

加快绿色低碳转型是构建现代化经济体系的应有之义，是美丽河北建设的必然路径。河北生态功能地位重要、生态环境敏感脆弱。经过多年的努力，全省生态环境明显改善，生态本底呈现持续向好的发展态势。未来，必须全面落实"两山"理论，着力转变产业发展方式、资源利用方式、环境治理模式，从根源和制度上保护生态环境、防治生态环境破坏，走出一条契合河北实际、生态优化、绿色低碳的发展道路，构建绿色融合型现代化经济体系。

（1）全过程推动产业绿色低碳发展。绿色低碳发展是建设生态文明的必

由之路，必须加快生产方式全方位、系统性转变。一是培育循环经济。深入推进城市再生资源、大宗工业固体废物、企业低品位余热、农村农业废弃物等回收再利用。依托重点行业构建循环经济产业链，加快产业绿色转型，推广循环化、低排放的生产方式。二是大力倡导清洁生产。在重点高耗能、高排放产业领域，加快建立具有强制性的清洁生产审查制度，推广无废少害技术、工艺和装备，加强污染物排放全过程控制，彻底转变粗放的生产方式和发展方式。

（2）全面推动资源利用方式变革。一是加强水资源的有序开发和节约利用。将节水落实到城市规划、建设、管理各环节，加强城乡输供水管网建设、用水管理和节水改造，推动优水优用、循环循序，提升用水效率。二是推动能源利用方式变革。充分利用云计算、大数据等新技术推动高耗能行业节能降耗，推广节能建筑、新能源运输装备，在供暖、发电等重点领域加快清洁能源替代利用。三是加强土地资源的高效集约利用。实施园区"腾笼换鸟"工程和工业企业节地挖潜工程，清理无效低效用地。加强老旧小区的改造，腾出低效开发用地，提升土地利用效率。四是大力推广绿色建筑和节能建筑。拓展低碳建筑市场，鼓励建筑企业使用绿色建材，大力推广装配式建筑、超低能耗建筑。

（3）建立健全生态文明制度。全力倡导生态文明，强化约束性制度建设，规范市场主体和广大居民生产生活行为。一是加强生态环境监管。以"三线一单"为重点，加强生态环境管控，建立打破地区、流域、海域限制的生态环境共治机制，探索实施能源、水、建设用地等关键生产要素的总量、强度"双控"。二是构建更加完善的生态环境保护体系。完善生态功能区转移支付制度体系，在生态环境损害赔偿方面加大力度，推广环境污染强制责任保险，以京津冀为重点推进横向生态补偿。三是加强自然资源资产产权和使用制度改革。开展相关产权的确权和登记，保护各类产权主体的应有权利，分离产权与使用权，鼓励使用权资本化。

（六）优化和完善现有机制，为现代化经济体系提供制度保障

当前，河北市场体系不完善，部分领域发育滞后，市场主体激励性不足，要素流动存在突出壁垒、微观经济活跃度不高、政府越位和缺位等问题。必须以健全产权制度、提升要素市场化配置效率为重心，大力推进市场化改革，厘清政府和市场的关系，确保市场主体有效激励、资源要素顺畅流动、市场竞争公平有序，为建设具有河北特色的现代化经济体系提供有力的制度保障。

（1）建设更高标准的市场体系。必须针对当前体制机制存在的突出问题，清理一切影响统一市场建设和开展公平竞争的规定和做法，建立市场自由开放、竞争充分有序、市场行为合理规范的现代市场体系。一是加大市场开放力度。制定市场准入负面清单，坚决破除各类隐性门槛，保证各类市场主体"非禁可入"。二是推动要素合理自由流动。消除制约城乡建设用地统一市场建设的关键制度障碍，破解户籍制度壁垒，构建多层次人才、技术、资本市场，加快培育发展数据要素市场，破除妨碍要素流动的体制机制弊端。推进水、电、石油、天然气、电信等领域价格改革，最大限度发挥供需关系对价格的决定作用。三是优化商品和服务市场。保障商品市场运行，加强相关监管规则的制定，建立重要产品信息追溯制度体系。四是完善现代服务市场。破除流通领域体制机制障碍，全面减轻企业物流成本压力。建立服务标准体系，大力保护消费者权益，保障集体诉讼权利。

（2）建立更具激励性的收入分配体系。建立与发展阶段相适应的收入分配体系，对于调动劳动者和市场投资主体的积极性意义重大，对促进经济增长、加快转型升级都具有巨大的推动作用。必须按照"体现效率、确保公平"的原则，优化收入分配体系，提升制度激励作用。一是建立更加注重效率的初次分配制度。坚持多劳多得，在初次分配中进一步提高劳动报酬比重。提升高校和科研机构工资分配自主权，鼓励企事业单位工资制度更多向科研人员倾斜。按照生产要素市场贡献决定分配比重。二是建立更加注重公平的再分配制度。进一步强化财政转移支付，在财政支出方面优化结构，促进基本公共服务均等均衡。优化城乡一体的养老和医疗保险制度，健全社会救助、福利、慈善等制度，加强优抚安置能力和水平，对基本民生保障实现全面兜底，增加低收入群体和弱势群体收入。

（3）塑造更优越的营商环境。营商环境就是竞争力，必须坚持需求和问题导向，注重政策效果，持续改善、优化、提升营商环境。一是打好政务服务环境优化提升战。围绕企业开办方便、项目投资便利、经营和生产便利，进一步压缩审批事项、优化办理流程，充分利用信息手段加强审批事项网上办理能力。二是努力构建更为宽松、更加包容的市场环境。推进结构性减税，严格落实留抵退税、社保降费等政策，规范行政事业性收费，全方位降低企业运营成本。建立包容审慎的市场监管机制，探索对"四新经济"的包容化管理，建立科学合理、适度合规的容错机制。三是建立更加公平、更加透明公开的法治环境。强化科学立法，健全执法记录、公示和审核制度，对垄断行为进行坚决抵制，加强公平竞争审查，保障知识产权拥有主体的权利，完善社会信用体系，营造能够保障各类主体依法获取资源、公平参与竞争、不因企业性质受到不公平待遇的法制环境。

参考文献

［1］黄群慧：《提升产业链供应链现代化水平　推动经济体系优化升级》，载于《中国社会科学报》2020年11月11日。

［2］李文胜、陈春生：《以创新为动力建设现代化经济体系》，载于《河北大学学报（哲学社会科学版)》2018年第3期。

［3］宁阳：《加快建设现代化经济体系的五大维度》，载于《广西社会科学》2020年第5期。

［4］杨楠：《以现代化经济体系为支撑实现高质量发展》，载于《经济研究导刊》2020年第33期。

［5］颜廷标：《加快建设现代化经济体系》，载于《河北日报》2017年11月24日。

［6］张淑俊：《关于中国现代化经济体系建设实践探索的思考》，载于《山西农经》2020年第9期。

［7］周绍朋：《强国之路：建设现代化经济体系》，载于《国家行政学院学报》2018年第5期。

河北在协同发展中加快服务
和融入新发展格局

黄贺林　王富华①

摘　要： 在新发展阶段中，河北如何在推进京津冀协同发展过程中更好地服务和融入新发展格局，重塑比较优势，实现高质量发展，成为必须回答的重大命题。本报告从分析新发展格局引发的区域发展形势变化入手，对京津冀地区和河北省的功能角色进行了重新认识，剖析了河北存在的短板和弱项，从创新体系构建、产业迭代升级、扩大内需战略实施、双向开放推进、世界级城市群打造、重点领域改革攻坚六个方面提出河北服务和融入新发展格局的重点任务。

关键词： 河北　京津冀　协同发展　新发展格局

党中央作出构建新发展格局的重大战略决策后，河北省承担起推进京津冀协同发展和融入新发展格局的双重使命。找准两大战略的结合点、共振点，明确定位、谋划发展，是河北省打开新局面、实现新跨越的必由之路。为此，本报告在深入分析新发展格局下区域发展新形势、京津冀区域内河北在新发展格局中扮演的功能角色的基础上，针对河北现存的短板和弱项，提出河北服务和融入新发展格局的重点任务，以期为政府部门提供决策参考。

一、新发展格局下我国区域发展面临的新形势

新发展格局下，我国国民经济重大比例关系、基本动力、循环方式都将发

---

① 黄贺林，河北省宏观经济研究院研究员，研究方向为产业经济、区域经济；王富华，河北省宏观经济研究院副研究员，研究方向为产业经济。

生重大变革，影响区域功能角色的主导因素也将发生显著变化，土地、矿产、水等传统要素地位作用明显下降，创新资源、人口规模、制造基础、交通区位等要素地位作用明显上升。在这些因素的推动下，我国区域发展格局将面临深刻调整。

（一）创新资源集中区核心引领作用将明显增强

要实现国内大循环，就必须依靠创新驱动，努力实现内涵型增长。目前国际环境更加复杂，依靠外部技术结合自身产业基础和资源要素的发展模式难以为继，实现科技自立自强成为关键。目前我国将科技创新提升到前所未有的战略高度，就是要补齐自身科技短板，在不依赖外部技术供给的情况下，实现自我创新发展。在此背景下，科技、人才、金融等创新资源较为集中的省市，将成为引领我国创新驱动发展的主要引擎，在激烈的区域竞争中更容易抢占先机、加速崛起。

（二）产业配套能力强的地区将更具发展优势

产业链供应链安全稳定是构建新发展格局的必备条件。面对外部环境的深刻变化，我国将适应新形势，改变原有发展方式，大力扶持实体经济，强化制造业支撑能力，增强产业链供应链自主可控性，以强大的供给能力，保障内部经济顺畅循环，同时在更大范围内、更高层次上促进内外双循环。在此背景下，制造业基础较好、产业链和供应链匹配度较高和配套性较好的地区，抵抗外部风险冲击的能力更强，将成为我国补齐产业发展短板、完善产业链和供应链的主要支撑区。

（三）人口密集地区经济发展位势将进一步提升

随着外部环境变化和我国扩大内需政策效果持续显现，外需市场扩张速度放缓，我国内需的巨大潜力将进一步释放，外需和内需市场相对关系呈现此消彼长的态势。未来，我国将继续坚持扩大内需这个战略基点，使经济循环更多依托国内市场。在这一背景下，人口密集地区依托人口和市场规模优势，在消费投资潜能释放、吸引资源要素聚集方面将拥有更加有利的条件，成为拉动经济增长的重要引擎。

（四）重要枢纽地区的节点功能将进一步强化

促进国内市场和国际市场更好连通，加快推动中国市场成为全球市场，提升我国各地区参与全球经济的广度和深度，增强我国对全球战略要素资源的配置主导能力，是我国构建新发展格局的主要目标。在此背景下，陆路、海路、航空枢纽地区在促进国内国际商品资源要素流通的作用愈发凸显，特别是随着"一带一路"建设，沿海、延边、内陆枢纽地区在我国对外开放大局中的地位明显上升，具备多式联运条件的枢纽型城市和地区将成为畅通"双循环"的门户接口。

综合来看，具备上述条件的地区集中分布在我国 19 个城市群。这些城市群创新资源富集、产业配套能力较强、人口规模较大、枢纽地位突出，在我国创新驱动发展、先进制造业集聚、市场空间拓展、要素资源配置等方面发挥着主导作用，是我国构建新发展格局的主要空间载体。目前我国全力支持京津冀、长三角、粤港澳大湾区打造世界级城市群，三者在我国各主要城市群中将占据龙头地位，2020 年上述地区集中了全国近 1/3 的人口、2/5 的地区生产总值、4/5 的世界 500 强高校①、1/4 的高铁里程②，是我国参与国际竞争的主要阵地，是畅通"大循环"和"双循环"的中心支点（见表 2）。

表 2　　　　　　　　我国三大世界级城市群主要发展指标

地区	常住人口（万人）	地区生产总值（亿元）	出口总值（亿元）	世界 500 强高校（所）	专利授权量（万件）	高铁里程（千米）
京津冀地区	11036.9	86393.2	10251.9	8	33.1	2289
长三角地区	23521.4	244713.2	69323.7	8	115.1	6008
粤港澳大湾区	8617.0	91109.1	72242.4	10	6.9	1232

注：常住人口指标，除香港特别行政区、澳门特别行政区来源于香港特别行政区政府统计处和澳门特别行政区统计暨普查局 2020 年数据外，其他各省市均来源于 2020 年 11 月 1 日第七次全国人口普查数据；地区生产总值、出口总值、专利授权量三项指标，除香港特别行政区和澳门特别行政区来源于香港特别行政区政府统计处和澳门特别行政区统计暨普查局 2020 年数据、浙江省专利授权量来源于《2020 年浙江省知识产权保护与发展白皮书》数据，其他数据来源于各省市 2020 年国民经济和社会发展统计公报。澳门地区生产总值数据通过 2020 年 12 月 31 日的澳门元对人民币汇率收盘价折算得到，安徽省进出口总额由 2020 年 12 月 31 日美元对人民币汇率中间价折算得到，河北以专利申请授权量代替专利授权量数据（该省专利授权量数据未公布），粤港澳大湾区专利授权量仅含珠三角九市 2020 年数据（香港特别行政区、澳门特别行政区专利授权量数据无法获取）；世界 500 强高校数据来源于 2021 年 QS 世界大学排名；高铁里程来源于中国国家铁路集团有限公司截至 2019 年末数据。

---

① 数据来源于 2021 年 QS 世界大学排名，含香港特别行政区、澳门特别行政区。
② 数据来源于中国国家铁路集团有限公司（截至 2019 年末）。

二、新发展格局下京津冀地区的功能角色再认识

在新发展格局中发挥比较优势、找准自身定位，是新形势下一个地区展现更大作为、做出更大贡献的基本前提。河北作为京津冀地区的重要组成部分，必须在协同发展大局中分析比较优势，考虑自身定位。

（一）京津冀的整体功能角色

目前北京、天津和河北的常住人口共 1.1 亿、地区生产总值 8.6 万亿元、出口总值 1.0 万亿元、世界 500 强高校 8 所、专利授权量 33.1 万件、高铁里程 2289 千米，除地区生产总值和出口总值外，其他四项指标在我国着力打造的三大世界级城市群中均居次席，在我国主要城市群中人口规模、产业基础、创新能力、交通条件优势突出，未来必将成为具有全球影响力的商品和服务供给基地、国际消费中心和世界要素配置中心，在我国新发展格局中客观承担着国内大循环中心支点、国内国际双循环的战略连接功能（见表 3）。

表 3　　　　　　　　　京津冀三省市主要发展指标

地区	常住人口（万人）	地区生产总值（亿元）	工业增加值（亿元）	进出口总值（亿元）	专利授权量（万件）	高铁里程（千米）
北京	2189.3	36102.6	4216.5	23215.9	16.3	359
天津	1386.6	14083.7	4188.1	7340.66	7.5	317
河北	7461.0	36206.9	11545.9	4410.4	9.2	1675

注：常住人口指标来源于第七次全国人口普查 2020 年 11 月 1 日零时数据；地区生产总值、工业增加值、专利授权量、进出口总值四项指标数据，来源于各省市 2020 年国民经济和社会发展统计公报；高铁里程来源于中国国家铁路集团有限公司截至 2019 年末数据。

（二）河北的功能角色

河北在京津冀地区具有独特优势，突出表现在四个方面：一是制造业基础雄厚。首先，产业规模较大，2020 年河北实现工业增加值 11545.9 亿元，分别是京津的 2.7 倍和 2.8 倍，占京津冀地区的 57.9%；其次，产业门类齐全，形成了涵盖四十个工业大类的完备产业体系。二是人口规模优势突出。2020 年河北常住人口 7461.0 万，是北京的 3.4 倍、天津的 5.4 倍，占京津冀地区

的比重高达 67.6%。庞大的人口规模，使河北不仅具有产业发展所需的人力资源支撑，而且具有巨大的消费市场。三是交通区位条件优越。河北地处东连东北、西临西北、南通华东华中的地理中心区域，是华北西北地区东向出海通道，是关内与关外交通的重要枢纽，全省交通设施完善，拥有以曹妃甸港为代表的现代化港口群，建成了连接全国各地的高速公路、铁路体系，基本形成以省会为中心的放射状航空网络，目前全省高铁里程是北京的 4.7 倍、天津的 5.3 倍，沿海港口货物吞吐量是天津的 2.4 倍。

综合来看，河北与京津相比，拥有制造基础、人口规模、交通区位等多重优势，是京津冀地区物质生产的主要承担者、超大规模消费市场的重要组成部分、国家经济发展和双向开放的中枢地区，其在京津冀世界级城市群内发挥优势、抢抓机遇、创造条件，将有机会打造成为具有全球影响力的先进制造业基地、具有国际吸引力的功能性消费目的地、具有世界资源聚合力的陆海双向开放枢纽，承担起国内大循环重要节点、国内国际双循环重要连接功能。

三、河北服务和融入新发展格局面临的短板和弱项

河北省要在新发展格局中承担起重要功能角色，需要强大的科技创新实力、先进的生产制造体系、充足的内需动力、高水平的国内外市场资源连接能力、发达的城市群和都市圈、适配的体制机制作为支撑，而目前河北在创新资源、产业层级、内需释放、开放合作、城乡区域发展、体制制度改革等方面均存在明显不足，必须正视问题、聚力攻坚。

（一）优质创新资源匮乏

当前，创新对经济社会发展全局的支撑和引领作用进一步增强。而河北自身优质创新资源十分匮乏，创新要素难以满足经济社会高质量发展需求。2020年河北每万人大专以上学历人数不足北京的 1/4、天津的 1/2，两院院士、长江学者等各类高端人才极为匮乏；国家级工程技术研究中心、重点实验室数量都明显少于河南、湖南、湖北、四川、江苏和山东等先进省份，至今没有一所世界一流大学；专利申请授权量、有效发明专利分别为 92196 件和 34147件，在全国均处于中下游水平，技术要素供给能力亟待提升。综合来看，河北科技创新水平常年处于全国第三梯队，单纯依靠自身力量推动创新发展困难重重。

（二）产业发展层次偏低

当今国内需求结构呈现新特点，投资品需求加速由大规模、一般化、传统型向数字化、中高端、智能型方向转变；消费品需求逐渐由排浪式、模仿型、同质化向个性化、多元化、品牌化升级。同日趋升级的需求层次相比，河北省产业发展层次较低，存在"五多、五少"的突出问题。一是低端供给多，中高端供给少。全省重点产业主导产品仍以中低端为主，虽是钢铁大省，但高端钢材占比仅为 10%；虽是医药大省，但超过 70% 的医药产品仍是原料药。二是配套产品多，整机产品少。虽然装备制造业已成为全省第一大产业，但是其中近 1/4 是生产配套型产品的金属制品业，整机装备制造业比重较低。三是一般产品多，核心产品少。主要产品多为常见低值的大路货，优质高值、具有竞争力的核心产品占比不高。四是贴牌产品多，自主品牌少。不乏在全国乃至世界具有较高市场占有率的行业，但是多以贴牌为主。以邢台为例，该市童车产量占全球 50% 以上，但自主品牌产品产量占比不足 10%。五是传统产业多，新兴产业少。供给仍以满足传统消费和基建需求的"过去式"产品为主，数字型、智能型新产品供给率极低。河北省供给体系对国内需求的适配性较差。

（三）内需动能释放不足

有效释放内需潜力，发挥好消费和投资对经济增长的"双轮"驱动作用，才能强化市场规模优势，激发国内大循环强劲活力。当前，河北内需动能仍显不足，2020 年全省固定资产投资（不含农户）增速、社会消费品零售总额增速分居全国第 21 位、第 11 位，与先进省份存在明显差距，释放内需潜力仍有较大空间。扩大内需是个系统性很强的工程，需要供给和需求两侧共进、消费和投资共同发力，而河北省高品质服务供给不足、高端制造发展滞后，难以牵引需求增长；消费和投资持续低迷，难以适应我国扩大内需的高要求。

（四）开放合作深度广度不够

国内大循环、国内国际双循环能否协调畅通，很大程度上取决于关键节点的桥梁和纽带作用的发挥。河北拥有连接东西、畅通南北的优越区位条件，是国内国际双循环的交汇点，应主动承担起畅通国内循环、促进国内国际双循环的重大责任。但是，目前河北经济内向型特征依然明显，对外开放合作水平不高，难以发挥陆海双向开放枢纽的作用。2020 年全省进出口总值为 4410.4

亿元，在京津冀地区仅相当于北京的 19.0%、天津的 60.1%，与先进省份相比仅为江苏的 9.9%、浙江的 13.0%、山东的 20.0%；实际利用外资 110.3 亿美元，在京津冀地区仅为北京 1～11 月实际利用外资的 79.8%，与先进省份相比仅为江苏的 38.9%、浙江的 69.8%、山东的 62.5%；河北自贸区是国家第四批自贸区，海关特殊监管区仅 4 个，无论是数量还是种类和功能，都与先进省市存有较大差距。

（五）城乡发展"低水平不平衡"

建设世界级城市群是京津冀协同发展的重要目标，河北作为京津冀的一极，理应在其中扮演重要角色。世界级城市群的建设要求城乡发展水平高且均衡协调，但是从河北城乡发展实际看，"低水平不平衡"问题十分突出。第一，河北城市发展水平低，竞争实力弱，人口超过 500 万的特大城市仅有石家庄一市，无一城市进入全国"万亿元俱乐部"，石家庄经济总量和带动作用"双低"，省会城市首位度排名全国倒数第 4 位。第二，乡村发展滞后。2020 年全省经济总量达到 500 亿元的县域不足 5%，超过 75% 的县域经济总量不足 200 亿元，一般公共预算收入不足 10 亿元的县域数量接近全省的 2/3。第三，城乡发展不平衡。2020 年全省城乡居民比为 2.26，明显高于天津、浙江、河南、上海、江苏、湖北等省市。

（六）制度障碍突出

服务和融入新发展格局，主动担当河北功能角色，客观上要求加快构筑与新发展格局相匹配的制度体系和政策环境，急需建设更具活力、更有激励性的市场经济体制。然而，河北省改革进程慢、步子小、创新不足，体制机制激励性较差。众多具有示范试点意义的国家"金字招牌"，很多只是流于名号，在体制机制和方式路径探索创新上没有实质进展。涉及引才育才留才的科研单位激励、科研经费管理、科研人员薪酬、科研成果评价等关键敏感改革问题，不仅创新突破不够，甚至许多出台政策措施得不到有效落实。国企改革进程不快，企业经营激励制度仍不完善，省管企业效益水平不高，产权制度改革亟待破题。资源要素配置机制正向激励不足，土地、水和能源效益产出居于国内中下游水平。同时营商环境不优、收入分配制度尚不完善、公共服务供应不足、绿色发展机制尚不健全，导致市场主体引培不力、资源要素错配问题突出、新旧动能转换不快、居民消费需求增长缓慢。

四、河北服务和融入新发展格局的重点任务

立足京津冀，服务和融入新发展格局，是关系河北未来发展全局的重大战略问题，必须发挥比较优势，瞄准短板弱项，聚力突破攻坚，才能重塑竞争新优势、赢得发展主动权，更好地承担时代赋予河北新的历史使命。

（一）构建开放式创新体系，走出创新发展"新路径"

虽然河北省创新基础薄弱，但也应看到，当前我国着力强化基础研究、提升原始创新能力，京津冀协同创新深入推进，雄安建设进入集中发力期，河北集聚外部优质创新要素面临诸多有利条件，必须以开放促进创新，利用好国内外高端创新资源，走出一条开放式创新之路。一是将雄安建设成为全球创新中心。以世界一流大学为标准谋划建设雄安大学，在重大科技领域超前搭建一批前沿技术研究中心，同时积极争取国家实验室布局建设。二是下大气力引培骨干原始创新平台。全力推进高水平院校建设，在京津周边吸引京津相关院校研究生院入驻发展，争取大科学装置在河北布局建设。三是多方式深化京津冀协同创新。联合京津创新力量对前沿领域"卡脖子"技术进行攻关，联合京津共建新型研发机构，加快建设各级各类科技成果转移转化示范区，推进京津成果在河北转化。

（二）推动产业迭代升级，撑起先进制造"顶梁柱"

着眼提升产业发展层级，坚持深化供给侧结构性改革这条主线，锻长板、补短板，培育打造新的产业优势，增强河北供给体系与我国内需的适配性。一是以碳达峰碳中和为牵引推动产业绿色化改造。严格控制高耗能高污染项目建设，大力实施传统行业绿色低碳改造，利用好张家口国家可再生能源示范区和氢能示范城市等平台实施可再生能源替代行动。二是以数字经济赋能制造业智能化转型。加快建设雄安新区、正定、怀来等数字经济创新平台，发展壮大大数据、虚拟现实等数字经济核心产业，对优势产业实施智能化改造。三是以战略性新兴产业培育为重点推动产业高端化跃升。加强对河北有基础有条件的战略性新兴产业进行重点培育，积极引进一批领军型企业。四是以我国提升产业自主可控能力为契机加快布局"补短板"产业。针对我国产业链断裂点、风险点和薄弱环节，研究制定产业"补短板"河北行动方案，集中力量突破一

批核心和关键共性"卡脖子"技术和产品。五是下好未来产业"先手棋"。紧紧围绕应急产业、被动式超低能耗建筑、康复辅助器具等前沿科技和产业变革领域布局新场景新赛道，为产业发展增添新的动能。

（三）实施扩大内需战略，启动消费和投资"双引擎"

统筹投资、消费和项目建设，全面促进消费，积极扩大有效投资，推动消费与投资联动发展，以高质量供给创造新的需求。一是全面促进消费。坚持提升传统消费和培育新型消费两手抓，推动汽车等消费品由购买管理向使用管理转变，支持家电家居消费升级换代，拓宽可穿戴设备、智能家居、电动汽车等产品消费，推动虚拟现实、增强现实等前沿消费产品创新发展。二是积极扩大有效投资。聚焦"三件大事""两新一重"和民心工程项目建设，扩大技改投资规模，提升对战略性新兴产业的投资水平。三是以高质量供给适应引领创造新需求。实施增品种、提品质、创品牌行动，大力发展柔性、智能、精细化优质产品。四是打造品质服务高地，形成汇聚全球资源的"引力场"。统筹推进生产性服务业和生活性服务业发展，以现代生产性服务业汇聚先进制造资源，以高品质生活性服务业集聚人才和消费资源，打造具有国际吸引力的高端服务标志区。

（四）加强双向开放，打造国内国际双循环"交汇点"

坚定实施双向开放战略，努力在"双循环"中确立功能性枢纽地位，承担起国内大循环重要节点、国内国际双循环重要连接功能。一是以沿海经济带为龙头带动陆海联动开放。打造现代化环渤海港口群和国际陆港枢纽群，鼓励钢铁产能、重型装备、石化产业向沿海临港地区转移，以省内自贸区为引领，营造更高水平开放环境，全面加强与北京自贸区和天津自贸区的对接与合作。二是以跨国企业培育为抓手，加快打造"海外河北"。实施本土跨国企业培育计划，支持企业积极开展跨国并购、建设覆盖世界的营销网络、加强生产力全球布局、参与科技创新合作和资源利用开发，统筹布局建设与省内产业配套衔接的境外经贸合作区。三是以制度、标准、渠道为重点，推动内外贸融通发展。系统研究和对接包括 RCEP 和中欧协议在内的国际通行规则，优先推动一般消费品和工业品领域的国际国内标准接轨，鼓励出口企业多渠道搭建内销平台。四是以高能级流通平台建设提升要素配置位势。建设国际化大宗商品交易区域中心和分销分拨中心，打造智慧能源调控中心、灾备物资调度中心。

（五）与京津共建城市群，构建融入新格局"主载体"

新发展阶段，河北既要练好内功又要练好外功，既要坚定不移把省会城市、省会都市圈建设好，又要与京津共同促进城市联动融合一体化发展，打造世界级城市群，更好融入新发展格局。一是举全省之力支持现代化国际化美丽省会城市建设。努力提升省会城市首位度，把握国土空间规划编制机会全面拓展城市空间，以城市更新为抓手提升整体功能和格调品位，打造智能城市和智慧城市，全面提升公共服务水平和生态环境质量。二是以城镇扩规提质增强资源要素承载力。针对京津冀城镇规模结构失衡问题，以雄安和张北建设着力补齐城镇体系的"断层"，做大做强区域中心城市，全力提升县城建设规模和质量。三是以城市协同发展畅通区域经济循环。加快省会都市圈建设，强化省会与周边地区发展的互联互通，促进廊坊北三县与通州区一体化发展，深化交通一体化和公共服务均等化，加强与京津产业合作对接。四是以乡村振兴促进城乡融合发展。着力消除阻碍城乡人才、土地、资金、技术等要素自由流动和平等交换的体制机制障碍，促进城乡基础设施和公共服务有效连接、一体化发展，推动交通网、服务网向建制镇、乡村延伸。

（六）推进改革攻坚，创建融入新发展格局的"新机制"

针对现存的突出矛盾和问题，采取一系列改革举措，为河北更好地服务和融入新发展格局提供体制机制保障。一是构建以增强吸引力为核心的市场主体引育机制。构建起多层次、全链条的企业引进体系，开展创新创业人才集聚行动，确保市场主体"引得来"。做好企业全生命周期服务，确保市场主体"留得住"。推进结构性减税，规范行政事业性收费，探索包容审慎的监管机制，确保市场主体"发展好"。二是构建以畅通高效为目标的要素市场化配置机制。构建城乡统一土地市场，畅通各类人才在不同性质单位间的流通渠道，加强与京津在劳动力、人才流动方面的政策衔接，培育发展数据市场。三是构建以增加居民收入为中心的收入分配机制。优化政府、企业和居民之间的分配关系，健全工资合理增长机制，加快探索新要素价值的实现形式。持续缩小城乡收入差距，创新和完善农村和集体利益联结机制。努力缩小行业收入差距，深化金融、电力等垄断行业体制改革。四是构建以保障基本民生为重点的公共服务供给机制。多渠道增加保障性住房供给，探索建立区域均衡的医疗保障制度，实行机会均等的教育供给制度，推动农村基础设施和公共服务双提升。五是构建以"双碳"目标为约束的绿色发展机制。建立碳排放权总量控制制度和分解落实机制，建立非碳基能源发展激励机制，支持绿色金融供给和产品创新。

参考文献

［1］北京市统计局，国家统计局北京调查总队：《北京市 2020 年国民经济和社会发展统计公报》。

［2］河北省统计局：2020 年《河北统计摘要》。

［3］河北省统计局，国家统计局河北调查总队：《河北省 2020 年国民经济和社会发展统计公报》。

［4］李兰冰：《深化协同积极融入构建新发展格局》，载于《前线》2021年第 10 期。

［5］天津市统计局，国家统计局天津调查总队：《2020 年天津市国民经济和社会发展统计公报》。

［6］王一鸣：《新发展格局下区域发展的新形势和新要求》，新浪财经，https：//finance. sina. com. cn/china/gncj/2020 – 12 – 01/doc – iiznezxs4652927. shtml.

依托民营经济，促进河北省新型城镇化及城乡融合发展

姚胜菊①

摘　要： 新的历史时期，面临"十四五"对新型城镇化和城乡融合发展提出的新要求与新目标，民营企业应在实施龙头企业主动作为、村镇企业合作共建、民营企业捐资助力等传统做法的基础上，着力解决思想认识不深、管理机制不顺、政策落地不到位、资金保障不足等问题，从理念先行、突出重点、要素保障、分类实施等方面加大推进力度。

关键词： 民营经济　河北省　新型城镇化　城乡融合

改革开放以来，河北省民营企业参与、支持城镇化建设和城乡融合发展的步伐从未停滞，并且在民营企业发展进程中，一直将企业的发展与城镇化和城乡融合发展紧密联系在一起，两者相辅相成。新的历史时期，面临"十四五"规划对新型城镇化和城乡融合发展提出的新要求与新目标，民营经济如何发挥更大的推动作用，我们应有更深刻的思考，有更大的作为。

新型城镇化及城乡融合发展的路径是人口向城镇聚集，宗旨是提高经济社会发展质量。新型城镇化及促进城乡融合发展是缩小城乡差距并构筑新型城乡融合发展模式的需要，有利于发挥城市在区域经济中的引擎作用和激发乡村的发展潜能，加快城乡之间的资源流通和优化配置，缩小城乡居民在共享发展方面的差距。新型城镇化及城乡融合发展从表面上看是要解决城乡居民收入差距过大的问题，而根源上要解决的问题是城乡产业、基础设施、公共服务和资源

---

① 姚胜菊，河北省社会科学院经济研究所研究员，研究方向为民营经济、区域经济和宏观经济。

要素空间配置不合理的现状，在这些方面，民营经济拥有巨大的发展空间。

一、成绩与亮点：河北省民营企业参与新型城镇化和城乡融合发展成效显著

（一）龙头企业主动作为

河北省许多有影响力的民营企业在新型城镇化和城乡融合发展中都发挥了龙头带动作用，有些企业创造性地探索了开发性 PPP 模式，与政府签订合作协议，约定长期合作、风险共担、利益共享。在政府指导下，由企业对委托范围内的投资负责，为区域提供以产业发展、产城融合为核心内容的区域发展整体解决方案。并且通过开发性 PPP 模式建立相容合作机制，使政府和社会投资者心往一处想，劲往一处使，发挥各自优势，既化解了政府在资金、人才上的投入难题，又彰显了社会资本"专业人做专业事"的优势，双方相向而行，推动区域经济高质量发展。有些企业瞄准国家战略，科学推进城镇化战略布局，相较于产业和城市的原生基础，更加注重布局区域发展潜力，秉承"以真制胜"的理念，瞄准都市圈和城乡群交叉辐射地带，借助核心城市带动作用和产业外溢机遇，推动城市布局快速成长。在做精城乡布局的同时，龙头企业将特色运营模式做优、将主营产业做强，将主导项目做实，将经营机制做细，全方位提升核心能力，助推布局区域经济发展和产业结构优化升级。

（二）村镇企业合作共建

在村镇建设方面，近年来，河北省一些实力较强、社会责任意识浓厚的民营企业，基于"工业反哺农业、城市支持农村"的发展走向和政策要求，采取村企共建、政企共建的模式，积极参与新型城镇化和城乡融合发展。

（三）民营企业捐资助力

针对新型城镇建设及城乡融合发展中资金匮乏这一最大难题，更多的民营企业采取了公益捐助模式，这是民营企业参与城镇化建设采用最多的一种模式，其直接捐助农村公益设施和福利项目建设，修路造桥，助学敬老，扶贫济困，造福一方，为加快解决"三农"问题、改善农村生产条件、提高农民生活水平发挥了巨大作用。

二、制约与不足："十四五"时期河北省民营企业参与新型城镇化和城乡融合发展面临新问题

（一）思想认识不到位

部分县区和民营企业存在着传统惯性思维，对新型城镇化和城乡融合发展的认识还仅仅停留在搞房地产、修桥铺路的层面，对新型城镇化和城乡融合发展涉及的城乡一体化、农业人口转移、城乡主导产业发展、城乡基础设施完善、公共服务均等化等问题，缺乏深入系统的理解和研究，认为参与城乡融合发展投资长、见效慢，参与积极性不高。

（二）管理机制不顺

新型城镇化和城乡融合发展工作主要由各市住建部门的城乡融合发展中心负责，民营企业参与新型城镇化和城乡融合发展缺乏系统的组织管理和支持引导，没有建立起发改、住建、工信、交通、卫计、工商联统筹协调、密切协作的工作体系和工作机制，组织引导支持民营企业广泛参与新型城镇化和城乡融合发展的机制不够健全。

（三）政策落地不到位

尽管国家陆续出台了许多政策措施激励民间资本进入新型城镇化建设领域，但是在政策落地上却存在许多障碍，包括建设项目信息不透明、建设市场门槛高、建设用地审批难、经营管理服务不规范、优惠政策落实不到位等一系列问题。同时，针对民营企业参与新型城镇化和城乡融合发展的专项扶持政策较少，缺乏细化政策支持和具体配套方案，评价考核机制不完善。

（四）资金保障不足

受到企业规模、盈利能力、资信等级、可抵押担保物等条件约束，以及一些民营企业诚信意识不强、财务管理松懈等原因，致使金融机构"重大轻小""嫌贫爱富"，大多数中小微民营企业很难从银行争取到信贷支持，只能依赖民间借贷进行融资，融资成本较高，增加了民营企业参与新型城镇化的难度与风险。

三、根源与症结：制约民营经济推进新型城镇化及城乡融合发展的深层原因

（一）河北省城镇化率长期滞后于全国，城镇化任务繁重

从京津冀区域来看，2020 年，地区综合城镇化率为 68.6%，同比提高了 1.9 个百分点。京、津、冀三省市这一指标分别达到 87.6%、84.7% 和 60.1%，同比分别提高了 0.2 个、0.4 个和 1.3 个百分点。尽管河北省城镇化率提高速度较快，但由于人口基数较大，所以未来向城镇转移的人口绝对数巨大，城镇化任务异常艰巨。

从全国范围来看，2020 年，全国 GDP 组成中，第一产业占了 7.7%，而河北省是 10.7%，比全国高出了 3 个百分点。低效益、低附加值、低关联带动的 GDP 占比太大，极大影响了河北省经济社会的发展后劲和活力。如表 4 所示，2020 年底，河北省常住人口城镇化率比全国平均水平低 3.8 个百分点，在全国排第 21 位，排名比五年前还降低了一位，在东部沿海省份中居最后一位。2019 年，河北省户籍人口城镇化率仅为 43.5%，比常住人口城镇化率低 14.1 个百分点，比全国户籍人口城镇化率低 0.9 个百分点，与先进省份相比，差距明显，"半市民化"现象突出。在全国城镇化率最高的 40 个城市中，河北省无一个城市入围。

表4　　　　　　　全国各省份城镇化率及变动情况

排序	省份	2020 年常住人口城镇化率（%）	2015 年常住人口城镇化率（%）	2020 年比 2015 年提高百分点
	全国	63.89	57.33	6.56
1	上海	89.30	88.53	0.77
2	北京	87.55	86.71	0.84
3	天津	84.70	82.88	1.82
4	广东	74.15	69.51	4.64
5	江苏	73.44	67.49	5.95
6	浙江	72.17	66.32	5.85

续表

排序	省份	2020 年常住人口城镇化率（%）	2015 年常住人口城镇化率（%）	2020 年比 2015 年提高百分点
	全国	63. 89	57. 33	6. 56
7	辽宁	72. 14	68. 05	4. 09
8	重庆	69. 46	61. 47	7. 99
9	福建	68. 75	63. 22	5. 53
10	内蒙古	67. 48	62. 09	5. 39
11	黑龙江	65. 61	60. 47	5. 14
12	宁夏	64. 96	56. 98	7. 98
13	山东	63. 05	56. 97	6. 08
14	湖北	62. 89	57. 18	5. 71
15	陕西	62. 66	54. 74	7. 92
16	吉林	62. 64	57. 64	5. 00
17	山西	62. 53	55. 87	6. 66
18	江西	60. 44	52. 30	8. 14
19	海南	60. 27	54. 91	5. 36
20	青海	60. 08	51. 67	8. 41
21	**河北**	**60. 07**	**51. 67**	**8. 40**
22	湖南	58. 76	50. 79	7. 97
23	安徽	58. 33	50. 97	7. 36
24	四川	56. 73	48. 27	8. 46
25	新疆	56. 53	48. 78	7. 75
26	河南	55. 43	47. 02	8. 41
27	广西	54. 20	47. 99	6. 21
28	贵州	53. 15	42. 96	10. 19
29	甘肃	52. 23	44. 24	7. 99
30	云南	50. 05	42. 93	7. 12
31	西藏	35. 73	28. 87	6. 86

资料来源：《中国统计年鉴 2021》，中国统计出版社 2021 年版。

（二）河北省民营企业参与城镇化建设及城乡融合发展的整体实力不足

与先进省市比较，河北省单体民营企业规模稍显逊色。作为各区域民营企业实力的代表，历年全国民营企业 500 强的上榜企业数量与质量引人关注。在 2020 年全国民营企业 500 强中，河北省共有 32 家企业上榜，浙江省有 96 家，江苏省有 90 家，广东省有 58 家；河北省进入前 100 名的企业有 10 家，浙江省有 19 家，江苏省有 16 家，广东省有 16 家；而在 500 强前 20 名企业中，河北省无一家企业入围。虽然近年来河北省在全国民营企业 500 强中的上榜企业数量在持续增加，但与先进省份的差距还是不小的。这些不足造成民营企业推进新型城镇化建设力不从心。

河北省民营经济人力资本和财力资本有待充实。到 2018 年底，河北省私营企业和个体就业人数为 1261.3 万人，占全国的 3.4%，比河北省总人口占全国 5.4%的水平低了 2 个百分点，就业人数排在广东、江苏、山东、浙江、福建、湖北、河南、上海、安徽、重庆之后，位列全国第 11；2020 年，河北省私人控股企业固定资产投资降低了 4.4%，比全国平均水平（增长 1.6%）低了 6.0 个百分点，增速在全国排在第 27 位，与发展势头强劲的湖南、福建、安徽、四川等省相比，相差甚远。新型城镇化的核心指标就是人的聚集，民营经济劳动力聚集程度偏低说明河北省民营经济在推进全省城镇化建设中的巨大潜力有待挖掘。

河北省民营经济的产业结构整体上重工业较多，制约了其对新型城镇化建设的推进力度。2020 年，在河北省入选全国民营企业 500 强的 32 家企业中，钢铁企业就有 19 家，占 61.2%，达到一半以上，其他企业也以重化工业为主，多年来支柱产业单一的局面并未实现根本扭转。而从全国民营企业 500 强来看，第三产业企业数量占到了 32.8%，营业收入占到了 36.3%，资产总额占到了 59.3%，河北省与全国相比，差异较大。针对新型城镇化建设所需的产业多样化和生活生产服务业高水平的要求，河北省民营经济短板较为突出，无法满足多元化和全方位的需求。

（三）河北省激励民营企业参与新型城镇化建设及城乡融合发展的体制机制不够完善

2019 年，河北省针对城镇环境的基础设施建设投资达到 307.9 亿元，占全国同口径投资总额的 5.1% ，在全国位列第 9，不仅低于北京、河南、山东、江苏等 GDP 排名一直靠前的省市，而且低于江西、安徽、四川等后发省份。

虽然从中央层面到省级层面，多年前就出台了促进民营企业融入城镇市政建设、推进新农村建设，在管理和投融资体制上加快改革进程的诸多政策措施，但许多深层次问题还远未得到解决。一是民间资本进入城镇公用事业及基础设施领域的相关渠道还不太畅通，这些是民间资本最难渗透的领域，国有企业份额依然较重，民间投资的积极性常被碾压。二是在新型城镇化建设进程中，适应民营企业经营特点的融资方式及渠道创新力度不够，市场化融资、PPP 融资推进缓慢，债券、股票等直接融资手段使用不多，上下联动的资金投入机制受到主客观条件的制约，新型城镇化建设主要以中央和省级财政资金为主，以国有银行投入为支撑的问题没有实现根本的扭转。尤其是 2020 年、2021 年新冠肺炎疫情的蔓延，使民营企业的投资热情受挫，投资能力降低。三是民营企业参与新型城镇化建设的政策透明度不高，需要管理部门审批、核准和备案的事项以及规范性文件不够系统、全面和公开，而且相关部门说法不一甚至互相矛盾，具体操作程序烦琐、冗长，致使企业的合法权益时常受到损害。

四、重点与导向：促进河北省民营经济，推进新型城镇化及城乡融合发展

需努力的方向：确保理念先行、突出重点领域、抓好要素保障、明确分类实施。

（一）理念先行：牢固树立并营造新型城镇建设主体多元化的理念和氛围

树立新的城镇化发展理念并对其进行持续的推陈出新，以"统筹规划、政府决策、企业运营"为指导原则，市场运行秩序日益完善，市场经营行为逐步规范，形成各种经济主体竞相参与、公平有序的城镇建设模式。对民营企业参与城镇建设、参与公用事业建设要有积极正面的认识，与国有企业同等对待，充分认识到它们在吸纳城镇就业人口、加速资源聚集优化方面的重要作用，分阶段、分层次地谋划一些适合民营企业经营特点的基础设施和服务设施建设项目，为民营经济在更广的范围、更深的层面参与河北省新型城镇化建设

及城乡融合发展破除障碍、创造条件。

（二）重点突出：全方位调动民营经济参与新型城镇化建设及城乡融合发展的积极性

新型城镇化要让市场机制在城镇化资源配置中发挥决定性作用，关键是激发民间投资的活力，发挥民间资本在城镇化建设中的主动性。河北省新型城镇化建设应从以下几方面激发民间资本活力：吸引民间资本参与基础设施建设；在服务业方面向民间资本扩大开放，推动服务业大发展；推进政府向民企购买公共服务，实现公共服务向常住人口全覆盖；鼓励民间资本融入政府规划的城市建设各阶段任务，将民营企业发展与城镇远景目标规划融为一体，促进房地产业高质量、智能化发展；在智慧城市与绿色发展方面激活民间投资；让民营科技企业在城市产业升级中发挥中坚作用；鼓励民间资本参与土地规模化经营，推进城镇化与农业现代化同步发展；鼓励龙头型民营企业参与城镇综合体和新型社区建设，推进就近就地城镇化；推进民间资本入股中小银行和社会金融机构，支持转移人口创业。

（三）要素保障：畅通资金来源渠道，建立以PPP模式为主的新型城镇化及城乡融合发展的融资模式

在经济新常态背景下，PPP模式对于缓解新型城镇化及城乡融合发展过程中的财政压力、提高公共产品和服务供给效率等有着重要的作用。但在具体推进过程中，各级政府部门还需要制定详细的应对之策。完善与PPP模式相关的法律法规和政策。从项目的立项开始直至合同签订整个流程都需要做好统筹协调，这对相关的法律法规、制度体系及合同规范标准等都提出了较高要求；加快针对PPP模式的专门立法，有效解决多部门联合监管的问题，明确规定各方权利义务，为PPP模式的规范及可持续发展奠定法律基础；加快制定与PPP模式相关的政策，并注重政策的可操作性，相关政策应当覆盖新型城镇化及城乡融合发展过程中适用PPP项目的各个环节，在重要环节应加强监管。此外，做好PPP项目前期论证，保障社会资本赢利能力。做好对参与建设的民营企业资质的把关、准入的标准要严格把控，相关资质的验证和审核要准确无误；做好建设项目自身的可行性论证，比如，项目是否适合采取PPP模式，项目所需资金来源是否有保障，项目地理位置选择有无纠纷和历史遗留问题等。同时，管理部门须着力保障民营资本的赢利能力，避免为了实现眼前目的

而让民营资本陷入亏损境地，必要时政府应当给予适当的优惠以提高民营资本的积极性。

（四）分类实施：针对公益性项目和盈利性项目采取不同的方式方法

对公益性项目建设：一是运用"政府购买服务"的方式，完善城镇、乡村公共服务设施、环境卫生设施、市政公用设施的建设；二是将公益性建设项目与盈利性建设项目进行搭配推出，利用盈利性项目带动公益性项目的建设与后期运营和维护，以盈利性项目补助公益性项目建设，增加城镇化建设及城乡融合发展对民营企业的吸引力；三是尽最大努力争取中央预算内投资、地方政府专项债券、抗疫特别国债等资金的支持，保证资金供给。

对盈利性项目建设：一是各市、各镇每年列出一些新型城镇化建设及城乡融合发展的重点项目，或从计划为居民办的几件实事里面选择推出一系列重点项目，面向民营企业进行招标，并签订具有法律效力的合同文本，使民营企业在新型城镇化建设和城乡融合发展中有的放矢，为新型城镇化建设和城乡融合发展做出贡献；二是向居民广泛征集意见，提出一系列需求迫切、居民又愿意支付一定的使用和维护费用的项目，由民营企业拿出投入产出及建设运营报告，在切实可行、试点成功的情况下，进行项目建设和运营。

五、措施与办法：近期促进河北省民营企业参与新型城镇化和城乡融合发展的具体措施

（一）提高认识，形成多元化主体参与新型城镇化和城乡融合发展的格局

一是消除对民营企业参与新型城镇化和城乡融合发展的偏见，深刻领悟民营企业在扩大就业、繁荣投资、促进人口和要素聚集等方面的支持作用，完善市场竞争机制，逐步形成政府指导、民营企业参与的新型城镇化和城乡融合发展推进机制；二是宣传部门要充分利用报纸、电视、广播、网络、微信等媒体，加大对新型城镇化和城乡融合发展的宣传推广力度；三是建议发改、工信、住建、交通、卫计、农业农村、工商联等部门举办新型城镇化与城乡融合发展专题讲座、教育培训、大讲堂等活动，引导各级干部和企业家强化城乡融

合思维。

（二）强化管理服务，规范民营企业参与新型城镇化建设和城乡融合发展的行为

各级党委政府要把推进新型城镇化与城乡融合发展摆在重要位置，强化组织领导，健全工作机制，精心组织、全力推进。发改、工信、住建、交通、卫计、农业农村、工商联等机构联合建立工作协同推进机制，加强工作统筹协调，按照职责和任务分工，加强工作推动和督导，强化横向协同和纵向联动，凝聚各方力量，确保工作任务落地见效。一是信息服务，有关部门要面向社会及时发布涉及新型城镇化建设和城乡融合发展的需求信息、项目信息和投资信息，解决信息不对称问题，引导民营企业积极参与投资建设；二是政策服务，有关部门要及时提供促进民营企业参与新型城镇化与城乡融合发展的政策服务，保证民营企业及时、有效地获得国家、省、市政策红利；三是监督管理，对民营企业参与的新型城镇化与城乡融合发展项目，相关部门要加强监督管理，保证建设项目质量，对偷工减料、劣质工程予以严肃惩处。

（三）制定优惠政策，鼓励民营企业参与新型城镇化建设和城乡融合发展

一是各级党委、政府及有关职能部门要制定鼓励、引导民营企业参与新型城镇化与城乡融合发展的优惠政策，从市场准入、项目审批、土地供应、税收优惠、信贷支持、法律服务、专项补贴等方面完善制度安排，推动民营企业做大做强，参与新型城镇化和城乡融合发展；二是从政策上激励民营企业积极探索，推进技术、制度、业态和管理等方面的创新，提高民营企业制度创新、科技创新和管理创新能力，建立现代企业制度，健全法人治理结构，加快研发中心建设，不断增强企业综合竞争力，不断提升民营企业参与新型城镇化建设与城乡融合发展的能力和水平。

（四）创新市场机制，破解民营企业参与新型城镇化建设和城乡融合发展的融资难融资贵问题

针对民营企业融资难、融资贵问题，各级政府和部门要创新机制、大胆探索，推进城乡金融体制改革，拓展融资渠道，破解新型城镇化建设及城乡融合发展中的资金难题。一是规范民营企业经营行为，积极争取各类商业银行的资

金支持；二是建立地方政府融资平台，为民营企业参与城镇化建设提供融资服务；三是降低民间资本的市场准入条件，引导民间资本投资新型城镇化和城乡融合发展建设领域；四是加强城乡金融服务能力建设，增加金融服务网点，创新城乡金融服务，加大资金供应；五是积极推进农村土地制度改革，激活农村土地、宅基地等各类生产要素潜能，为新型城镇化提供有力保障。

参考文献

［1］李海飞、金勇：《民营企业参与河北新型城镇化建设问题研究》，载于《经济研究参考》2014 年第 44 期。

［2］李万利：《探讨新型城镇化背景下如何开展地方政府投融资》，载于《中国乡镇企业会计》2020 年第 10 期。

［3］王伟：《以 PPP 模式推进新型城镇化建设的对策研究》，载于《江南论坛》2020 年第 5 期。

［4］谢晶仁：《充分发挥民营经济在新型城镇化中的引擎作用》，载于《湖南日报》2018 年 11 月 13 日。

［5］赵静、张卫国：《民营经济释放动能　助推邯郸新型城镇化》，载于《统计与管理》2015 年 9 期。

新时期河北省携手京津打造先进制造产业集群的新路径与新举措

摘　要： 集群化和数字化转型是制造业发展的必然趋势。本报告总结了国内外优秀制造业集群的建设经验，分析了河北省先进制造业集群的发展机遇，总结了河北省先进制造业的转型基础和存在的问题，设计了以产业链为单位、构建产业生态系统、实行区域差异化发展战略的发展路径，提出了提高供给水平、满足差异化需求、充分利用京津雄产业资源以及打造一流营商环境的建议。

关键词： 京津冀协同　制造业集群　数字化转型

制造业是国民经济的命脉，是富民强省的根基，是高质量发展、竞争力提升、现代化先行的战略重点。随着人口老龄化程度加剧、劳动力成本增加，中国制造的成本大幅增长，传统的制造业模式已经到了发展的瓶颈期，急需向中高端转型。在大数据和人工智能等技术快速发展的背景下，如何结合物联网和工业4.0战略实现数字化转型成为中国制造业的新课题。波特认为，一群由相关产业和支持产业所形成的产业集群能够形成竞争优势。经验表明，集群化是产业发展的基本规律，是制造业升级的必经之路。

一、国内外先进制造产业集群的优秀经验

（一）国外经验借鉴

1. 品牌效应

品牌效应具有两种含义，一是具有能够主导行业国际标准和引领产业发展

[①] 王天鹤，河北省社会科学院经济研究所实习研究人员，研究方向为区域经济。

的企业和品牌，他们以自身强大的科技和资金实力拉动产业集群发展，大大提高了产业集群的竞争力和国际地位。例如美国的底特律汽车城有通用、福特和克莱斯勒三大汽车公司，这三大企业形成了与汽车城内其他中小型汽车企业集成发展的态势。二是产业集群区域品牌，这是以产业所在区域和产品名称命名的品牌，对集群内的企业起到了品牌保护伞的作用，通过区域品牌的宣传可以帮助集群内的中小企业降低交易成本，助力产品营销，进而带动区域经济。

2. 有利于科研创新的生态

世界先进的制造业集群案例中，企业和政府都非常重视科技创新，除了加大产业集群的科研投入外，还会将企业、院校和科研机构组织起来实现产学研一体化，让科研资源第一时间运用到企业研发上，企业也为高校和科研机构提供科研资金，加速集群成员之间的知识学习和技术外溢，形成产学研一体化的创新生态。如美国在科技领域加大投资，致力于关键技术的创新，如斯坦福大学等高校与企业合作，开展了大量的科研项目；英国政府兴建大学科技园，鼓励大学和企业进行合作，促使剑桥科技园发展为庞大的工业园区，为英国的经济发展做出巨大贡献。

3. 完善的网络结构

一方面，集群内各个部分分工明确，地方政府、企业、企业顾问机构、企业服务中心等形成了完整的网络结构，共同参与企业的研究、生产活动，为信息和资源的快速流转提供保障。如美国为了帮助中小企业的发展，在基础设施建设上加大投入，建设了完善的区域网格组织，协调区域间分工合作，为地方制造产业集群发展创造良好条件。另一方面，相关企业长期聚集，形成企业网络和专业化的产业链。如意大利的产业集群中，企业之间形成了紧密的合作关系，同时，在网络结构的基础上，建立了以自发治理为主、公共治理为辅的高效治理机制，通过政府引导、企业自律和隐性规范的方式促使集群核心资源有效整合，实现集群整体利益最大化。

4. 专业化的定位

优秀的产业集群有其独特的功能分区格局，各分区定位明确，并与地区经济相辅相成。一方面，区域的资源和信息为产业集群的发展创造条件，为集群的集聚创造先天优势；另一方面，产业集群的发展也为地区带来先进技术和资金，创造经济发展机遇，为地区贴上特色标签，大力提升城市或地区的知名度和竞争力。如美国的加利福尼亚州具有四大经济区域，即以航空制造、娱乐和电子通信业为主的南加州经济区，以软件、多媒体和互联网服务业为主的旧金山海湾经济区，以高产农业为主的中央流域经济区，以高科技制造、计算机服务业为主的萨克拉门托经济区，它们承担着不同的角色职能，以鲜明的特色和成熟的体系赢得了强劲的产业竞争力。

5. 政府扶持

产业集群的形成主要有两种方式，即自下而上的市场自发形成和自上而下的政府主导形成，而政府的帮扶在所有产业集群的发展中都起到了不可或缺的作用，即为企业完善基础设施建设、提供资金和政策支持等。在英国，由于政府忽视了传统产业中中小企业集群的发展，催化了传统产业集群的瓦解；在美国，联邦政府和各州政府对本地高技术产业集群给予财税优惠、研发活动的贷款优惠和高技术人才培养等方面的支持；在印度，政府对电子工业与软件产业给予大量的政策和资金倾斜，让印度软件业取得巨大成就。

（二）国内经验借鉴

党的十九大报告提出，要促进我国产业迈向全球价值链中高端，培育若干世界级先进制造业集群。2019 年 5 月国务院印发的《关于推进国家级经济技术开发区创新提升打造改革开放新高地的意见》，明确实施先进制造业集群培育行动，支持国家级经开区创建国家新型工业化产业示范基地，培育先进制造业集群。同年，中央经济工作会议强调，要打造一批有国际竞争力的先进制造业集群。在此背景下，各地纷纷出台政策支持先进制造产业集群发展。2020年工信部举办的先进制造业集群竞赛中，江苏省入围了 6 个优秀集群，数量为全国第一，长期以来江苏省致力于提升制造业产业集群基础能力的做法值得其他省市借鉴。

1. 聚焦科技创新

江苏省将创新视为产业基础能力的核心要素，着力构建以企业为主体的产业创新模式，持续培育和壮大集群的基础创新能力。例如，建立以企业为主导的制造业创新中心，鼓励高等院校、科研院所与企业合作，组建了 2 个国家级和 9 个省级制造业创新中心，整合创新资源；实施"百企领航""千企升级"计划，引导龙头企业承担国家重大项目，带领企业进行全生产环节技术改造，支持"专精特新"小巨人企业投入基础技术和产品研究中；改进科技项目组织方式，梳理出 243 项"卡脖子"技术清单，建立了包含 300 项攻关技术的项目库，用揭榜挂帅的新方式开展核心技术攻关，激发科研人才的积极性；以政策推进创新产品的推广和应用，每年助力 100 个左右的创新产品应用，推动创新产品投入龙头企业的供应链，以增强产业创新内核驱动能力，构建先进制造业集群创新发展体系。

2. 实施产业强链行动

江苏省围绕产业集群细分出重点关注的 50 条产业链，突出打造其中的 30 条优势产业链和 10 条卓越产业链，并对各个产业链进行技术评估，系统性推进补短板、锻长板工作，提高产业链的强度和韧性。同时，对疫情期间可能会受到国外供应链影响的重点产业链，江苏省采取全面梳理、系统排查的方式，筛选出存在断供风险的关键环节 139 个、关键产品 295 项，并依此部署开展产业链重构和产品匹配替代工作，保证了关键领域、重点产业的产业链安全稳定，以强化产业链协同能力，发挥出对制造业高质量发展的带动作用。

3. 建立区域协同组织机制

江苏省建立了多级联动、区域协同、跨区域合作的协同发展机制，促进了制造集群高质量发展。一是加强省内协作，建立苏锡常一体化和苏通跨江联动战略，定期开展跨区域常态会议，实现省内协同推进战略；二是依托长三角区域一体化战略，与上海、浙江等地开展跨区域合作；三是加强国际合作，积极参与"一带一路"建设，在境外建立经济特区和境外经贸合作区。

4. 完善组织制度

以江苏纺织产业集群为例，在决策层面，集群成立了企业服务中心联合协会，与创新载体、企业等各集群相关方组成决策小组，制定集群发展战略和发展重点；在管理层面，由企业服务中心负责，建立促进机构管理制度，负责运营和资金管理；在技术层面，依托国家创新中心联合高校院所、骨干企业成立专家委员会，指导、挖掘和培育重大项目；在发展层面，运用市场化经营管理模式，进行资源共享和成果转化。

5. 畅通信息渠道

一方面大力推动信息化和公共服务平台建设，为企业提供信息；另一方面通过"互联网＋"的供应链协作平台建设，推动信息的高效流动。同时，集群每年定期举办各种行业交流、人才培训等活动，促进企业间技术交流，帮助企业拓展市场和建设人才队伍。多措并举强化信息基础设施建设，促进信息高效流动，推动集群开发合作发展。

二、河北省先进制造业发展机遇分析

（一）"工业4.0"战略为河北省制造业数字化转型升级创造新机遇

在移动互联网、云计算等技术快速发展的背景下，新一轮的科技革命和产业变革已经到来，传统的以廉价劳动力压缩成本的制造业模式已经不能形成新的经济增长点，而制造业数字化转型无论是从制造流程上还是从商业模式上都会为产业链和产品带来新的价值。可以说，制造业突破发展瓶颈的关键就在于数字化转型。无论是国内还是国外，"工业4.0"战略的提出让所有制造业主体都站在了同一起跑线上，河北省作为传统制造业大省，具有丰厚的根基和转型的基本条件，并且张家口和廊坊已成为京津冀数据中心高密度集聚区，拥有了数字化转型的基本要素，河北亟须抓住制造业转型机遇，有效利用完善的产业基础和巨大的市场规模，积极攻克新一轮产业革命的核心技术，在产业链和供应链中承担更多高价值活动，加快推动构建世界级制造产业集群。

（二）稳定的国内环境和积极的发展政策为河北制造业升级提供保障

稳中向好的经济形势、完备的产业体系和雄厚的物质基础为国内制造业的持续发展打下了环境基础。党的十九大报告和党的十九届四中全会均提出要积极发展新动能，强化标准引领，提升产业基础能力和产业链现代化水平，加快发展先进制造业，促进我国产业迈向全球价值链中高端，培育若干世界级先进制造业集群，这为河北省培育先进制造产业集群提供了制度上的支持与保障。

（三）京津冀一体化发展为河北省提供优质资源

河北环抱京津两地，既能享受京津的产业发展和公共服务方面的优势，还可借助京津巨大的市场潜力扩张市场规模，同时在引进京津资源上也具有显著的区位优势。尽管以往河北受到京津的虹吸效应影响较大，但在京津冀一体化发展战略规划下，张家口筹办北京冬奥会、北京新机场临空经济区建设及京津冀交通一体化发展等项目，为河北集中建设与之相配套的新特色产业集群提供了历史机遇，同时北京和天津受到"大城市病"的制约和影响，急需进行产业的调整和人员的疏解。因此，河北省应把握时代机遇，积极建设与京津先进产业相匹配、相对接的配套企业集群,形成分工合理、各部门协调发展的现代产业体系,与京津地区各取所长优势互补,显著提升综合实力和影响力。

(四) 雄安新区建设铸就河北制造业发展新引擎

雄安新区除了扮演北京非首都功能集中承载地的角色外,还承担着引领河北创新驱动发展的重任。一方面,雄安新区可通过承接非首都功能疏解,提高优质资源吸引力,打破要素极化流动的格局,在一定程度上解决京津冀区域发展中虹吸效应所产生的负面影响;另一方面,雄安新区的建设可助力河北推进新旧动能转换,不仅能催生以创新驱动为主的高精尖产业群,而且能激活传统重化工业发展向装置型循环经济一体化全面升级。河北要抓住制造业发展的新机遇,借助雄安新区的建设引进高新技术产业,同时做好配套服务设施准备,积极投身于建设京津冀区域高精尖产业群,培育产业新动能。

(五) 积极开拓国外市场

"一带一路"倡议增强了国内与沿线国家的贸易联系,帮助缓解河北省产能过剩的问题,扩张比较优势产品市场,增强河北主导产业的市场竞争力,对河北经济的转型升级起到了重要的作用。河北省通过开通班列、远洋运输和航线等多种方式,加强了与中欧、中亚、东盟的交通联系,打通了河北与沿线国家贸易往来的通道,为企业走出去打下了坚实的基础。对于河北省来说,应主动高效地实现自身发展与国家区域化发展的战略对接,抓住区域经济转型升级带来的新机遇,继续深入对外开放贸易策略,逐步开发更大范围、更广领域、更高层次的资源和市场。

三、河北省向先进制造业转型的基础

(一) 初步形成"一核四区多集群"的产业差异化发展新格局

截至2020年,河北省共有155个省级经济开发区,6个国家级经济技术开发区;拥有26家省级高新技术产业开发区,5家国家级高新技术开发区;拥有省级及以上新型工业化产业示范基地121家,其中国家新型工业化产业示范基地21家,省级新型工业化产业示范基地100家;拥有省级及以上创新型产业集群试点单位9个,包括3个国家级创新型产业集群试点单位。

为解决区域化发展不平衡问题，加快全省工业转型，构建现代化工业强省，2018 年河北省提出构建"一核四区多集群"产业发展格局，"一核"即雄安新区高端高新产业发展核心区，"四区"即石保廊创新发展示范区、张承绿色发展示范区、秦唐沧沿海开放发展示范区以及邢衡邯特色产业和新兴产业"双轮"驱动发展示范区，"多集群"即一批有区域特色和竞争力的产业集群。目前"一核四区多集群"的产业布局已经初步形成，新一代信息技术、现代生命科学和生物技术、新材料等高端高新产业已展开布局，京津相关产业已逐步对接转移，高新技术企业数量和质量也有大幅提升。

（二）传统制造业基础雄厚，积极引导优势制造业转型升级

河北省传统制造业历史发展悠久，形成了装备制造、钢铁、化工、食品、医药、建材、纺织服装七大主导产业，为全省贡献了约 80% 的工业产值。其中，装备制造业为七大产业之首，钢铁产业规模超万亿元，对工业生产增长的贡献率约为 35%，石化、食品、纺织、建材等产业规模均超千亿元。钢材、平板玻璃、青霉素、维生素 C、皮卡、运动型多用途乘用车（SUV）等产品产量均居全国第一位，动车组、架桥机、消防和焊接机器人等多项产品全国市场占有率领先。

2018 年起为深化供给侧改革，加快推进工业转型升级，河北省开始大力实施"万企转型"，以装备制造、钢铁、石化、食品、纺织服装、建材、医药、电子信息企业为重点，着重提升创新能力、强化质量标准、加强工业设计，让企业发展提质增效，推动产业高质量发展。据河北省工信厅统计，截至 2020 年底，"万企转型"行动取得了显著成效，一是企业创新能力有所提高，规模以上制造业企业研发机构拥有率达 39.4%，比 2017 年底提高 19.1 个百分点，规模以上制造业企业研发投入比重为 1.07%，比 2015 年高 0.44 个百分点；二是质量效益取得新突破，全省制造业质量竞争力指数达到 84.18，进入中等竞争力发展阶段，汽车制造业、食品行业、医药行业，以及计算机、通信和其他电子设备制造业等多个重点行业利润实现逆势上扬；三是绿色发展取得新成果，全省规模以上工业单位增加值能耗比"十二五"末累计下降 26.08%，超出"十三五"任务目标 8 个百分点，退出粗钢产能 8212.4 万吨，压减水泥产能 1194.9 万吨、平板玻璃产能 4999 万重量箱、焦化产能 3144.4 万吨，超额完成"十三五"任务；四是综合竞争力有所提升，全省营收超千亿元工业企业达到 4 家，有 32 家民营企业入围中国民营企业 500 强，较 2017

年均有显著提升。此外，全省积极发展现代物流、旅游文化、健康养老等现代服务业，积极优化调整产业结构，目前保持"三二一"的产业结构发展态势。

（三）加大培育战略性新兴产业力度，释放产业新动能

2018 年起，河北省着重发展战略性新兴产业，聚焦大数据与物联网、信息技术制造业、生物医药健康等 10 个重点领域，优先支持省内开发区高端高新产业项目建设，积极谋划建设高技术产业化项目，鼓励创建国家级和省级战略性新兴产业示范基地、新型工业化产业示范基地、高新技术产业集群。截至 2020 年末，河北省拥有 26 家省级战略性新兴产业示范基地、5 家国家级示范基地，规模以上高新技术产业增加值增长 6.6%，占规模以上工业增加值比重达到 19.4%，生物医药健康和信息智能产业分别增长 15.0% 和 6.1%。总体来看，河北省新兴产业发展已经初具规模并逐渐步入产业扩张期，为经济发展添加了新动能。

（四）筛选龙头企业带动产业发展，深入推进京津冀企业跨区域合作

河北省响应国家制造业单项冠军培育提升专项行动，筛选出代表河北省细分行业最高发展水平和最具市场实力的制造业企业作为"河北制造"的排头兵，面向高端装备、新一代信息技术、生物医药、新材料、先进节能环保、新能源、人工智能和现代生产性服务业（工业设计、信息技术服务、电子商务、现代物流、工业旅游）等产业领域，筛选出行业单项冠军企业共 238 家，并对其进行重点培养，提高技术优势和研发能力，提升其产业链现代化水平、产品定位和产品质量，进而发挥冠军企业引领带动作用，推动河北省工业经济发展。

同时，河北省持续推进京津冀一体化战略，扩大京津冀企业合作领域，深化高端装备制造、新材料、生物医药、新能源和环境治理等领域上的合作，"京津研发、河北转化"的协同创新模式已经基本形成，京津冀产业发展向着专业化和功能化方向迈进。

四、河北先进制造业转型存在的问题

（一）大部分产业处于产业链低端，产品附加值低

以钢铁产业为例，钢铁产业作为河北的支柱产业之一，对河北经济发展起

到了举足轻重的作用，2019 年河北钢铁产量占全国的比重约为 25%，为河北工业贡献了 32% 的利润份额。尽管河北钢铁产业规模为全国之首，但产品仍以中低端为主，如螺纹钢、线棒材、窄带钢和中小型钢占全省钢材总量的 43.7%，中高端产品仅占 35%，部分产品不能满足市场需求，如高铁所需齿轮钢、轴承钢仍无法生产，桥梁钢结构所需的耐候板和汽车、家电产业所需的高档冷轧板、镀锌板和取向硅钢等生产规模仍然较小。

在加速产业升级的背景下，2020 年河北高新技术产业增加值占规模以上工业增加值的比例上涨为 19.4%，较改革前已有大幅提升，但实际上大部分企业仍以加工组装为主，本质上仍为低端劳动密集型产业，没有形成具有特色且不可替代的产业链优势，产品附加值较低。

（二）集群创新能力不足，科研投入总体水平较低

尽管近年来河北省高度重视高新技术产业发展，加大科研投入，但创新水平仍然不高。从创新投入来看，2020 年河北省 R&D 经费为 634.4 亿元，排名全国第 13 位，研发经费投入强度为 1.75%，比全国平均水平低 0.65 个百分点，排名全国第 16 位，与江苏、浙江等经济发达省份差距较大；从创新成果来看，每万人的专利为 4.5 件，是全国平均水平 15.8 件的 28.5%；从创新效率来看，每亿元研发投入仅产生了 10 项发明专利，每亿元生产总值（GDP）产生的发明专利数量仅为 0.18 项。总体来看，制造业创新研发投入不足、国家级科研平台和科技成果转化不充分、创新能力的缺失仍是制约河北产业经济发展的短板。

（三）产业发展仍旧倚重倚能，新兴产业发展较为落后

河北在供给侧改革和环境保护的双重压力下已经大量减少钢铁产能，但由于钢铁产业发展历史久、基础体量大，仍是工业经济发展的重点。2020 年，河北省规模以上工业营业收入为 42110.1 亿元，其中化工、钢铁、石化、煤炭、有色金属等高耗能产业占比为 46.5%，其中，钢铁产业占据了 31.6% 的营收份额。装备制造业近年来发展快速，但由于产业种类多且多数产业处于衰退期，产业的内生动力明显不足。特殊的地理位置、倚重倚能的产业结构让河北面临着巨大的环保减排压力。

河北省的战略新兴产业仍在起步发展阶段，短时间内不能弥补重工业去产能的损失。2020 年河北有 23 家企业入围全国 500 强榜单，其中仅有长城汽

和石药控股为装备制造业和战略新兴产业，而钢铁、煤炭企业占 65%；电子信息产业发展相对滞后，2020 年全省规模以上电子信息产业营业收入仅占全国的 0.71%，与广东、江苏等先进省份还有相当大的差距。总体来看，河北省传统产业转型缓慢，战略新兴产业带动作用不足，新旧动能转换已经到了艰难期。

（四）配套服务不完善，缺乏科技成果转化吸引力

河北省环抱首都，具有距离和地理上的优势，理应承担北京科研成果转化的重任，但 2019 年北京市技术合同成交额为 5695.3 亿元，输出京外的额度约占 70%，其中向津冀输出 210 亿元，仅占向外省份输出的 5.3%，大部分额度流入广东、上海、江苏等沿海发达省市，其重要的一个原因就是河北缺乏有效的成果转化与对接机制，科技服务中介、科研成果转化基地的数量有限。同时，河北未建立起完善的科研配套服务，服务中心、行业协会、培训机构等服务机构十分缺乏，并且与沿海地区比起来，政府对于科研机构和创新团队的重视度不够，在资金支持、制度建立和生活保障上没有给出有吸引力的政策。

（五）产业链分工协作能力差，集群效应不显著

集群中的龙头企业并没有发挥好带动协同作用，作为集群基石的龙头企业，应帮助集群内的中小企业提升自身能力，造就"专精特新"小巨人企业，但即便是石药等百亿级的龙头企业与集群内的小企业的分工协作也十分有限，各个企业之间互联较少，上下游联系不充分，各个企业"单打独斗"，无法实现产业集群的抱团发展。同时，集群内部的企业创新能力不足，更多企业倾向于模仿而非创新，产品同质化严重、无法形成独特的产品优势和竞争力也成为集群发展过程中的瓶颈。

五、河北先进制造产业集群的发展路径

（一）推动产业链融合创新发展

一是培育壮大行业领军企业，发挥龙头企业的引领带动作用，以资金优势和技术实力打下先进制造产业集群的基础，加快引进京津创新性强、成长速度快的新兴企业带动产业集群发展，鼓励企业进行跨区域、跨领域交流合作，引

进重点先进制造产业项目。

二是推动大中小企业融通发展，围绕行业领军企业设立配套企业，通过"强链、补链、延链"实现上下游企业协同发展，培育一批具有良好发展前景的"专精特新"中小企业，形成大中小企业紧密配合、分工专业与协作完善的产业链，提高产业集群的整体竞争力。

（二）构建产业生态系统

产业生态系统是企业、人才、技术、资金、服务、信息、政策等要素的集成，构建完善的创新生态是创新发展产业集群的必然选择和基础保障。为打造良好的新型制造业生态系统，河北应该做到以下几点。一是加大引进科研人才力度，依托重点高校、科研机构的资源，深入推进产学研一体化，提高科研水平。二是积极引进京津科研成果，推进京津冀先进产业协同创新，加快吸收转化最新的科学技术成果。三是利用互联网技术搭建产业信息平台，创立产业协会，促进信息流通和资源共享，为产业集群的发展和政策制定做出指引。四是构建良好的制度环境，政府应转向公共服务职能，根据产业类别、企业规模、发展阶段等因素制定不同的规章制度，如财税激励、金融支持、品牌建设、产品市场推广与风险保障等有针对性的制度措施。

（三）明确产业集群功能定位，实行区域差异化发展战略

河北省内的制造业产业集群布局较为混乱，各地区的同质化竞争较为严重，导致资源配备不合理、产能浪费，而长三角地区在城市分工协作上做出了良好的示范，上海与周围的 12 个城市定位清晰、分工明确，都发展了各自的特色经济，为城市打造闪亮的名片。河北可以借鉴长三角地区的优秀经验，明确城市定位、挖掘城市特色，结合各地区的功能定位、资源禀赋、地理优势以及生态容纳力等因素制定差异化发展战略，发展具有地区特色和比较优势的产业集群，实行区域错位发展、梯度发展、差异化发展。

六、河北省加快打造先进制造产业集群的对策建议

（一）加快产业转型，满足差异化需求

河北应抓住互联网、大数据、云计算、人工智能等新技术的发展机遇，重

点支持医药、装备制造、能源、钢铁等行业的龙头企业发挥出制造业数字化转型的示范引领作用，带动整体产业集群转型；激励中小企业加大科研投入，积极融入制造业数字化转型的趋势中；推动产业链中设计、产品、设备、生产线等生产全流程数字化，通过个性化定制满足个性化、小批次、多样化的市场需求，积极采用智能设计、智能生产、智能装备，提高产业链生产效率和产品竞争力，下出"河北智造"的先行棋。

（二）优化产品结构，提升供给水平

目前，河北省部分制造产业处于产业链低端，附加值较低的产品占比较大，资源利用率不高，应尽快调整产品结构，提升在国内乃至全球价值链中的地位。一是结合市场需求，找准企业定位、市场定位和产品定位，将增加产量的目标调整为提高产品质量，通过技术改造由粗加工、初加工向精加工、深加工转变。二是加快技术改革，对传统制造工艺进行技术升级，引进国内外先进制造设备和工艺，生产高品质、市场接受度高的中高端产品，同时提高资源利用率，减少环境污染，向循环型经济领域迈进。

（三）打造一流的营商环境

良好的营商环境，不仅能够吸引企业和资金，更是创造力的土壤。河北省应以加快服务型政府和智慧政务建设为主抓手，积极学习先进省市的做法，向营商环境便利化、数字化、市场化、法治化方向努力。通过进一步深化"放管服"改革，提高政务效率；整合业务流程，提高审批速度，让企业"一件事跑一次"；建立数字化政商服务平台，提供"云服务"，让企业少跑腿多办事；引导社会资本向创业企业提供资金支持，解决信息不对称带来的资金短缺问题；大力引进不同专业的创新型人才，为高层次创新型人才提供租房买房、户口迁入、子女入学等各种便利。

（四）精准对接京津雄产业资源

在近几年的京津冀产业协同发展中，河北省出现了规划不科学、产业承接不足的问题，导致省内多个地区产业链重叠、产业分布过于分散不能形成集群等对接不充分的问题。因此，河北应加强顶层设计，完善对接机制，制定合理的承接政策，完善京津冀产业网络。一是要根据河北产业情况，科学选择对接产业类型，重点关注与目前河北产业经济结构相辅相成的产业，避免造成新增过剩产能和低端产能；要科学选择产业承载地，依托目前河北产业集群架构，综合考虑生产要素和企业之间的生产关系，通过科学规划产生"1 + 1 > 2"的效果。二是要完善对接机制，在基础设施、生态文明以及公共服务等方面要做好提前规划，在制度上要制定与京津协同的优惠政策，尤其是社会保障、财政税收以及高科技企业资格的互认等，保障被引进企业的利益。目前雄安新区规划建设将产生高端要素和产业的外溢，河北其他地区更要把握机遇、做好对接雄安高端产业的准备。

参考文献

［1］河北省统计局：《河北省 2020 年国民经济和社会发展统计公报》，河北省统计局网站，http：//tjj. hebei. gov. cn/hetj/tjgbtg/101611739068561. html，2021 年 2 月 25 日。

［2］陶婷婷、郭永海、张秋、殷宇杰：《先进制造业集群网络化协作模式探索——以苏州、无锡、南通高端纺织集群为例》，载于《现代管理科学》2021 年第 3 期。

［3］王少君：《培育先进制造业集群 推动制造业优化升级》，载于《中国信息化》2021 年 5 月 20 日。

新时期深化细化京津冀协同发展
体制机制改革创新

苏玉腾^①

摘　要：京津冀协同发展战略是我国的重大发展战略，良好的体制机制是确保京津冀协同发展顺利进行的基础。本报告分析了京津冀协同发展体制机制改革现状及存在的问题，认为当前的部分体制机制存在着机制尚不健全、体制机制改革力度不足与改革滞后等问题，仍需要继续深化细化，提出了深化细化体制机制改革创新的思路，并从如何深入推进要素市场一体化、推进产业转移承接机制改革、深化协同创新机制改革、完善公共服务共建共享机制以及生态环境协同治理机制五个方面提出建议。

关键词：京津冀　体制机制　改革创新

京津冀协同发展战略是习近平同志率先提出并亲自推动的国家级战略，意义十分重大。推进京津冀协同发展战略的核心要义就是疏解北京的非首都核心功能，通过优化城市布局、推动产业转移升级，从而形成京津冀优势互补、互利共赢的协同发展新格局。2019 年，习近平同志在京津冀协同发展座谈会上强调，当前和今后一个时期京津冀协同发展进入到攻坚克难的关键阶段，需要下更大气力推进工作。当前，京津冀协同发展国家战略在交通、环保、产业等重点领域取得了显著的成就，较容易推进的事项都已经完成，一些深层次的问题仍然未得到很好的破解，剩下的都是难啃的"硬骨头"。因此，在新形势下，京津冀协同发展若要取得新的突破，就必须敢于碰硬，在体制机制方面下大功夫推进改革创新，破解各项难点问题。本报告拟深入探索京津冀协同发展体

---

① 苏玉腾，河北省社会科学院经济研究所实习研究员，研究方向为区域经济学。

制机制改革创新，为新时期深化京津冀协同发展提供制度保障。

一、京津冀协同发展体制机制改革创新的现状及问题

（一）京津冀协同发展体制机制改革创新现状

京津冀协同发展战略自2014年提出，至今已经实施多年，在此期间，京津冀三省市立足于互利共赢、区域一体的原则，出台并实施了一系列改革创新的重大举措，建立了多个促进协同发展的体制机制，力图为全国打造一个区域协同发展的典型样本。三地协同发展体制机制改革持续推进，要素市场一体化、产业转移承接、协同创新、公共服务共享、生态环境共建等一系列重大体制机制逐步落地并且取得显著成果。

1. 要素市场一体化成果显著

为使金融要素市场互联互通提速，京津冀银保监局多方面开展深入合作，现已实现监管信息共享，引入金融机构跨区域准入机制，三地银保监局联动执法、联合防范处置金融风险，共同鼓励三地各类金融机构强化合作，打破"各扫门前雪"的陈旧思维，推动金融市场一体化进程。除此之外，京津冀三地初步建立了金融风险联防联控机制，优化了金融资源配置、增强了资本市场之间的合作。劳动力要素市场方面，京津冀多家人力资源服务机构已达成合作共识，将在人才招聘、录用以及培训等领域密切合作，推动京津冀人才一体化发展；并共同出台一系列人才政策，比如《京津冀人才一体化发展规划（2017－2030年）》《关于深化人才发展体制机制改革的意见》《深入推进京津冀专业技术人员继续教育区域合作的实施意见》等，推动区域共同人才市场形成，促进京津冀人才统筹集聚机制的建立。技术市场方面，《技术类无形资产交易规则（试行）》的发布标志着京津冀的技术类无形资产交易规则实现统一，建立了推进京津冀无形资产交易规范、高效的市场合作机制，各类市场主体都将便捷地通过三地产权交易机构开展无形资产交易，极大促进了三地科技资源自由流动、资源配置优化以及产业协同。土地市场方面，《京津冀协同发展土地利用总体规划（2015－2020年）》由国土资源部和国家发改委联合印发，是京津冀土地市场协同发展的总框架，该规划促进了京津冀三地间权属争议调处和执法协作机制的建立，推进了京津冀土地市场一体化进程。

2. 产业转移承接体制机制稳步推进

京津冀逐步建立起平台承接机制、项目引领机制以及项目对接机制。河北省持续发力产业转移承接平台打造，不断优化平台环境，从产业承接中汲取新优势，将雄安新区作为北京非首都功能集中承载地，打造了京津冀曹妃甸协同发展示范区、津冀芦台·汉沽协同发展示范区等43个重点承接平台。项目引领机制的建立推动了从引进单体项目到引导产业聚集的转变，河北高碑店新发地农副产品物流园项目、沧州承接北京外迁汽车项目都显现出河北积极承接、发挥产业聚集效应的成果。除此之外，京津冀遵循"政府引导、市场主导、合作共建"原则，按照"高起点、高层次、高水平"总体要求，以项目对接推介会为契机，建立健全常态化对接机制；着力推进产业转移对接合作，做好承载转移、提升增量的文章，有力推动了河北省产业转型升级、区域高质量发展。

3. 协同创新机制不断走向深入

河北省积极与京津地区的高校、科研机构、大型企业合作，设立165家省级以上创新平台、95家产业技术创新联盟，构建资质互认机制，有效解决了企业总部与分公司异地分工难题，简化了产品认证流程，实现京津冀高新技术企业整体搬迁资质、科技创新券互认和大型科研仪器共享。另外，三地联合开创"企业在河北，监管在北京"跨区域管理体制新模式，推动"通武廊"试验田错位发展、北三县融入北京城市副中心。该体制有助于加快破除行政管理、资源配置、功能布局等方面的体制机制障碍，破解影响协同发展的深层次矛盾和问题，推动要素充分自由流动。三地联合建立科技成果转化激励机制，加快建设河北·京南科技成果转移转化示范区，出台《河北省促进科技成果转化条例》《河北省促进科技成果转移转化行动计划（2016–2020年）》等一系列政策文件，为河北科技成果转化提供了顶层设计，极大地激发了创新活力和科研人员积极性。

4. 公共服务共建共享水平逐步提升

教育方面，河北与京津优质中小学开展跨区域合作办学，60所在冀职业学校与京津两市200多家企业开展校企合作，三地高校先后组建9个创新发展联盟。三地推动建立对口支援合作机制，加快教育发展、深化教学改革，加强课程建设与京津深化合作，促进京津冀教育协同发展。医疗卫生方面，河北引导400多家医疗卫生机构与京津开展合作，14个统筹区全部接入全国跨省市异地就医直接结算系统，133 家省内医疗机构与 278 家京津医院实现 36 项检验结果互认，京津 30 家优质医疗机构纳入河北省医保定点范围，并与京津建立新冠肺炎联防联控联动工作机制；京津冀三地药监局签署了一系列医疗卫生合作协议，建立医疗卫生合作共享机制，优化医疗卫生资源布局，有效疏解了医疗卫生功能。文化旅游方面，建立旅游合作机制，京津冀联合推出一批文化演艺和联展活动，开通一批京津冀旅游专列和直通车，加快推进三地旅游"一张图、一张网、一张卡"，极大促进了文旅产业高质量协同发展。社会保障方面，推动上线国家社会保险公共服务平台，京津冀三地社保机构签订《京津冀异地居住人员领取养老（工商）保险待遇资格协助认证合作三方框架协议书》，建立依托本地养老（工伤）保险待遇资格认证渠道和国家社会保险公共服务平台，构建了互联互通互认的协助机制；推行跨地开展多领冒领以及欺诈骗取社会保险待遇调查取证的协作机制；建立互通经验、共同创新认证、提升经办服务水平的沟通机制，一系列机制的建立革新了传统经办管理模式，推进三地信息互通互享。

5. 生态环境共保共治稳步推进

京津冀分属不同的行政区划，但是地缘相接，三地生态环境的治理不能单兵作战，需要构建区域生态环境共保共治机制，实现生态环境协同治理。目前京津冀建立了大气污染联防联控体系，针对大气污染、水环境污染、土壤污染等各方面开展协同治理，布设土壤环境监测网络，建立京津冀生态环境综合治理机制，重点流域污染治理取得了突破性进展，促进了京津冀流域水生态改善，强化了土壤污染风险管控。除此之外，京津冀联合构建跨地区生态环境应急预警机制，一体化、专业化治理大气污染、水污染。同时，着力构建京津冀区域生态补偿机制，针对破坏生态环境的主体采取惩治措施，补偿生态环境的受害方，制定科学的惩治与补偿标准，设计多元化补偿方式，包括现金、实物、政策等多种方式，实现京津冀区域生态环境治理的成本共担与收益共享。京津冀生态环境在各项体制机制的出台与实施中不断改善。

（二）京津冀协同发展体制机制改革创新面临的问题

近些年，京津冀协同发展在一些领域上取得了显著成效，但是新时期仍然需要寻求突破。目前，京津冀三省市围绕要素市场一体化、产业转移承接、协同创新、公共服务共建共享、生态环境治理等重点领域初步建立了框架和机制，但是仍存在着各项机制尚不健全、体制机制改革力度不足与改革滞后等问题,需要继续深化细化。

1. 各项体制机制尚不健全

要素市场一体化方面,人才要素市场化配置机制不完善,没有建立起统一的人才评价标准、缺乏互联互通的人才招聘信息平台、缺少配套服务设施,市场机制在区域人才配置中的决定性作用发挥不够充分,京津冀三地人才一体化工作亟须进一步完善。

产业承接转移方面,跨区域合作承接产业机制不完善,区域壁垒、制度障碍和考核制度的不科学共同阻碍河北省内外产业规划协调实施。产业承接转移匹配环境容量机制不健全,过大的产业转移体量超出环境容量,造成的经济环境问题不容小觑。营商环境优化机制有待完善,政府部门在管理上越位、服务企业上缺位等现象严重影响了营商环境。

协同创新方面,三地产业创新实力存在差距,在技术扩散与衔接层面存在供需撕裂,京津冀产业系统整体缺少附加值较高的核心产业,京津冀区域内部的产业间难以形成协同创新发展的"握手"机制。产业创新协同的动力不充分,京津冀三地产业分工不明确,高端产业发展总量不足,政府合作的"痛点"和"难点"在于利益分割和责任承担不对等,不同地区的地方官员缺乏相应的动力以及合作的约束条件。

公共服务方面,教育均衡发展机制存在短板,教育经费投入不足,教师结构和交流机制有待优化。社会保障体制机制也仍不健全,促进就业工作机制不完善,缺乏社会保障的法律规范,在一定程度上影响了人民群众依法维权。

生态环境方面,协同治理生态补偿机制不健全,京津冀区域生态产权未能清晰划分,生态补偿主体和受偿主体尚未科学界定,补偿标准也比较模糊,政府之间进行多头领导,生态补偿费用缺位,这些都在一定程度上影响着生态环境的治理。

2. 体制机制改革力度不足

要素市场一体化方面,财税金融机制改革力度不足,目前京津冀三地的金融生态和金融服务建设仍然需要进一步完善,金融资源存在资源分布不均衡、同质化发展的问题,三地的金融机构在运用管理、业务拓展上仍然存在行政分割问题,一批创新业务受到行政壁垒限制,金融支持实体经济能力受限,导致金融改革红利无法惠及整个区域。

产业转移承接方面,部分机制改革力度不足,承接产业转移平台与承接产业缺乏科学性和规划性，片面追求平台建设规模，过于重视政府推动，而忽视市场导向，忽视市场风险和债务风险，从而导致产业转移承接效率机制未能发挥有效作用。

协同创新方面，产业环境协调机制仍需继续改革，从生态环境看，大量低碳的产业结构和不合理的产业布局，破坏了京津冀地区的生态环境，加上地理空间临近，导致三地空气污染时常发生"交叉感染"。高污染行业往往是资源和能源高耗的行业，加剧区域内资源紧张。从市场环境看，三地未形成优势互补的市场环境和资本、人力与技术等产业要素自由流通机制。

环境治理方面，一些企业环保意识较差，对其扶持力度弱以及组织领导的责任落实、考核问责、监督执法、服务企业以及宣传引导不到位，导致生态环境综合治理机制仍存在问题阻碍，需要深入改革。

3. 部分机制改革仍然滞后

此问题主要集中在公共服务共建共享方面。医疗卫生信息化建设机制比较滞后，信息化标准程度不够，缺乏互联互通共享机制，信息建设存在多系统、非标准、难兼容、碎片化、孤岛化现象。还有信息化建设下游布局不足，缺少上下游联动机制以及统筹协调机制。这些机制的缺乏造成了医疗卫生信息化制度改革的滞后，需要进一步提升拓展医疗卫生服务。

二、新时期深化细化京津冀协同发展体制机制改革创新的思路

（一）破除行政壁垒，推动京津冀协同发展

京津冀三地包含了多个行政等级，各地区政府的行政权力并不完全对等，只进行行政传导和执行上级通知的下级政府机构缺少行政的主动权，在进行制度改革创新方面就会受限，进而也会影响区域协同发展的效果。因此，努力打破行政壁垒，才能真正推动京津冀协同发展，其关键是做到"去名、务实、求真"。去名，就是摒弃名义上的行政区划调整，要在区域协调机制、联动机制上下真功夫；务实，就是要在各项体制机制改革中做出实绩；求真，就是要回归区域经济协同发展的真谛。而要做到这些，首先，要加强地方政府间的互动与合作，建立有效的地方政府协商与合作机制，共同探索地区政府统一规划、联合开发、共建共享、协同治理等机制。其次，要做好顶层设计，建立行

之有效的体制机制，在联动机制方面，提升要素流动便利水平，不断深化科技创新，优化营商环境，等等；最后，构建区域政策协调机制，根据京津冀三地不同领域的政策需求制定不同的政策措施。

（二）谋求京津冀合作"最大公约数"，推动体制机制改革创新

体制机制创新是京津冀协同发展的持久动力，要谋求三地合作的"最大公约数"。要继续推动体制机制的改革创新，加强京津冀三地的合作，共同谋划改革体制机制的政策措施，让三地的体制通道连接起来，破除阻碍人才、资金、信息、技术等要素自由流动的障碍，让制度改革创新向着更高层次、更宽领域发展。构建区域利益补偿协调机制，政府要及时出台政策进行宏观调控，与市场调控相结合，一方面，通过产业园区共建共享机制、产业协同创新机制等引导资源有序流动；另一方面，建立区域互助机制，加强京津冀三地的经济联系，在进行产业承接转移时，以带动产业升级、要素流动和劳动就业为目标，并围绕产业规划、资金流动、项目管理、利益分配等，在三地的政府与企业之间建立一个联动合作机制，形成京津冀三地交流互动、协同创新的新局面，以此实现京津冀三地经济发展的最大化，达到"1 + 1 + 1 > 3"的效果。

（三）结合新时期发展现状，深化细化体制改革

"十三五"期间，京津冀协同发展取了众多工作成果，初步形成了协同发展、互利共赢的局面。"十四五"时期不仅是我国立足全面建成小康社会、向全面建设社会主义现代化国家迈进的第一个五年，也是开启第二个百年奋斗目标新征程的五年，更是京津冀协同发展向前推进的关键性时期。在这个阶段，河北省推进京津冀协同发展也将面临众多机遇。如国家将持续深入推进京津冀协同发展区域重大战略、构建新发展格局与协同发展融合互进、"两翼"将发挥强大示范带动作用以及河北与京津协同进入纵深发展新阶段。除了这些机遇，京津冀在向更深层次、更高水平迈进的同时也面临着众多挑战。首先，国内区域竞争更加激烈，国家推出多个重大战略，区域经济面临激烈竞争。其次，三地协同发展深层次难题和矛盾亟待破解，产业承接转移、协同创新深化、公共服务共享等难题待解，要素市场一体化、利益补偿和共享、跨地区政策协调等一些深层次体制机制性障碍凸显。以及河北与京津经济发展差距仍然较大等问题仍然突出。因此，在"十四五"的新时期，要把握新时期的发展

现状，深化细化体制机制改革，推动京津冀协同发展向更高水平迈进。

三、新时期深化细化京津冀协同发展体制机制改革创新的建议

（一）深入推进区域要素市场一体化

金融要素市场上，成立京津冀金融一体化发展领导机构，建立京津冀金融工作协调机制，推进异地存储、信用担保、支付结算等业务同城化；搭建京津冀金融一体化信息沟通平台，进行多层次融资信息对接工作，建立金融机构联动机制，推动金融市场一体化改革。

劳动力要素市场上，要完善人才要素市场化配置机制，建设京津冀区域共同人才市场，形成互用融合多赢的人才一体化崭新局面。建立健全人才就业服务标准体系，加大就业服务制度改革力度。健全人才跨区域流动政策，加强人才引进力度，实施人才绿卡政策，吸引人才创新创业，继续完善人才要素一体化改革。

技术市场方面，一是加快建设河北省科技成果展示交易中心，进一步补齐技术转移体系短板，创新科技成果转移转化通道，吸引聚集京津优质创新资源；二是积极与京津两市共同推动专业技术人员职业资格、职称评审证书、科技创新券等方面互认互通，促进人才、技术等要素跨区域流动。三是完善京津冀技术转移合作机制，加强顶层设计，完善服务机制，实现三地技术成果共享。

土地市场方面，加强土地统一管理，建立统一的建设用地指标管理机制，建立建设用地收储和出让统一管理机制，统筹平衡区域内年度土地收储和出让计划。用好跨省补充耕地国家统筹机制，支持重点项目建设，优先保障跨区域重大基础设施项目、生态环境工程项目所涉及新增建设用地和占补平衡指标，提高资源要素配置效能和节约集约利用水平。

（二）积极推进产业转移承接体制机制改革

在产业承接过程中注重发展新兴产业，采取新模式、推广新技术，减少与北京天津地区的产业极差，做到在发展中承接、在承接中提升。推动建立京津冀产业转移协调、重大承接项目促进服务机制，加快京津地区产业向河北有序转移。健全产业承接转移匹配环境容量机制，做优做强传统产业，推动传统产

业向高端化、集群化、特色化、品牌化、国际化方向发展。同时，依托龙头企业和资源优势，瞄准产业链上下游企业，针对性进行招商引资，引进更有创造力的企业，更好地建链、补链、强链。要健全产业承接专业配套服务机制，在把企业引进来的同时，深入开展入企服务，逐一梳理产业承接转移共性服务需求及个性服务需求，深化"承诺制、标准制、全代办"改革，推动产业承接转移配套服务建设，满足产业承接转移需要，提高企业的获得感，让企业在发展中不断做大做强，让产业"链起来"。同时，强化公共服务支撑体制，完善公共服务平台，建立区域间信用信息共享机制；完善营商环境优化机制，对标国内一流的营商环境、借鉴最先进的体制机制、利用最新的技术手段，打造便利化、法制化、国际化营商环境，通过软环境优化实现跨越赶超；规范政府行为，防止错位和越位，整顿和规范市场秩序，推进依法行政，在"法制化"基础上强化基层落实，保护企业的合法权益。

（三）深化协同创新体制机制改革

首先，健全科技创新协同机制，激发企业的创新动力，培育发展创新型小微企业，鼓励科研人员进行科研创新，企业和科研机构加强合作，让技术创新和技术应用紧密结合，促进协同创新成果更快走向市场。建立科技型企业人才培育机制，提高科技人员待遇，激发科技人员创新动力。发挥政府的积极引导作用，实施多项科技金融政策，比如，加大财政科技投入、对科技创新型企业实施税收优惠等，强化企业科技创新投入的主体地位，严格落实惠普性支持政策，引导和鼓励企业加大科技创新投入，促进科技成果转化。其次，形成责任共担成果共享的协作机制，引导创新主体在产业技术方面建立合作关系，共同进行创新研发，大力支持这些创新主体围绕战略性新兴产业发展，鼓励传统型产业进行转型升级。政府积极做好政策保障，保障在协同创新过程中各创新主体的利益，理顺创新主体收益激励机制，最终形成风险共担、利益共享的机制。最后，完善协同创新综合配套服务机制。一方面，政府部门应积极整合各项资源，在企业和科研机构等创新主体缺少经费或设备时及时支持，提高创新效率；另一方面，努力为区域协同创新构建一个良好的创新环境，制定科学的市场准入规则，构建公平的法制环境以鼓励良性竞争，了解企业实际需求，帮助企业在核心技术和高端产品方面不断取得突破、强化核心竞争力。积极谋划打造信息化平台，让社会需求信息及时反馈到创新生产中，实现技术创新与技术应用的紧密结合。

（四）继续完善公共服务共建共享机制

教育方面，深入推动教育合作发展机制。加强京津冀三地教育资源共享、推动教育合作发展，强化从幼儿园到大学、从基础教育到职业教育、从进城务工子女教育到国际教育的各教育阶段合作。对于基础教育，要建立健全联合协同机制，通过合作办校、教师互聘、对口帮扶等多种方式，为河北省引进京津地区的优质教育资源。对于职业教育，要统筹职业教育布局和专业设置，研究扩大招生规模，建设一批实训基地和国家级创业孵化基地。同时，均衡教育经费的投入，提高师资水平，优化乡村教师待遇保障机制，推动教育行业稳步发展。

医疗卫生方面，推动优质医疗资源共建共享，强大的卫生服务体系是医疗保障的基础，京津冀地区要在健全重大突发公共卫生事件医疗救治体系、城市传染病体系、完善联防联控常态机制上下功夫，构建强大的医疗卫生服务体系。加强三地医疗卫生政策统筹协调，促进三地医疗专业组织等优质资源深度统合，建立联防联控技术平台，联合应对突发公共卫生事件。推进医疗卫生信息化建设，健全"互联网＋医疗健康"服务机制，加强医疗信息互联互通，推进5G技术在医疗方面的应用，开展远程医疗服务，加快实现医疗健康信息互通共享。

文化旅游方面，深化文旅产业融合发展机制，三地共同制定文化融合发展的标准和目标，联合实施一批具有示范带动效应的重点文化项目，共同打造"京津冀·文化行"等旅游品牌，推动京津冀区域文化产业带建设，优化文化产业布局。河北省要以2022年冬奥会的筹办为契机，大力发展京张地区的文化旅游产业，积极整合张家口承德地区优质的冰雪旅游资源，推动冰雪旅游产业提档升级。

社会保障方面，统一就业社保体系，推进就业信息公共服务网络化建设机制，优化网络招聘平台，完善三地人才招聘信息系统。完善社会保障协作机制，利用国家社保工作信息平台，推进社保领域信息化工作对接，创新"互联网＋养老"的服务机制，满足养老服务信息的需求。构建全覆盖、城乡统筹、可持续的社会保障体系，深化京津冀地区社保领域协同发展。

（五）完善生态环境协同治理机制

首先，积极推进生态环境综合治理机制，一是设立京津冀地区的跨区域生态治理机构，在生态环境的治理过程中，明确不同区域的地位、权力与职责，解决跨区域多头管理的问题，建立跨区域生态治理机构，针对京津冀地区在发展过程中出现的生态环境问题制定相应的解决措施，并对生态环境的发展制定统一的规划；二是打破京津冀三地的行政区划，强化生态环境联动执法工作机制，完善跨行政区生态环境协同治理法律法规，做到有法可依，推进联动执法工作系统化。其次，继续推进生态环境治理的补偿机制，平衡京津冀三地之间的利益关系，构建公平公正的生态环境治理和环境保护政策，实现三地生态治理责任与权力匹配。最后，建立全方位、多层次的常态化监督机制，加强上级部门对下级部门的纵向监督，将定期检查与不定期检查相结合，推动收获监督生态环境的治理成果。

把握开放新机遇　形成开放新增量

——"双循环"下河北省开放型经济发展的新思路与新举措

宋东升①

摘　要: "双循环"新发展格局不仅会带来对外开放的新机遇,且会重塑对外开放的战略目标、战略定位与基本理念。"双循环"下我国开放型经济发展须以制度创新统领、支撑开放型经济各领域的体制、模式、路径等创新发展。推动河北省开放型经济发展,须围绕服务构建"双循环"新发展格局,以制度创新为主线,深度推进以自由贸易区为引领的开放平台建设,全面推动以外贸新业态新模式、内外贸一体化、贸易产业融合、申建升级进口贸易平台、设立新型国际营销设施、强化政策支持的制度化建设为主要内容的外贸创新发展,加快外资营商环境法治化国际化建设,通过创新推进国际产能合作,强化科技获取型导向投资和融入战略资源保障型开发调整提升对外投资布局。

关键词: "双循环"　制度创新　河北　开放型经济

"双循环"新发展格局是我国新一轮对外开放的新背景,更是我国实现更高水平对外开放的总框架。新发展格局不仅赋予我国对外开放新目标和新定位,也为我国更高水平的对外开放提供了新机遇,从而为开放型经济发展提供了新助力。"双循环"是我国对外开放的重大升级,也是指导各地实现更高水平对外开放的总纲领。河北省作为对外开放的后发省份,更应积极主动地把握"双循环"带来的新机遇,在服务构建新发展格局的大前提下确立新思路、谋

---

① 宋东升,河北省社科院经济所研究员,研究方向为开放型经济、产业经济。

划新举措，将开放新机遇转化为开放新增量，在新发展格局下实现开放型经济的新跃升。

一、"双循环"下我国对外开放的新目标、新定位与新理念

"双循环"新发展格局在内涵上有两个基本点，一是"以国内大循环为主体"，二是"国内国际双循环相互促进"。"以国内大循环为主体"标志着在新发展格局中我国长期发展战略的重大转型，但并非对国际大循环的排斥或绝对弱化，更不是对外封闭、自给自足的国内自循环，而是在以国内大循环为主体的同时推动更高水平的国际大循环；"国内国际双循环相互促进"则是作为主体的国内大循环与更高水平国际大循环的相互促进或互相赋能，是国内国际双循环更为顺畅、更为紧密、更为有机的连接与相融。因此，"双循环"新发展格局不仅意味着更高水平的对外开放，会带来新的更多的对外开放机遇，且与以往对外开放相比，"双循环"新发展格局下的对外开放又有了新目标、新定位与新理念。

（一）"双循环"下对外开放的新目标

"双循环"下我国对外开放的新目标可分为三个层面。一是通过实施更大范围、更宽领域、更深层次的对外开放形成更高水平的对外开放格局；二是通过更深层次改革与更高水平开放的良性互动，着力建设更高水平的开放型经济新体制、发展更高层次的开放型经济；三是通过更高水平的"引进来"和"走出去"，打造国际合作和竞争新优势，更好地利用国际市场和资源实现更高质量的开放发展。

（二）"双循环"下对外开放的新定位

基于"双循环"中"国内国际双循环相互促进"的基本内涵，"双循环"下我国对外开放的基本定位有一些新变化和新指向，即注重国内大循环与国际大循环更为紧密的连接与融通。"双循环"中国内国际双循环的连接与融通分为两个层面。第一个层面是注重国际大循环与国内大循环的互连互融，即更高水平的国际大循环要与作为主体的国内大循环融为一体，在资源配置、产业连接、市场连通等方面将国内国际作为一个整体来统筹推动，从而形成整合国内

国际两种资源、两个市场内外贸相联、内外产业相融、内外创新相促的更为紧密的"双循环"。第二个层面是注重国际大循环对国内大循环的强力赋能，在强化国际大循环的同时发挥其对国内大循环的优化提升效应，即通过引进全球优质资源要素和深度参与国际市场竞争提升国内产业链、供应链的现代化水平。

（三）"双循环"下对外开放的新理念

开放与改革是一体两面。我国新一轮对外开放就是要由以商品要素"流动型开放"为主转向以规则等"制度型开放"为主，因此制度变革是我国实现更高水平对外开放的基本理念。"双循环"新发展格局是"事关全局的系统性深层次变革"，作为外循环的对外开放也必然要求深层次改革，通过制度变革建立更高水平的开放型经济新体制。在"双循环"下要全面秉承改革这一基本理念，在对外开放各领域深入推进规则、规制、标准等制度型开放，以更深层次改革深度推动更高水平开放，形成高标准的市场化、法治化、国际化的营商环境，全面深入地推动贸易和投资的自由化与便利化。

二、"双循环"下统领我国开放型经济发展的新主线

如前所述，"双循环"下对外开放要秉承制度变革这一基本理念。基于这一基本理念，"双循环"下我国开放型经济发展须以制度创新为主线，以制度创新统领、支撑开放型经济各领域的体制、模式、路径等创新发展，通过外贸创新发展、外资制度创新、对外投资创新推进发展更高层次的开放型经济。

（一）"双循环"下的外资制度创新

外商直接投资是"双循环"中国内国际双循环的优质载体，对我国产业升级、消费升级和产业链现代化具有重要的推动作用。"双循环"下，我国外资领域的创新主要是制度创新。外资制度创新要以打造与国际标准对标的法治化、便利化、国际化的营商环境为目标，通过外资准入前国民待遇加负面清单制度进一步开放投资领域，进一步提高投资自由化、国际化水平，通过全面实施《外商投资法》及相关法规建立保护外资合法权益、公平竞争的制度环境，从根本上建立健全对外商投资的法治化保障，并通过持续优化外商投资服务机制建立制度化、集成化的外商投资运营服务体系，进一步提高投资便利化水平。

（二）"双循环"下的外贸发展创新

对外贸易是"双循环"中国际大循环的主体。"双循环"下的对外贸易一方面要以推动更高水平的国际大循环为导向，另一方面也要服务于"双循环"下国内产业升级与消费升级这一新定位。

外贸创新发展一般是通过制度创新优化外贸发展环境，并通过科技、业态、模式等创新经营主体、优化商品结构、创新贸易方式与国际营销体系，以培育外贸竞争新优势与发展新动能。"双循环"下的外贸创新发展在上述基础上突出了强化贸易产业融合、内外贸一体化、进口贸易促进及支撑性制度创新。在强化贸易产业融合方面，主要是通过外贸转型升级基地的建设增强产业对贸易的支撑效应，以产业升级提升国际大循环的层次与水平，同时通过强化产业基地的外向型发展提升外贸对国内产业升级的促进效应；在强化内外贸一体化方面，主要是通过内外贸融合增强外贸产业链、供应链的韧性及内外循环的融合与贯通；在强化进口贸易促进方面，主要是通过进口的外资促进、需求创造与产业升级效应形成以新供给创造新需求、新需求牵动新供给的更高层次的供求适配性。

（三）"双循环"下的对外投资创新

对外投资也是"双循环"中连接国内国际双循环的重要载体。对外投资要以服务"双循环"为宗旨，聚焦国际产能合作、国外优质资源要素获取两大重点领域，通过对外投资企业投融资、外汇管理等要素支撑的制度创新全面深入地推进对外投资。在国际产能合作领域，要以产能输出助力国内供给侧结构性改革，通过拓展新合作领域推动共建"一带一路"从贸易、产能等产品、产业领域向技术、人才等要素领域拓展，以"一带一路"科技创新合作推动国际产能合作的升级；在国外优质资源要素获取领域，要通过全面推进国际自贸区网络建设等国际经贸合作机制创新，提高对国外依存度较高的战略资源、高端科技要素获取的便利性，助力国内供给侧"补短板"和国内大循环"去卡点"，通过国内外产业网络的连接融合，为稳定国内产业链、供应链提供有力支撑。

三、"双循环"下推动河北省开放型经济发展的新思路与新举措

推动河北省开放型经济发展须遵循"双循环"下对外开放的新目标、新

定位与新理念及统领开放型经济发展的新主线，围绕服务构建"双循环"新发展格局，以制度创新为主线谋划河北省开放型经济发展的新思路与新举措，聚焦开放平台、外贸、外资、对外投资等领域以制度创新为支撑的创新发展。

（一）深度推进开放平台建设

自贸区、开发区、外贸转型升级基地、综合保税区等海关特殊监管区、进口贸易促进创新示范区、境外经贸合作区等各类开放平台是开放型经济的主要载体，也是国内国际双循环连接的关键枢纽与战略支点，"双循环"下，要以进一步提升各类开放平台的水平与能级，实现开放型经济新发展。"双循环"下，深度推进开放平台建设须以制度型开放为主线，通过制度创新优化提升各类平台开放发展的制度环境，以各类平台的制度型开放为开放型经济新发展提供新动能。

自贸区（港）是目前我国最前沿的开放平台，是各类开放平台中"平台中的平台"，决定着我国新一轮对外开放的高度、深度与广度，也是"双循环"下我国开放型经济新发展的先行者与引领者。河北自贸区是改革开放以来河北省全新的开放载体和最高能级的开放平台，是推动河北省开放型经济发展的核心载体。"双循环"下，河北省开放型经济发展要重点依托河北自贸区这一核心平台，着力从以下两个层面推动河北自贸区的开放发展。

一是在制度层面深度推进制度型开放，通过全面对接国际高标准的规则体系深化制度型开放，通过全面的制度创新形成涵盖外贸、外资、对外投资等开放型经济全领域的制度型开放高地，充分利用河北自贸区开放红利推动贸易便利化和投资自由化，建成最优的外贸发展环境、国际一流的外资营商环境和先行先试的对外投资制度安排，同时充分发挥自贸区制度创新的外溢效应，通过形成更多可复制、可推广的制度创新成果辐射带动河北省其他开放平台的制度型开放，进而提升其他开放平台的开放能级和河北省开放型经济发展的整体水平。

二是在发展层面实现深度推进制度型开放与区域开放型经济发展更加紧密地结合，即强化自贸区制度创新对区域开放型经济发展的服务导向，以自贸区制度创新推动区域开放型经济的高质量发展。为此，河北自贸区要聚焦区域开放型经济发展的关键制约，进行开放型制度创新，针对开放型市场主体发展的难点、痛点提出制度性解决方案，重点在外贸领域的通关便利化、政策支持与跨境电商贸易便利化、外资领域的法治化保障、对外投资领域的融资方式等方面进行开放型制度创新，通过形成更高水平开放型经济新体制打造开放型经济新高地。

（二）全面推动外贸创新发展

1. 推动新业态新模式创新发展

新业态新模式为外贸创新发展提供了新动能和新机遇。外贸新业态新模式主要表现为跨境电商、市场采购、外贸综合服务企业三种形式。"双循环"下，河北推动外贸新业态新模式创新发展可分为以下三个方面。

一是以制度创新为突破口，深度推进石家庄、唐山、雄安新区国家跨境电商综合试验区的创新发展，在综合试验区创新开展跨境电商 B2B 出口业务，并将跨境电商线上综合服务平台打造和线下产业园建设有机结合，通过引入跨境电商头部企业推动跨境电商企业规模化、聚集化发展，同时顺应"双循环"下扩进口的外贸大势，加快推进石家庄、唐山、秦皇岛和廊坊国家跨境电商零售进口试点建设，通过综合试验区建设以点代面地推动跨境电商成长为具有重要影响的新业态新模式。

二是深入推动白沟箱包市场采购贸易方式试点的创新发展，持续优化一体化的通关模式、降低市场采购贸易方式的通关成本，通过制度创新红利广泛吸引服装纺织、鞋帽、轻工等相关商品和产业向试点区域聚集，不断扩大市场采购贸易方式试点区域的贸易规模，放大试点区域对"河北制造"特色小商品便利出口的贸易通道效应，同时积极申报新的国家市场采购贸易方式试点，争取市场采购贸易方式的贸易便利化制度红利惠及更多的河北县域特色产业。

三是促进外贸综合服务企业规范化发展及其与其他新业态发展的融合，积极探索基于综合服务效应和有效管理双重评价指标的外贸综合服务企业规范化管理制度，着力以制度创新破解退税、资质认证、主体地位模糊等外贸综合服务企业规范化发展的制约因素，重点支持规范经营的外贸综合服务企业通过海关的经营者资质认证，通过本地培育和外来引入壮大外贸综合服务企业群体，同时合理推动外贸综合服务企业与跨境电商等其他外贸新业态的融合发展。

2. 加快推进内外贸一体化发展

强化内外贸一体化是"双循环"下国内国际市场连通的最直接体现，也是"双循环"下开放型经济发展的新热点与新机遇。内外贸一体化主要体现为外贸出口转内销，而出口转内销的制度保障则是建立内外渠道相通、标准同

一、质量同质的"三同"（同线同标同质）内外贸一体化促进体系。

加快推进河北内外贸一体化发展首先要建立"三同"内外贸一体化促进体系，在产品认证、国内市场准入、知识产权保护、质量检测、国内国际标准对比说明等方面建立相应的管理制度，为外贸出口产品转内销提供全流程的制度支撑，在此基础上还要为出口转内销在渠道对接、品牌推广等方面提供一定的政策支持。

3. 强化贸易与产业的有机融合

强化贸易与产业融合是国内国际双循环相互促进的基本内容，也是"双循环"下开放型经济发展的重要路径。

外贸转型升级基地是贸易与产业融合的主要载体，强化贸易与产业融合就是要强化外贸转型升级基地建设。河北强化贸易与产业融合就是要聚焦外贸转型升级基地建设。首先，要引导各类产业聚集区的开放发展，推动有一定产业规模和外向度的产业聚集区申报外贸转型升级基地，以获取政府层面对外贸转型升级基地多方面的政策支持与发展引导；其次，要引导外贸转型升级基地强化自身外贸发展的硬件、软件功能支撑，着力申建、升级外贸口岸、保税物流、保税仓库等外贸基础设施；再次，要推动传统产业转型升级与外贸发展的紧密融合，通过产业升级增加传统产业的贸易产出；最后，要积极推进新兴产业的外向型发展以形成高质量的贸易新增量。

4. 积极申建、升级进口贸易平台

"双循环"中"以国内大循环为主体"将为进口贸易带来更广阔的国内市场机遇。强化进口贸易促进也是"双循环"下开放型经济发展的新热点与新机遇，进口贸易平台的建设与发展由此成为各地强化进口贸易促进的主要载体。

河北要以进口贸易平台申建、升级为抓手强化进口贸易促进，依托自贸区、综合保税区等外贸功能性突出的开放平台，申建或升级能源、基础原材料、大宗农产品、整车、药品等进口口岸和国家进口贸易促进创新示范区。基于开放平台的不同比较优势打造若干有市场影响力和辐射带动效应的进口商品集散地并吸引相关产业入驻聚集发展，重点推动曹妃甸综合性进口大口岸、正定药品进口口岸建设。

5. 设立新型国际营销设施

拥有多重国际营销功能的海外仓是国际营销设施和体系的重要组成部分，

也是近年来外贸基础设施建设的新热点。河北外贸海外仓建设尚处于初期阶段，在海外仓数量、市场覆盖面、服务能力和影响力等方面与先进省市相比有明显差距。推动河北外贸海外仓建设要重点关注三个方面：首先，要全面认识海外仓的仓储、展示、配送、集散、服务、信息获取、市场开拓等多重国际营销功能，尤其是对海外市场的高效物流配送服务和市场开拓功能；其次，要引导有实力、信誉好的外贸企业或物流企业重点针对主要出口市场进行海外仓布局，同时与信保公司合作构建新型承保模式、海外仓营销收汇风险保障、风险评估等制度体系；最后，推动海外仓建设与跨境电商等新业态的有机融合，将其作为跨境电商等新业态境外设施建设的关键节点、业务拓展的自然延伸和体系构建的重要内容。

6. 强化政策支持的制度化建设

对外贸企业尤其是中小外贸企业予以一定的财政金融支持是外贸发展促进政策的重要组成部分。为了更为持续有力地推动"双循环"背景下的外贸创新发展，宜将外贸发展促进政策升级为长效制度，以制度建设的视角梳理和强化外经贸发展专项资金等财政专项支持资金和创新金融支持政策，全面推广银行、信保、担保等集成融资的复合模式，形成商业性贷款与政府性融资担保基金对外贸发展的组合性支持，为外贸企业尤其是中小外贸企业的政策支持提供制度化保障。

（三）优化外资营商环境

"双循环"中的"以国内大循环为主体"不仅将带来更多的进口贸易机遇，也将为外商直接投资带来更广阔的市场机遇。以强大的国内市场吸引全球优质资源，优化提升国内产业链供应链，是"双循环"背景下吸引外资的基本导向。在"双循环"背景下，河北要强化重点产业链集群的外资招商，通过产业链开放合作引进优质外资项目强链、补链、延链。为充分把握"双循环"背景下的外资新机遇，河北须进一步优化外资营商环境，多措并举加快外资营商环境的法治化和国际化建设。

1. 加快外资营商环境的法治化建设

《外商投资法》的出台是近年来我国向制度型开放转型的重要标志，对我国优化外资营商环境具有里程碑式的战略意义，全面贯彻落实《外商投资法》也成为各地在未来一段时期内优化外资营商环境的重中之重。

法治化是营商环境的根本。河北要紧紧围绕"双循环"背景下制度型开放这一新主线，深入推动《外商投资法》及其相关实施条例在省内的落地，以具体落实《外商投资法》为契机加快推动外资营商环境的法治化建设。首先，要对照《外商投资法》及其实施条例，加快清理、修订不相符的规章文件，将落实外资准入前国民待遇加负面清单的"非禁即入"规定作为具体实施《外商投资法》的首要之举。其次，要对标先进省市，加快外资营商环境的法治化建设，比如可借鉴上海等地出台地方外商投资条例的先行做法加快出台河北外商投资条例，为保护外资合法权益、打造公平竞争的营商环境提供地方法治化保障。

2. 加快外资营商环境的国际化建设

"国际化"是国际通行的综合性营商环境指标，是符合国际标准的法治化、市场化、便利化等单项环境指标的集成，也是层级最高的营商环境指标。近年来，一些先进省市纷纷对标世界银行的营商环境标准，在优化提升营商环境上出台一些升级版的新举措，全力打造国际化的营商环境。河北的营商环境与先进省市相比差距明显，符合外资需求的国际化的营商环境更是一大短板，打造国际化的营商环境任重而道远。河北打造国际化的外资营商环境宜从以下三个层面着手。

一是推进外资促进政策法治化。《外商投资法》是外资营商环境国际化建设的法律基础和总纲。推动河北外资营商环境国际化建设须在《外商投资法》框架下进行，并在条件成熟时将国际通行的、在河北当地已长期成功实施的地方外资促进政策升级为地方法规，以法治化保障河北外资营商环境的国际化建设。

二是对标国际规则提升环境。国际规则是外资营商环境建设国际化的主线。河北要对标国际规则，推动外资营商环境的国际化建设，依据世界银行的营商环境标准全面审视河北营商环境，依据国际规则推动营商环境的国际化建设。

三是对照外资需求精准施策。外资认可是外资营商环境国际化的终极评判。河北打造国际化的外资营商环境要紧贴外资需求这一主线，围绕外资需求精准匹配各种环境要素，尤其要着力弥补河北国际化公共服务设施落后这一短板。

（四）调整对外投资布局

长期以来，我国对外投资有三个战略导向，一是主要面向发展中国家开展国际产能合作，二是主要面向发达国家获取高技术、国际品牌、国际营销渠道等优质要素，三是主要面向发展中国家开发境外矿产等基础性战略资源。"双循环"背景下，推动更高水平的国际大循环也将为对外投资带来更多的战略机遇，但基于"双循环"中"以国内大循环为主体"这一战略转向，我国对外投资的战略导向也将进行相应调整与优化，获取高技术等优质要素和开发基础性战略资源两大战略导向将相对强化，以吸收全球优质要素、资源支撑和提升国内产业链供应链。在此背景下，河北对外投资也将在服务新发展格局和自身高质量发展双重导向下进行新的谋篇布局。

1. 创新国际产能合作

国际产能合作是助力供给侧结构性改革的国际化路径，同时还有带动国内商品、技术等输出的贸易创造效应，从而在投资贸易两方面助力国际大循环，是近些年尤其是"一带一路"倡议提出以来我国重点推进的对外投资板块。

目前，国际产能合作经多年发展已步入创新推进阶段，需通过制度创新、模式创新等破解发展中的融资难题、合作风险等制约因素以持续推进产能合作。在推进国际产能合作的诸多制约因素中，融资难题一直居于首位。长期以来，鉴于金融业务体量、风险防控等多重考量，国内商业银行在发展中国家的业务相对较少，对我国企业在发展中国家的境外项目贷款十分谨慎，一般采用"内保外贷"（以境内母公司担保境外项目贷款）这样相对稳健保守的借贷方式，而国际产能合作项目主要面向发展中国家，这样就不易从国内商业银行取得贷款支持，国际产能合作项目融资方式的制度创新一直是虽经多年探索但不易求解的难题。

河北是传统产业大省和全国首批国际产能合作示范省，国际产能合作在河北开放型经济发展版图中占有突出地位且成效初显，河钢、塞钢等亮点案例已成为我国国际产能合作的标杆性项目，近年来河北国际产能合作的创新推进也一直在积极探索。值得关注的是，河北自贸区的设立为河北国际产能合作创新推进提供了重要机遇。河北自贸区总体方案中提出要支持"走出去"企业以境外资产和股权、采矿权等权益为抵押获得贷款，这样就为破除"内保外贷"的传统融资方式束缚提供了企业久盼的破解之策。支持"走出去"企业以境外权益抵押贷款是我国企业"走出去"金融支持体系的破题之举，对新阶段创新推进国际产能合作具有重大的战略意义。河北国际产能合作要充分利用自贸区这一制度创新红利，加快探索国际产能合作项目的新型融资方式。

2. 强化科技获取型导向投资

以获取科技等优质要素为导向的对外投资也一直是我国持续推进的重要板块。"双循环"中的"以国内大循环为主体"对国内产业链供应链的发展水平与供给质量提出了更高要求，通过对外投资获取国外优质科技要素反哺国内产业的重要性进一步凸显，也是"双循环"背景下国际大循环对国内大循环赋能的重要体现。

河北是国际产能合作重点省份，在科技获取型导向对外投资领域也小有进展，如以岭药业对以色列医疗设备科技企业的股权收购和联合研发、长城汽车在德国等发达国家设立研发中心、四通和天启通宇并购英法高技术企业等。"双循环"背景下，河北要以更大力度推动本省企业到国外尤其是科技资源富集的发达国家投资，通过股权投资等形式与当地高科技公司合作，以利用国外高科技资源推动河北传统产业升级和新兴产业发展，着力推动本地科技型企业、行业龙头企业到发达国家投资布局科技型、研发型项目。

3. 融入战略资源保障型开发

境外大宗基础性战略资源开发对保障我国经济稳定安全具有重要的战略意义，是"双循环"背景下国际大循环对国内大循环赋能的又一重要体现。以矿产资源为例，由于资源禀赋的结构性差异，我国不仅是全球最大的铁矿石进口国，且铁矿石进口依存度超高，在供应和价格上高度受制于国外大型矿企，今年国际铁矿石市场的价格飙升给我国钢铁产业发展带来了沉重压力，加强对铁矿石资源尤其是境外优质铁矿石资源的开发已成为服务"双循环"重大而紧迫的战略布局。

河北是钢铁产业大省，铁矿砂进口在河北进口贸易中占有很大的比重，铁矿石供给保障不仅对河北产业安全与经济发展具有特殊的意义，且对河北服务国家"双循环"发展大局具有至关重要的作用。在"双循环"背景下，河北地方企业要更加积极主动地融入国家对境外铁矿石资源开发的战略布局中，地方大型钢铁企业应在投资开发境外铁矿石资源、提升资源保障能力上发挥重要作用。

参考文献

［1］高丽娜、蒋伏心：《"双循环"新发展格局与经济发展模式演进：承

接与创新》，载于《经济学家》2021 年第 10 期。

［2］刘晓宁：《双循环新发展格局下自贸试验区创新发展的思路与路径选择》，载于《理论学刊》2021 年第 5 期。

［3］金瑞庭、原倩：《建设更高水平开放型经济新体制：基本思路和政策取向》，载于《宏观经济研究》2021 年第 8 期。

［4］汪发元：《构建"双循环"新发展格局的关键议题与路径选择》，载于《改革》2021 年第 7 期。

［5］张茉楠：《〈外商投资法〉：面向制度型开放的中国》，载于《金融与经济》2019 年第 4 期。

［6］张智奎：《新时代推动制度型开放的挑战与路径选择》，载于《国际贸易》2021 年第 7 期。

‖ 区域研究 →

雄安新区推动重大疏解项目落地
实施难点与对策

严文杰①

摘　要：雄安新区转入大规模建设阶段后，有序承接北京非首都功能疏解。雄安新区推动重大疏解项目落地实施不仅面临公共服务、基础设施及配套、承接平台和营商环境等共性痛点和短板，而且各类疏解项目面临差异性较大的深层次难点问题和制约因素。基于此，本研究从在京高校和科研机构、医疗健康机构、企业总部、金融机构等四类疏解项目出发，深度分析各类疏解项目落地雄安新区的难点，并提出可操作性的思路和对策建议。

关键词：雄安新区　重大疏解项目　落地　难点　对策

一、北京疏解重大项目落地雄安新区的痛点和雄安新区的短板

（一）雄安新区公共服务水平与北京存在较大落差

由于雄安新区处于大规模开工建设阶段，虽然就业的薪酬标准可以通过财政转移等手段对标北京，但教育、医疗、养老、文化等公共服务水平短期内难以大幅提升。比如在教育方面，目前只有待完工的"三校"（北京市北海幼儿园、史家胡同小学、北京四中）交钥匙项目，而且高考也是一个棘手的问题；在医疗方面，雄安新区医保和北京还没有衔接，京雄两地也缺乏统一的医药市场。总体来看，雄安新区缺乏优质的教育和医疗资源，公共服务水平与北京的

---

①　严文杰，河北省社会科学院副研究员、博士，研究方向为区域经济、产业经济。

落差较大，疏解对象对雄安新区公共服务的心理预期与现实存在较大落差。

（二）基础设施及配套不完善

一方面，雄安新区生活基础设施及其配套缺乏或者不完善，给疏解对象生活和工作造成不便。另一方面，雄安新区在教学、医疗、高端服务和高技术制造等疏解行业的基础设施和配套缺乏，尤其是金融、科技等基础设施短板比较明显，导致大数据、云计算、人工智能、区块链等技术在基础设施领域的创新应用无法有效开展。

（三）缺乏高质量承接平台

雄安新区推动重大疏解项目落地实施，在硬平台方面，目前缺乏各种成型的园区载体，企业无法入驻经营，导致雄安新区企业注册得多，实际运行得少，企业明显缺乏活力，大多处于观望状态。虽然启动区周边有一些园区，但规模太小，产业配套不足，办公成本和住宿成本较高，限制了疏解企业入驻。同时，雄安新区应用场景建设在城市基础设施建设、产业发展、民生保障等领域的各类工程、项目所产生的对新技术新产品的应用需求场景，与北京的差距同样比较明显。北京的应用场景建设在北京市和全国其他地区的布局日趋完善，而雄安新区仅在区块链、大数据等应用场景上有所涉猎。在软平台方面，虽然有创新发展示范区金字招牌，也有雄安自贸试验区、数字经济创新发展试验区、生态文明试验区等一批国家级平台，但并未充分释放政策的叠加效应，这些试示范平台没有在国内外形成较大影响力，对疏解企业的吸引力有限。未来如何更好运用这些试验示范平台吸引疏解企业尤其是世界级企业入驻值得进一步思考分析。

（四）营商环境有待提升

营商环境也是雄安新区推动重大疏解项目落地实施的痛点和短板，现阶段雄安新区的营商环境与北京以及其他先进地区的差距主要表现在三个方面。一是缺乏稳定的干部队伍。雄安新区挂职干部比例较高，干部队伍不稳定。二是雄安新区权责有待进一步明确。目前雄安新区一些事项权责还不明晰，需要进一步梳理和细化，尤其对疏解项目的权责需要进一步确认。权责清单不明确，会提高企业办事成本，延迟疏解项目的落地实施。三是政企沟通渠道不畅。一些在雄企业反映缺乏与政府部门的沟通渠道，导致项目结算拖延、居住证办理不畅等问题，影响企业扎根和发展的积极性。这些企业反映的问题，也是疏解到雄安新区的大量企业总部、金融机构关心的问题，疏解企业与新区管委会的沟通渠道亟待建立。

二、雄安新区推动各类重大疏解项目落地实施的难点分析

（一）高校和科研机构

目前，我国高校和科研机构向外疏解主要基于两类逻辑。第一类是受面积限制的机构，为获得更加广阔的发展空间，一般向所在城市郊区搬迁。如近年来北京一些高校和科研机构在昌平、怀柔、通州等地建立分校、分院、研究生院等；或者向周边地区疏解，如北京一些高校和科研机构在河北省秦皇岛、保定等地建立分校。无论向所在城市郊区还是周边地区疏解，都需要在可控的教学成本、生活成本上，实现在更大的空间上开展教学科研活动。第二类是依托当地经济社会发展需要设立研究院，典型代表是在深圳成立的各类研究院，如清华大学、哈工大等国内名校在深圳建立研究院，同济大学和香港理工大学共建深圳高等研究院，这些研究院在深圳市科技创新、经济发展、人才培养和生态建设等方面做出了较大贡献。雄安新区成立前，北京林业大学在雄县成立的白洋淀生态研究院、北京服装学院在容城县成立的河北省服装产业技术研究院，也是基于这样的逻辑。

基于上述两类逻辑，在京高校和科研机构向雄安新区疏解涉及几大难点问题：一是雄安新区推动高校和科研机构落地实施的政策是否优于昌平、怀柔、通州等北京郊区，是否能真正吸引高校和科研机构落地并持续经营下去；二是目前雄安新区处于基础设施和平台建设阶段，经济社会领域实际的科技创新需求并不明晰，如果大批高校和科研机构疏解到雄安新区，能否都能与雄安新区地方经济、科技创新与生态发展找到融合的契合点，从而发挥出自身的教学和科研优势，还需要逐一评估、确认和对接；三是在雄安新区设立分校、分院和研究生院，如果招生不理想，后续雄安新区有无应对措施和方案。这些问题都亟待逐一解决，以便打消高校和科研机构疏解的后顾之忧，推动高校和科研机构尽快落地。

（二）医疗健康机构

医疗行业的正常运转，不仅需要在医院的治疗，而且需要医疗过程结束以

后庞大的康复产业、服务产业以及为患者家属提供各种服务的配套设施。雄安新区推动高端医疗机构落地的难点，首先体现在缺乏康养服务配套。如果不解决医疗行业整个产业链的各种服务配套设施，即便一些高端医疗机构在雄安新区设立分院，患者也会面临后续康养服务等各种医疗难题，看病贵、看病难的问题同样会在雄安新区上演。我国包括北京医疗运营过程中存在一些问题，即便雄安新区拥有康养的各种配套设施和服务，如果把医院原封不动搬到雄安新区或者在雄安新区设立分院和研究中心，按照现有医疗体制和运营模式，仅是把北京的医疗运营问题复制到雄安新区，并没有太多意义和价值。借鉴和对接更为先进的国际医疗模式，研究一个从医治到康复到后续健康跟踪服务的医疗先进模式，在雄安新区试点并逐步推广到全国，是雄安新区承接高端医疗健康机构之前必须要厘清的另一大问题。另外，医院外迁或在外地设立分院容易造成从业人员流失从而导致医院技术水平直线下降，近年来武汉、广州等地区的部队医院搬迁就出现过这一现象。

（三）企业总部

一是企业总部"下行流迁移"容易引发高端要素流出。企业总部"下行流迁移"是指企业总部从规模等级较高的城市迁往规模等级较低的城市。雄安新区承接企业总部，重点承接央企总部。央企总部从北京迁移到雄安新区，是一种典型的"下行流迁移"。企业总部作为企业的核心决策机构，具有典型的"三高"属性，即对技术和人才的丰富程度要求高、对信息获取的便利性要求高、对资本的流动性以及融资的便利程度要求高。如何规避企业总部从北京迁移到雄安新区引发的高端要素流出风险，从而保障企业能做出迅速而正确的决策判断，是企业总部疏解到雄安新区面临的首要问题。

二是现有央企薪酬体系和业绩考核办法不利于央企总部疏解。央企总部"下行流迁移"可能会使企业面临经营业绩下滑的风险，而目前央企职工薪酬主要由基本年薪和绩效年薪构成，企业负责人薪酬则由基本年薪、绩效年薪和任期激励收入构成。如果仍按照现有央企薪酬体系，企业负责人和职工的薪酬都会降低。显然，现有央企薪酬体系导致的薪酬降低会阻碍央企总部向雄安新区疏解转移。同时，现有对中央企业负责人经营业绩的考核也不利于央企总部疏解。按照国资委现有《中央企业负责人经营业绩考核办法》，把经营业绩考核结果作为企业负责人职务任免的重要依据，一旦考核不合格，央企负责人职务会被调整甚至会影响日后的升迁。所以如果仍按照现有央企考核办法，对于央企向雄安新区疏解转移事宜，一味强调"雄安情怀"很难调动央企负责人的积极性。

三是雄安新区承接企业总部面临价值要义实现的难题。雄安新区承接在京企业总部的价值要义不是办公地点的简单迁移，而在于在推动国有资本做大做强的同时，探索一套与国际投资贸易通行规则相衔接的制度创新体系，在雄安新区建设国内外开放合作新高地，引领全球化。如何实现总部企业疏解到雄安新区的价值要义，是雄安新区承接企业总部之前需要明晰和回答的问题。

（四）金融机构

全国多地争抢金融机构落户的激烈形势加剧了雄安新区承接金融机构的难度。当前全国各地争抢金融机构总部落户竞争非常激烈，各地区对新设或引进的金融机构总部，根据不同实缴注册资本予以相应奖励，有些地区最高奖励 1 亿元，有些地区在土地、税收等方面的政策优惠力度很大。在这种情况下，雄安新区如何应对各地的优惠政策，又如何提高承接金融机构总部落户政策的吸引力？

多重因素将限制承接的金融机构开展金融创新业务。对于疏解到雄安新区的金融骨干企业、分支机构，雄安新区金融基础设施、金融人才、金融科技领域的前沿性研究成果，以及符合国际规则的金融监管框架等方面的缺乏或不完善，将限制金融机构开展金融创新业务。

三、雄安新区推动各类重大疏解项目落地实施的思路

（一）高校和科研机构

针对高校和科研机构落地雄安新区的上述问题，主要应对思路如下。

一是确保雄安新区承接高校和科研机构落地的政策优于其他地区。调查摸底昌平、怀柔、通州等北京郊区承接在京高校和科研机构的优惠政策以及在京高校和科研机构向外疏解的政策诉求，保证雄安新区制定的承接政策标准优于北京郊区，让高校和科研机构愿意往雄安新区转、主动往雄安新区转。同时，对于雄安新区高校和科研机构的招生问题，雄安新区管委会应提早和教育主管部门沟通协商，一旦分校和研究生院招生不理想，要有特殊和优惠政策应对，确保招生工作能够顺利进行。

二是确保疏解到雄安新区的师生生活和工作学习便利。实践中有很多案例

表明，高校和科研机构外迁，一旦增加教学成本和生活成本，师生生活和工作学习不便，就容易出现教师流失甚至整个学校回迁的现象。因此，雄安新区要优先满足教师和学生的基本生活和工作学习需求，综合考虑交通等基础设施条件，在雄安新区高标准解决师生的衣食住行、子女教育、医疗、环境、文娱等问题，减少北京"拉力"，增强雄安新区"吸力"。

三是确保疏解到雄安新区的高校和科研机构能充分发挥教学和科研优势。根据雄安新区科技、产业、文化、教育等方面的发展规划，促进高等教育与雄安新区产业聚集，形成产教融合、产学研共同体，推动高校和科研机构融入雄安新区经济社会发展，实现落地生根、相互促进的良性循环，避免出现"业来人走"现象。

（二）医疗健康机构

远离都市区，建立新的国家级或者高度集中化的医疗中心，在美国和欧洲一些国家都有非常成功的实践。针对医疗健康机构落地雄安新区的难题，主要思路如下。

一是雄安新区在承接医疗健康机构的同时，还要承接医疗行业各种医疗服务机构，并引进国内外先进医疗康复机构和服务机构，能为患者提供医疗结束后的各种服务。

二是借鉴西方主要发达国家医疗健康经验，用好雄安新区改革创新政策，推动医疗体制和运营模式创新，建立"医疗—康复—健康跟踪服务"医疗先进模式，把雄安新区打造成我国医疗卫生改革发展的先行先试区，提高雄安新区作为北京医疗健康机构集中承载地的吸引力。

三是实现医院人才流失补给。建立京津冀支持雄安新区医疗健康事业发展医护人员清单，对于医疗健康机构搬迁到雄安新区或在雄安新区设立分院和研究中心导致医护人员流失的情况及时予以补给，保障雄安新区分院的医疗技术水平不低于北京本院。

（三）企业总部

针对雄安新区推动企业总部落地实施的上述难点，主要思路如下。

一是建立企业总部高端要素补偿机制。对于央企总部疏解可能造成的高端要素流失现象，雄安新区要从现代金融、高端人才、信息、数据等要素方面予以补偿，避免高端要素流失影响企业整体经营，如中央和京冀雄三方共同建立央企总部疏解高端要素补偿基金、建立高端人才引进"直通车"制度等，增强企业总部疏解的积极性。

二是优化在雄央企薪酬体系。对于央企总部疏解到雄安新区的，在员工薪酬体系中建议短期内加大基本年薪基数，而对企业负责人则加大基本年薪和任期激励收入比例，以此打消双方由于企业总部疏解引发企业经营业绩下滑从而导致薪酬降低的顾虑。

三是对在雄央企负责人经营业绩考核重激励轻约束。目前企业负责人年度经营业绩考核和任期经营业绩考核等级分为 A 级、B 级、C 级、D 级，而且连续两年年度经营业绩考核结果为 D 级或任期经营业绩考核结果为 D 级，且无重大客观原因的，对企业负责人予以调整。鉴于央企总部从北京到雄安新区的"下行流迁移"可能使企业面临经营业绩下滑的风险，建议设置考核缓冲期，对疏解到雄安新区的央企负责人的考核结果 3 年内不予判为 D 级，且增加新区 A 级名额，以此调动企业负责人疏解的积极性。另外，对一些央企负责人可考虑采取"先提后来"模式，即先在北京提拔，然后到雄安新区上任，减少其到雄安新区任职的顾虑。

（四）金融机构

针对雄安新区推动金融机构落地实施的上述难点，主要思路如下。一是打造良好承接环境。针对不同金融机构总部级别制定差异化政策。金融机构的总部级别一般有全球性总部、亚太区或亚洲区总部、中国区或大中华区总部、地区性总部，雄安新区要梳理并甄别承接的各类金融机构不同总部级别，制定差别化的优惠政策。对于疏解到雄安新区的金融机构总部，支持和鼓励其在现有基础上进一步升格总部级别和扩大管理权限，并对符合条件的机构按照有关规定给予相应资助。还要制定承接金融机构总部的扶持政策，出台雄安新区关于承接金融机构总部及分支机构发展的意见、实施细则、认定办法等相关文件。二是营造与国际接轨的优良金融生态，建立与国际对接的金融法治规则、完善金融监管体系、建设国内外金融人才高地。

四、雄安新区推动重大疏解项目落地实施的对策

（一）创新公共服务供给机制，扩充优质公共服务资源总量

在公共服务特别是优质教育和医疗等公共服务存量有限情况下，通过创新

供给机制提升增量，逐步弥补优质公共服务短板，为疏解人员提供与北京基本均等的公共服务，确保标志性疏解项目和人员"来得了、留得住、发展好"。

1. 政务服务：创新"互联网＋政务服务"，打造以疏解项目和人员为中心的政务服务环境

在政务服务环境建设上，目前雄安新区存在政务服务缺乏标准化、部分政务服务事项未纳入政务服务平台以及线上线下政务服务缺乏融合等问题，这些问题延迟甚至阻碍标志性疏解项目落地。解决这些痛点难点堵点问题，要创新"互联网＋政务服务"。一是加强政务服务事项管理标准化和规范化建设。建设主动、精准、智能的整体数字政府，推进雄安新区政务服务事项管理标准化和规范化，拓展"雄安品牌"系列服务内容，打造面向标志性疏解项目和人员的政务服务"全链条"产品。二是建立"精准服务疏解项目"线上平台，为全面助力疏解项目落地提供有效支撑。雄安新区除建设好政务服务网外，有必要针对承接的疏解项目这一巨大历史性工程，建立线上平台，着力解决疏解项目和人员落地实施过程中面临的相关问题，为疏解项目和人员提供优质服务。对于疏解项目落地实施过程中面临的审批、用工、科创、金融、税务、社保、出口、关税、商贸、通关、招商等问题，都可以通过"精准服务疏解项目"平台向管委会相关部门反映，对应的部门在收到诉求后，将第一时间研究并予以解答。通过这一线上平台实现疏解单位诉求"一键提"，管委会部门"速反馈"，精准服务"更匹配"。

2. 教育：启动"名校＋新校""名企＋政府"等办学模式，增加优质教育资源总量

推动雄安新区优质教育持续增加甚至"遍地开花"，是雄安新区提升教育公共服务的一项艰巨任务。目前，雄安新区主要拥有"三校"优质教育资源，显然，随着疏解人群的逐步增加，将不能满足疏解人群日益增长的优质教育需求。为此，一是实施集团化办学增加新校。具体思路：实施"名校＋新校"的集团化办学和联盟式发展模式，通过骨干教师流动、教育教学资源线上线下共享等方式，缩小校际教育质量差距，力争在雄安新区率先实现学有优教。如依托雄安新区"三校"以及从省内外引进的优质教育，探索"一所名校带起一批好学校"的新路，在雄安新区其他片区建设更多新校。二是引进社会力量办学，推进"名企＋政府"模式。"名企＋政府"第三方办学模式在深圳、上海、成都等地已经比较成熟，如腾讯与福田区政府合办的明德实验学校；万

科与龙岗区政府合办的麓城外国语小学、天誉实验学校；华大基因与盐田区、大疆与南山区都在规划探讨基础教育合作办学事宜，这种办学模式得到很多家长和学生的认可。目前在雄安新区注册的大企业、大集团很多，一些企业已经拥有和政府共同办学的经验做法，雄安新区可依托"名企 + 政府"第三方办学模式，加快增加优质教育。

3. 医疗卫生：构建整合型医疗卫生服务体系，加快提升医疗卫生服务能力

借鉴国内外先进地区医疗卫生服务体系建设经验，构建体系完整、分工明确、功能互补、优质高效的整合型医疗服务体系，优先为疏解人员提供预防、治疗、康复、健康管理和促进一体化的连续性服务，减轻疏解人员看病就医负担和困难。

一是推进"区域医疗中心 + 县域医共体"建设。首先，以雄安新区宣武医院等新建医院为主体，组建区域医疗中心，打造学科建设高地。其次，推动雄安新区容城、安新、雄县三县县属医疗卫生机构集团化运作，分别组建县域医共体，即以县级医院为龙头、其他若干家县级医院及乡镇卫生院（社区卫生服务中心）为成员单位的紧密型医疗集团。建议近期在三县中选择一个县开展县域医共体试点，将其作为推动县域综合医改、补齐基层医疗服务能力短板的新突破口。然后逐步在三县其他县级医院和乡镇医疗卫生机构铺开，整合打造更多的医共体。

二是构建"两融合、一联动"医疗卫生服务体系。以"医院办医院管"的社区健康管理体制为纽带，形成医院与社区健康服务机构融合发展的运营管理体制机制、医疗与预防融合发展的学科发展模式、全科与专科联动发展的分级诊疗方式，全面提升雄安新区医疗卫生服务能力。

三是利用数字技术加强疏解人员全生命周期健康管理。加快雄安新区疏解人群健康信息平台建设，建立疏解人员电子健康档案，大力发展智能医疗，建设健康医疗大数据应用中心，推动健康医疗大数据应用，实现疏解人员全生命周期健康管理，为签约疏解人员制定个性化健康服务包。

（二）强化应用场景建设，完善科技创新体制机制，构建适宜创新创业的软硬环境

雄安新区承接的疏解项目涉及高校、科研机构、企业总部等具有研发功能和性质的企事业单位，因此，构建有利于疏解人员创新创业的软硬环境尤为关键。

1. 推进新技术新产品应用场景建设

雄安新区与北京存在应用场景鸿沟，北京的应用场景建设日趋完善，在京外也有一些布局，而雄安新区目前仅在区块链、大数据等应用场景上有所涉猎。未来，雄安新区要通过自身应用场景建设，同时积极承接北京应用场景项目，推动科技创新和成果转化。一是加强重点领域和标志性疏解项目领域应用场景建设。针对一些标志性疏解项目在雄安新区科技创新和成果转化的特定场景需求，谋划打造一批应用场景。二是构建应用场景创新生态。构建应用场景建设的政策体系，完善应用场景开放、应用场景共享和应用场景监管等政策，以及建立催生应用场景的硬核技术攻关、发掘应用场景价值的资本联动、赋能应用场景的关键数据开放共享、支撑应用场景的新型基础设施建设等。

2. 建立针对标志性疏解项目前沿科技领域人才和团队的稳定支持机制

引导、支持企业及其他社会力量通过设立基金、捐赠等方式，加大对前沿科技领域人才和团队开展基础研究和应用基础研究的投入力度。设立雄安新区科技计划项目，允许标志性疏解项目前沿科技领域人才和团队申报的雄安新区科技计划项目，财政资助资金可依据立项合同在京雄两地使用，促进科研资金便利流动，支持雄安新区承接的在京高校、科研机构、企业与北京高校、科研机构开展合作，推动京雄产学研融合。此外，雄安新区在项目申报、合同签订、经费使用、项目验收等方面加强与北京规则衔接。

参考文献

［1］陈建军、韩靓：《深圳企业外迁问题探析——以深圳市福田区为例》，载于《特区实践与理论》2018年第6期。

［2］邓毛颖、刘志刚等：《城郊型总部经济的选址与规划设计原则研究——以广州增城为例》，载于《地域研究与开发》2020年第6期。

［3］郭净、陈永昶、刘兢轶：《圈层发展模式下雄安国际金融中心构建》，载于《河北大学学报（哲学社会科学版）》2019年第6期。

［4］郭帅新：《省会城市的非省会城市功能识别与疏解研究》，载于《西华大学学报（哲学社会科学版）》2018年第6期。

［5］李晓峰：《北京总部金融发展对策研究》，载于《北京社会科学》

2009 年第 6 期。

　[6] 孟宏佳:《北京中心城医疗功能疏解的现状、问题及对策研究》,首都经济贸易大学硕士学位论文,2014。

　[7] 钱倬珺、张婕:《关于北京高校外迁的探讨及思考》,载于《科学大众》2017 年第 4 期。

　[8] 王铭:《疏解首都高等教育的进展、重点与思路》,载于《清华大学教育研究》2019 年第 5 期。

　[9] 王瑞红、孙丽芳:《公立医院职工对非首都医疗功能疏解需求及影响因素探讨》,载于《中国医院》2017 年第 7 期。

　[10] 魏后凯、白玫:《中国上市公司总部迁移现状及特征分析》,载于《中国工业经济》2008 年第 9 期。

　[11] 文洪武:《国家级新区金融政策梳理及对雄安新区金融创新的启示》,载于《河北金融》2019 年第 1 期。

　[12] 武义青、柳天恩:《雄安新区精准承接北京非首都功能疏解的思考》,载于《西部论坛》2017 年第 5 期。

　[13] 肖金成:《雄安新区:定位、规划与建设》,载于《领导科学论坛》2017 年第 16 期。

　[14] 原付川:《“三校一院”交钥匙项目扎实推进——雄安新区重点项目探访》,载于《河北日报》2020 年 1 月 21 日。

　[15] 郑敬岳:《浙江民营企业总部迁移风险研究》,浙江工商大学硕士学位论文,2006。

深入推进承德国家可持续发展议程创新示范区高质量发展的思路与建议

王春蕊　李雅莉　李耀龙①

摘　要：承德国家可持续发展议程创新示范区建设承担着对内"打造城市群水源涵养功能区可持续发展的标杆"对外"展示生态文明建设成就的窗口"双重责任。本文通过对6个国家可持续发展议程示范区经济社会发展和创建情况的分析，对承德国家可持续发展议程创新示范区建设经验进行总结，研判高质量推进承德可持续发展议程创新示范区建设面临的制约因素，从对策层面提出了针对性建议，以期为欠发达地区探索可持续发展路径模式提供借鉴。

关键词：可持续发展议程创新示范区　承德市　绿色发展

一、引言

实现可持续发展是全球各国为之努力的共同目标。2015年，在纽约总部召开的联合国可持续发展峰会通过了联合国2030年可持续发展议程及17个可持续发展目标，主要包括经济、社会发展和环境保护三个方面。我国2016年提出了《中国落实2030年可持续发展议程创新示范区建设方案》，并纳入国家"五位一体"总体布局和"四个全面"战略布局，把创新、协调、绿色、开放和共享作为发展理念，以实施创新驱动发展战略为主线，科技创新与社会发展深度融合为目标，全力破解我国可持续发展瓶颈和难题，为联合国实现可

---

①　王春蕊，河北省社会科学院经济研究所副所长、研究员、博士，研究方向为人口经济、区域经济、创新发展；李雅莉，石家庄理工职业学院副教授，研究方向为可持续发展、区域经济；李耀龙，河北省生殖健康科学技术研究院助理研究员，研究方向为统计分析、区域发展。

持续发展贡献了"中国经验"。国务院从 2018 年开始，本着可复制、可推广的可持续发展原则，先后批复了深圳市、太原市、桂林市、郴州市、临沧市以及承德市 6 个城市为国家可持续发展议程示范区。承德国家可持续发展议程创新示范区作为全国 6 个示范区之一，承担着对内"打造城市群水源涵养功能区可持续发展的标杆"和对外"展示生态文明建设成就的窗口"双重责任，亟须充分发挥生态资源优势，以生态绿色化发展提高承德经济社会高质量发展水平。

二、国家可持续发展议程创新示范区建设现状

从创建主题看，6 个可持续发展议程创新示范城市各有特点，分别从区域、发展阶段、资源禀赋等因素出发，不断提升经济、社会、生态环境之间的协调发展水平，取得了阶段性成效，如图 2 所示。

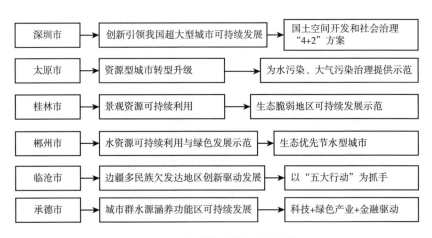

图 2　六大创新示范区建设主体

（一）经济发展稳步推进，产业结构持续优化

获批以来，6 个创新示范城市在经济、社会、生态等领域取得了阶段性成效。

一是各创新示范区经济发展不断向好。深圳、太原、桂林、郴州、临沧和承德经济增长稳步推进，深圳、太原、桂林 GDP 总量分别由 2018 年的24221.98 亿元、3762.63 亿元、1968.70 亿元增加到 2020 年的 27670.24 亿元、

4153.25 亿、2130.41 亿元，呈现稳步增长态势。相比 2019 年，2020 年临沧、承德和郴州 GDP 总量呈现小幅增长，分别增加了 92.21 亿元、62.06 亿元、79.30 亿元。

二是产业结构持续优化。6 个创新示范城市三次产业结构表现为"三二一"，尤其是深圳、太原两市第三产业增加值占比较高，在 60% 以上，其他 4 个地区相比第三产业增加值占比较低。从统计数据看，深圳市第三产业增加值占比由 2018 年的 58.78% 上升到 2020 年的 62.13%，增加了 3.35 个百分点。太原市第三产业增加值占比由 2018 年的 60.92% 增加到 2020 年的 63.01%，增加了 2.09 个百分点。其他 4 个创新示范城市第三产业增加值占比相对平稳。可见，各创新示范城市在产业转型、绿色发展中不断取得了新成效（见表 5）。

表 5　　　　　　　　　各市经济总量和产业结构数据

年份	城市	地区生产总值（亿元）	第一产业（亿元）	第二产业（亿元）	第三产业（亿元）	第一产业占比（%）	第二产业占比（%）	第三产业占比（%）
2018	深圳	24221.98	22.09	9961.95	14237.94	9.12	41.13	58.78
	太原	3762.63	41.59	1429.04	2292.21	1.11	37.98	60.92
	桂林	1968.70	428.51	679.94	1077.85	19.60	21.77	52.29
2019	深圳	26927.09	25.20	10495.84	16406.06	0.09	38.98	60.93
	太原	4028.51	42.48	1518.64	2467.39	1.05	37.70	61.25
	桂林	2105.56	486.38	475.86	1143.32	23.10	23.10	55.07
	郴州	2410.89	271.5	932.48	1209.53	11.26	38.68	50.17
	临沧	759.26	208.96	196.55	353.75	27.52	25.89	46.59
	承德	1471.00	298.00	488.50	684.50	20.26	33.21	46.53
2020	深圳	27670.24	25.79	10454.01	17190.44	0.09	37.78	62.13
	太原	4153.25	32.24	1504.19	2616.82	0.78	36.22	63.01
	桂林	2130.41	484.46	486.48	1159.47	22.74	22.84	54.42
	郴州	2503.10	283.7	967.30	1252.10	11.33	38.64	50.02
	临沧	821.32	242.34	203.84	375.14	29.51	24.82	45.68
	承德	1550.30	336.3	497.50	716.50	21.69	32.09	46.22

资料来源：各市政府工作报告。

（二）依托区位和产业优势，加大对外开放步伐

深圳市积极与联合国开发计划署、亚洲开发银行等国际组织在社会发展、金融发展等领域开展交流合作；郴州市举办湖南—粤港澳大湾区投资贸易洽谈周、第七届中国（湖南）国际矿物宝石博览会、2019 湖南（郴州）节能减排和新能源产业博览会暨节能宣传周（郴州）启动仪式等活动，拓宽矿物宝石、新能源等相关重点领域的产业发展合作。积极探索产学研技术交流合作，与中南大学共同组建郴州市可持续发展产业创新研究院有限公司，着力加强行业共性技术和关键技术研发，促进高新技术产业化平台建设；与中国水利水电科学研究院签署水资源可持续利用与绿色发展技术合作框架协议，为郴州市提供水资源可持续利用与绿色发展的相关技术咨询和支撑。临沧市充分发挥资源和区位优势，主动服务和融入"一带一路"和"辐射中心"建设，全方位推动对外开放，境内有镇康、耿马、沧源 3 个县与缅甸山水相连，国境线长 290.791 千米。有耿马孟定清水河 1 个国家一类口岸和镇康南伞、沧源永和 2 个国家二类口岸，5 条通缅公路，19 条边贸通道，13 个边民互市点，是中国走向印度洋的重要战略节点，通往缅甸皎漂港最便捷的陆上通道，采取与缅甸共建产业合作基地、推动沿边金融综合改革、发展口岸边贸互市贸易、扩大对缅投资等措施，加强对缅合作交流。

（三）城乡统筹发展持续发力，公共服务水平不断提升

深圳、太原和桂林作为第一批创新示范区，通过产业转型和绿色发展，社会公共服务供给能力不断提升。深圳市作为超大城市具有强大的吸引力，常住人口保持增长态势，城乡居民人均可支配收入不仅位居 6 个创新示范城市之首，也在全国处于领先地位。从第二批创新示范区建设看，郴州市通过高铁、机场等基础设施建设加快推进，畅通了城乡交通网络，提升了区域协作水平，加紧对接大湾区，为民生改善提供了强大的物质支撑。尤其是郴州市通过旧城改造吸引众多优秀企业入驻，城市教育、医疗卫生、体育等公共服务水平大幅提升。

三、承德可持续发展议程创新示范区建设取得成效

承德市探索推进森林生态资源经营，培树打造了践行"两山"理念的"一

转三增"模式、生态建设的"塞罕坝模式"、精准扶贫脱贫的"承德模式"以及"承德山水"绿色农业发展模式等可持续发展典型亮点，在全国全省推广。

（一）践行"两山"理念，不断提升水源涵养能力

为了破解示范区水源涵养巩固不稳定难题，承德市向全国公开自然资源资产负债表，在全省第一个制定水源涵养地方立法。一是持续深化山水林田湖草系统治理。通过强力实施退耕还林还草、京津风沙治理等一系列的生态修复工程，大力提升草原综合植被覆盖率，2019年达到73.6%。二是全面推进全水系治理，实施"水污染防治三年百项重点工程"，构建1500条河流的全流域可视化监控体系，实现智能化常态化管理。三是全面推进"减煤、治企、抑尘、控车、增绿"。加大对企业污染排查力度，压减炼钢产能、炼铁产能和煤炭产能，实施204个监测点"点位长"责任制，空气质量在京津冀遥遥领先。四是积极推进土壤污染治理与修复，通过推广测土配方施肥技术、建立化肥减量示范区以及矿石修复等措施，不断改善土地面源污染。

（二）创新帮扶方式，脱贫攻坚成效显著

承德市通过实施"八措并举"，截止到2020年，全市7个贫困县全部摘帽，936个贫困村全部出列，45.6万贫困人口全部脱贫。一是"三零"产业扶贫①。采取"龙头企业+贫困户""合作社+贫困户"等多种方式，帮助农户发展林上、林中和林下经济，带动农民增收，实现全市贫困户产业全覆盖。二是科技扶贫。通过建立食用菌等院士工作站、产业技术研究院等平台载体，以及输送科技扶贫专家服务团、农业科技员下基层等方式，推广先进适用技术和成果，加强对贫困户的技术指导和培训。三是就业扶贫。构建了覆盖县乡村三级的公共就业服务平台，培育认定一批扶贫工厂、扶贫车间，推行"1+3+4"扶贫培训模式，带动了18万人就业。四是推行"632"医疗保障救助扶贫模式，建档立卡贫困人口"基本医保+大病保险+医疗救助"三重保障实现全覆盖，推行先诊疗后付费、"一站式"结算、大病救治等措施，筑牢贫困人口社会保障网。此外，还探索出"政银企户保"金融扶贫、生态扶贫、消费扶贫等模式，有效解决贫困人口的增收和就业难题。

---

① "三零"产业扶贫是指投入零成本、经营零风险、就业零距离的"三零"产业扶贫模式。

（三）培育壮大绿色产业，绿色经济增产提质

在做大做强文化旅游及医疗康养、钒钛新材料及制品、清洁能源三大优势产业基础上，承德市积极培育壮大大数据、绿色食品及生物医药、装备制造三大特色产业，2020 年全市第三产业占比较 2019 年增加 7.42 个百分点。一是加快发展旅游业和康养产业。承德市打造推出了国家"一号风景大道"新业态，并成功入选了国家全域旅游示范区，全力推动"食、药、医、健、游"五位一体融合发展。二是推动钒钛产品转型升级。承德市依托钒产品产能优势，加快钒钛新材料和制品研发，4500 吨亚熔盐法清洁高效提钒生产线达产见效。三是打造国家清洁能源生产应用产业基地。清洁能源电力装机达到 627 万千瓦，被列为全国清洁能源示范市。四是加快发展大数据产业。依托大数据产业基地建设，逐步推动大数据产业向软件开发、数据挖掘、清洗、分析、应用等环节深入拓展。五是着力打造区域农产品品牌。重磅推出"承德山水"和"承德好礼"两大品牌，国家级农业龙头企业达到 7 家，居全省首位，农业产业化经营率达到 71.2%。六是培育壮大仪器仪表、输送装备、汽车零部件等特色产业，特色装备制造业正在加快向"专精特新智"方向发展。

（四）持续完善科技创新，生态创新能力显著提升

承德市制定出台"1 +9 + N"系列科技创新政策，2020 年科技进步对经济增长贡献率达到 56%，比 2019 年提高了 10 个百分点。一是实施培育创新型企业"双倍增"行动。承德市高新技术企业达到 194 家、科技型中小企业 2029 家、科技小巨人企业 72 家，分别比 2016 年增长 4.47 倍、1.26 倍和 0.91 倍。二是打造高质量科技创新平台。积极构建"研究所 + 技术平台 + 工程中心 + 孵化转化中心"四位一体的新型创新创业平台，3 家省级以上高新区示范引领作用进一步显现，11 家省级以上农业科技园区实现县域全覆盖。三是深化区域协作创新。与京津等 76 所高校、科研院校建立长期合作关系，吸引更多科技成果在承德孵化转化，2019 年技术合同交易额达到 41.8 亿元。四是实施高端人才引进计划。建成院士工作站 20 家，博士后科研工作站 8 个，引进省级创新创业团队 15 家，科技型中小企业创新英才 56 名，培育了战略性新兴产业领域人才 1.8 万人，各类专业技术人才达到 12.3 万人。

（五）出台组合政策，可持续发展制度供给能力不断增强

为了加快创新示范区建设，承德市委、市政府制定出台了《关于加快推进承德国家可持续发展议程创新示范区建设的若干政策措施》，河北省政府办公厅印发《关于支持承德市建设国家可持续发展议程创新示范区的若干政策措施》，明确 30 条政策措施，从政策机制、生态环境、绿色产业发展、社会事业发展和科技创新以及基础设施建设等方面出台支持政策，加快推进承德国家可持续发展议程创新示范区。例如，在财政支持方面，2021～2023 年省政府每年给予创新示范区 1 亿元资金支持，创新示范区建设期内，省级科技专项资金每年安排 5000 万元可持续发展重大科技经费，赋予创新示范区更大的改革自主权。

四、发展思路和建议

当前，承德市应充分发挥创新示范区先行先试优势，进一步创新发展思路，通过科技创新做强产业基础，壮大市场主体，提升经济体量，优化营商环境，打造承德特色可持续发展高地。

（一）着力夯实三个基础，持续增强经济发展内生动力

一是夯实产业基础，运用全产业链思维做强"主链"体量。依托现有"3 + 3"产业体系，梳理各产业链，深入分析研究钒钛新材料及制品、绿色食品及生物医药、大数据、清洁能源、特色智能制造等产业图谱和市场细分结构，聚焦区域主导和优势产业环节精准发力，加快完善产业基础设施，引导要素迅速聚集，集中优势资源做大做强主链体量，壮大绿色产业主体。

二是夯实平台基础，提升各类开发区、产业园区能级。进一步梳理各类经济开发区、高新技术产业园区、农业产业园区以及文化产业园区等平台载体，编制开发区名录，结合园区产业特色，加快同一区域各类园区整合，做大做强。围绕钒钛产业、清洁能源产业和装备制造等重点领域，加大国家级研发平台申报建设工作，打造一批重量级、高端化、品牌化园区载体。

三是夯实市场主体基础，形成多业态蓬勃发展之势。实施企业提质升级计划，建立小微工业企业基础信息库，筛选一批有发展潜力的企业作为重点培育对象，精准施策帮助其做强做大。积极推进文化旅游、钒钛新材料及制品、清

洁能源产业，大数据、绿色食品及生物健康、特色装备制造产业跨界融合，以"文创＋工业设计""文创＋农创""大数据＋传统制造"等方式实现传统产业与战略性新兴产业的相融共生。

（二）强化创新型主体培育，大力提升科技支撑能力

一是聚焦可持续发展领域重大技术创新，引进和培育一批创新型企业。围绕水源涵养领域重大技术，大力引进国内外一流科技型企业和研发机构在承德建立分公司（研究院），联合开展水资源保护与利用、水质处理及水环境工程技术的开发研究，为解决水资源可持续利用与绿色发展的瓶颈问题提供技术支撑。

二是围绕绿色产业核心关键技术创新，扶植壮大一批科技型领军企业。发挥创新示范区先行先试优势，鼓励高端装备制造、电子信息、节能环保、生物医药等重点领域企业积极申报国家级和省级产业技术创新重大专项，加大政府等有关部门对企业技术创新成果的奖补力度，力争形成一批填补国内空白的重大创新产品，突破产业转型升级和新兴产业培育的技术瓶颈。同时，围绕产业链关键环节，加快引进先进地区高端化、智能化、绿色化企业和项目入园，打造一批科技型领军企业。

三是加快创新平台提质升级，拓展服务功能生成一批科技型企业。密切与省内外产学研机构合作交流，引进或借鉴先进技术、管理经验，提升服务水平。积极加强与科技部与科技厅沟通协调，争取国家、省级科技人才和技术支持。鼓励和支持有条件的科技企业组建研发平台，加大国家级和省级产业技术研究中心、工程研究中心、重点实验室的培育力度。

（三）加快完善生态资源产权交易体系，探索形成承德特色生态资源市场化模式

一是探索推广 GEP 核算和碳交易系统。完善自然资源资产负债表，探索在环境审计、考核、绿色 GDP 核算等领域的应用。借鉴深圳市盐田区"碳币"经验，在全市范围内推出"城市 GEP"核算体系，将城市生态功能"价值化"，为水、森林、草原、山地、矿产等自然生态资源定价，依托自然资源资产负债表建立自然生态资源数据库和统计监测体系，设立专项资金，以"碳币"形式，对个人、家庭、企业等的绿色环保行为给予激励，形成全域绿色发展良好氛围。

二是健全生态资源资产产权体系。加快构建分类科学、内容完整的承德市、县两级生态资源资产产权体系，积极探索林权、水权、碳排放权、排污权交易，加快自然资源资产交易平台建设。先行先试，探索推进自然资源产权统一登记基础上的自然资源资产权能改革，加快培育生态产品交易市场，探索通过政府管控或设定限额等措施，不断提高生态产品市场需求，加快实现生态资源产品市场价值。

三是创新生态资源价值实现方式。紧紧围绕城市群水源涵养区这一主体功能定位，加快探索建立生态产品价值评估制度，创新"产业生态化、生态产业化"生态经济体系的价值实现方式，利用生态优势提升农产品附加值、利用生态产品发展文化生态旅游、依托绿色技术促进产业迈向中高端、利用生态资产聚集社会资本，探索建立承德市生态资源银行，通过搭建生态资源收储中心、运营中心和绿色金融服务中心等平台，让生态资源价值变现。

（四）强化多领域协同推进，形成发展合力

一是健全多元协同治理机制。生态修复方面，借鉴太原市生态修复和产业开发"二八"模式，积极吸引社会资本参与。聚集可持续发展和绿色产业，以生态产品生产者为载体，构建"责任 + 激励 + 约束"三位一体生态治理新机制，强化无为问责和有为激励，形成政府、行业、企业和社会资本共同参与的生态治理模式。

二是完善部门协同联动机制。梳理细化创新示范区各项支持政策，结合各级各部门职能分工，形成省、市、县三级政策任务落地清单，强化各级各部门协调联动，破除行业和部门体制机制障碍，在资金拨付、项目支持和人才流动等方面实现"零门槛"对接，强化各级各部门协同作用力，为创新示范区建设夯实体制机制保障。

三是优化城乡协调联动一体化机制。实施城市品质提升行动，加快提高承德市城镇化质量，加强城市对乡村辐射带动力。结合乡村振兴战略，大力提升乡村城镇化水平，充分发挥乡村自然资源特色，加强康养小镇和少数民族特色村镇建设，通过有序引导城乡人口、资源、要素双向流动，增强城乡经济发展活力。

（五）优化营商环境，打造承德特色绿色发展名片

一是树立绿色招商理念，开展全球招商。围绕"3 + 3"绿色产业体系开

展产业链精准招商，以各类开发区和产业园区为载体，结合创新示范区重大项目建设，绘制各个产业链招商图谱，编制招商目录，开展精准招商、定向招商，加快吸引创新资源、要素在承德落地。

二是创新招商方式，提升服务供给。实行"线上＋线下"联动招商，引进专业化招商团队，瞄准国内外市场开展招商策划活动。加强"问策于企"模式创新，从企业合理需求出发，围绕人才、项目、企业实际需求，实行"一事一策"，加大政策吸引力，做好人才引进的相关住房、子女入学、老人赡养、家属就医等配套性服务，切实改善创新示范区政策土壤。

三是加强营商环境监测评价。围绕政务环境、市场环境、法治环境、人文环境、改革创新环境五方面构建营商环境评价指数，对承德市和各区县营商环境进行定期监测评价，形成承德绿色发展营商环境评价机制，及时针对存在问题出台解决措施，以优化营商环境引领自贸区改革创新，提高服务精准度。

参考文献

［1］王秋蓉：《强化科技引领　举全社会之力推进可持续发展——访中国科学院院士、中科院空天信息创新研究院研究员郭华东》，载于《可持续发展经济导刊》2020 年第 Z1 期。

［2］朱磊、陈迎：《"一带一路"倡议对接 2030 年可持续发展议程——内涵、目标与路径》，载于《世界经济与政治》2019 年第 4 期。

河北省其他地区积极融入雄安产业链创新链的合作载体、联动措施与对策建议

高自旺　陈　璐①

摘　要：发挥雄安对河北省乃至京津冀地区的辐射带动作用是建设雄安"协调发展示范区"的历史使命，是创造"雄安质量"的必然要求。河北省其他地区理应参与并融入雄安建设发展的全过程，通过衔接对接雄安发展努力实现协同共进。本报告回顾了现有相关文献，研究了河北省其他地区对接雄安建设、承接雄安未来科技成果转化的新方向，提出了产业愿景、区域布局、平台载体、联动措施等新思路与对策建议。

关键词：产业链创新链　城市分工　空间布局

一、引言

随着雄安新区规划建设向纵深推进，一系列重大疏解项目将逐步落地雄安，高科技密集型产业、尖端技术等创新资源也将加速在雄安聚集。未来雄安产业能级将迅速提高、科创水平将全面攀升、发展环境将日新月异，若雄安周边地区不能实现与雄安在产业链创新链上的一体化融合，将会导致两者之间科创与产业断崖式落差，不仅存在形成区际产业协调发展"新鸿沟"的风险，雄安也极有可能变成一座不能辐射河北发展的"科技孤岛"。因此，应站在国家战略、千年大计的高度，从河北省实际出发，探索制定一系列河北省其他地区融入雄安产业链创新链的联动措施，促进其他地区主动对接衔接雄安建设与发展，提高雄安对其他地区的辐射带动效能，力争为全国提供区域协调发展的

---

① 高自旺，河北省社会科学院经济研究所助理研究员，研究方向为区域经济；陈璐，河北省社会科学院经济研究所所长、研究员，研究方向为区域经济、产业经济。

"雄安样板"以及可借鉴可复制可推广的经验。

二、文献回顾与理论分析

城市间竞争合作是城市发展研究长期关注的重要问题。河北省其他地区如何融入雄安新区产业链创新链，其实质是作为中心城市的雄安新区与以周边地区为代表的边缘城市如何分工合作以共同发展进步的城市经济学问题。与本研究相关的文献主要涉及三部分，一是中心城市抑制边缘城市发展的负面影响，如耳熟能详的虹吸效应、集聚阴影理论等；二是边缘城市通过"借用规模"得以与中心城市联动发展的"借用规模"理论；三是针对雄安新区规划发展及城市间合作发展的应用对策研究。

（一）中心城市抑制边缘城市发展理论分析

城市之间空间竞争的加剧，会导致一个小城市所拥有的功能少于其应具备的功能，小城市不仅没有因邻近大城市获得发展，反而发展受到抑制，学界将这种现象称为"集聚阴影"。分散到小城市的企业会产生获取大城市特定服务的成本，如金融服务。显然，城市群多中心结构的中心城市间交通成本比单中心结构的中心城市内成本高，可能阻碍要素充分流动、市场高效整合和知识有效溢出。张浩然和衣保中（2012）发现单中心城市群结构可以更有效提高城市群生产率。孙东琪等（2013）认为大城市和小城市之间产业关联较弱会导致集聚阴影。陈玉和孙斌栋（2017）实证发现京津冀城市群存在集聚阴影，这是城市间发展落差大、存在"环京津贫困带"的重要因素。黄春芳和韩清（2019）从高铁运营角度出发，研究发现远离高铁站80～260分钟的区域会存在城市集聚阴影。集聚阴影是集聚负外部性的重要表现，集聚外部性的作用会随着距离衰减，然而，如何削减这种集聚负外部性的负面影响，积极带动城市群内边缘城市良好发展，现有研究并未给出明确的答案，特别是仍需要从应用对策的角度策划有效的路径，以提高边缘城市的功能重要程度，融入中心城市的产业分工体系中。

（二）边缘城市向中心城市"借用规模"谋发展理论分析

城市发展历程中，集聚经济与集聚不经济共同影响着城市群整体发展成效，这也导致了学界关于优先发展大城市还是优先发展中小城市的差异性观点。不可忽视的是，中心城市对边缘城市产生集聚负外部性影响的同时，可能也会以网络正外部性带动边缘城市发展。1973 年，经济学家阿隆索提出了借用规模理论，该理论表征城市间关系，其具体是指由于临近关系致使小城市们得以依靠大城市增强发展优势，小城市群的整体规模可以发挥中心大城市一般的功能。城市系统中城市间相互关联，相比单个大城市的作用，相互作用的城市群落具有更大的发展潜力。而位于小城市的居民可以享受大城市的消费物资，商家可以使用大城市的各类生产性服务，使得邻近大城市的小城市也具有发展优势（王飞，2017）。王飞认为借用规模的城市关系可以区分为三类：一是邻近大城市的小城市借用其规模；二是小城市间的规模借用；三是非邻近大城市型小城市由城市网络得以借用大城市的规模效益。而刘修岩和陈子扬（2017）提出城市间不只有规模的借用，还有功能的借用，因此在借用规模理论下，城市间关系存在借用规模和借用功能两大类，并进一步实证检验了两种关系对城市生产率的积极影响，但也存在随地理距离而削减的情况。姚常成和宋冬林（2019）认为单个大城市发展的相关理论不足以解释中国城市群的发展，其实证研究了我国大城市群中的借用规模、网络外部性的集聚作用，发现在多中心城市群内中小城市可以分享大城市的集聚利好，而单中心城市群发生了集聚阴影现象。现有文献对中心城市和边缘城市，以及城市群空间结构进行了深入探讨，整体上认为中心城市对边缘城市的影响具有两面性，因此亟须充分引导中心城市对边缘城市的带动作用，而这正是本报告所研究的核心内容。

（三）雄安新区与周边地区联动发展相关研究述评

雄安新区诞生在世界级城市群建设、南北失衡、北京"大城市病"、京津冀落差过大的多重背景下（李兰冰等，2017）。一方面，北京面临人口过多、资源不足、环境恶化、城市成本膨胀的"大城市病"问题，这是建设雄安新区的关键出发点（蔡之兵，2017）。另一方面，北京作为京津冀城市群最重要的中心城市，无法与周边城市形成良好的分工协作，因此建设雄安新区，通过"北京—雄安—河北其他地区"的分工主干系带动河北省整体发展，而雄安新区作为河北省内的一个中心城市带动其他地区发展，是河北省应该重视的城市发展问题。李兰冰等也认为世界级城市群演化过程的最后阶段是多中心城市群不断增强跨国界集聚能力，而这就需要中心城市对整个城市群区域的全面带动。雄安新区建设正是完善京津冀城市群内的中心城市体系，使城市群依靠具有梯度叠加力量的"主要中心城市—次要中心城市—边缘城市"系统实现整体性发展。现有文献关于雄安新区的研究，大多是围绕雄安新区本身发展的理论分析与对策研究，而关于雄安新区对周边地区带动发展的相关研究仍然较少。叶振宇（2017）认为应该加强区域规划的引导，加快制定推动雄安与京津冀其他城市融合发展的配套政策，加强跨区域协调等。王双（2019）重点分析了雄安新区建设将加速环渤海开发、加快东北亚区域竞合，以及有利于打造北方地区增长极等影响，但并未阐述如何强化雄安与其他城市合作。边杨（2019）实证研究了雄安新区建设对冀中南城市有重大发展利好，并指出要加快交通网络建设、提高冀中南集聚能力等建议。但上述文献都未从区县层面分析雄安新区的辐射带动机制。孟祥林（2017）在区县层面，对雄安新区周边地区的发展组团进行划分，提出了环雄安小城市带的概念。武义青和冷宣荣（2019）认为雄安周边地区需强化规划对接、产业错位发展、加强交通对接与智力对接。但是均未对周边区县如何融入雄安发展给出清晰路线。

综上所述，现有研究关于城市间关系、中心城市对边缘城市影响的探讨较多，但并未针对雄安新区与周边地区有效合作策划出具体的发展路线图及相应的对策建议，本报告正是立足于此，展开深入的分析，阐述并描绘出河北省其他地区融入雄安产业链创新链谋发展的蓝图。

三、聚焦雄安大规模城市建设，推动河北省传统优势产业借力提升

（一）目标方向：构建"雄安基建—制造升级"的内循环经济系统

加强雄安基建对产业发展的投资乘数效应向河北省其他地区溢出，促进河北省其他地区共享"雄安红利"。聚焦两个方向：一是积极争取雄安基建的主力军——国内基建头部企业在雄安周边县市布局建设基建产品及其配套零部件的制造基地，供应雄安新区建设；二是积极引导现有传统县域特色产业集群或制造业基地围绕雄安新区建设需求主动转型、提档、升级产品和技术，实现产业链供应链融入雄安建设。

（二）产业瞄准："三大三小"传统制造业与雄安建设同步发展

围绕雄安高标准基建及北京疏解医院、学校、企业项目的相关需求，着力

在雄安基础设施建设和生态建设所需的"三大"（钢铁、建材、装备制造）和"三小"（金属加工、绿色建筑、电子器械）等领域着力布局，重点支持节能环保型工业企业扩大产能，加快引导企业研发新技术、新产品、新标准，加强生产工艺数字化、智能化、绿色化变革，在满足雄安开发建设需要的同时，推动新时期河北省优势传统产业在转型升级之路上有新突破。

（三）区域载体：加快构建"1+5+10"支撑体系

"1"是指将全省唯一一个国家级产业转型升级示范区——唐山市，作为开展融入雄安产业链、供应链的重大试验平台，探索规划建设一个综合性对接雄安建设的产业公共服务平台。

"5"是指加强迁安（钢铁）、邯郸冀南新区（特种管材）、盐山（金属深加工）、沙河市经济技术开发区（玻璃及深加工）、廊坊经济技术开发区（电子信息）5个国家级新型工业化产业示范基地对相关领域的重点合作支撑，利用好国家级产业转型示范平台群体，侧重于开展各自优势领域对接雄安建设的产业升级试验。

"10"是指规划建立10家"对接雄安建设产业链供应链合作示范基地"。以服务雄安建设为区域合作方向，围绕雄安基建市场需求，在衡水、保定、沧州、廊坊等雄安外围县（市、区）率先认定、培育10家具有一定产业基础和较大发展潜力的开发区（园中园），作为区域合作平台，制定支持政策措施引导相关企业集聚，推动实施以大型企业为动力核心，实施提升产业链现代化水平的"产业四新工程"（打造新技术、新工艺、新产品、新标准），鼓励大型企业开展并购重组，促进河北省传统产业高效、有序整合。

四、围绕建设雄安科技创新策源地目标，探索河北省其他地区战略性新兴产业衔接布局的发展模式

（一）目标方向：推动形成"雄安研发—河北智造"的区域发展新格局

围绕雄安新区科技创新策源地建设，依托政策制度创新推动河北省其他地区积极招引雄安科技成果转化落地，加快高科技产业融入雄安创新链，瞄准"雄安研发—河北智造"的目标方向，建立健全雄安科技成果转化渠道，促进

雄安高科技产业链向周边地区延伸，支持其他地区大力发展与雄安高科技相配套的高端制造业，努力建设促进雄安科技"在冀产业化"。

（二）产业愿景：围绕"卡脖子"技术，布局发展"三类"产业，打造全国高科技产业供应链安全保障重要基地

按照雄安新区的相关规划，未来雄安将布局人工智能、新一代通信、生物及生命健康、网络安全和国防领域的国家重点实验室，突破一批关键共性技术、"卡脖子"技术、前沿引领技术、颠覆性技术和现代工程技术等，力争成为国际性重大科学、原创技术的重要策源地，重点发展新一代信息技术产业、现代生命科学和生物技术产业、新材料产业、高端服务业等。围绕雄安新区未来科技创新和高端产业发展重点，依托环绕雄安和高铁节点的优势，加快优化营商环境和完善城市功能承载能力，在国家高科技供应链安全保障的举国体制下，积极促成与雄安新区科技研发及成果转化链条的深度融合，大力发展与新区尖端产业相适应的转化产业、配套产业和服务产业等三类产业，努力形成未来新区高端高新产业外溢的理想"落脚点"，实现"发力新智造、发展新业态、创建新引擎"。

（三）区域载体：构建"一环一带多点"的科技产业空间一体化发展结构

"一环"：雄安科技成果转化战略隆起环。该发展区域包括清苑区、徐水区、定兴县、高碑店市、固安县、霸州市、文安县等毗邻雄安新区的县（市、区）。其中，清苑区与徐水区作为西部组团，积极联合外延的莲池区与竞秀区等保定城区，加快组团式承接雄安高科技转移转化步伐，加速"雄保同城化"进程、加强产业一体化发展，建设雄安科技溢出集中承载区。定兴县与高碑店市作为北部组团，立足优质产业基础，重点加强新一代装备制造业、绿色生态农业等产业领域的科技转移转化。固安县、霸州市与文安县作为东部组团，依托京雄城际、京九铁路沿线，深化承接京津雄协作及雄安高端科技转化功能，重点加强电子信息、生物医药、新材料等产业领域的高科技产业化。

"一带"：雄衡沿线"金如意"产业带。该发展区域北起雄安白洋淀，经高阳县、任丘市、肃宁县、蠡县、安平县、饶阳县、深州市、桃城区、冀州区、滨湖新区等京雄商高铁沿线县（市、区），南至衡水湖，正如一个"如意"镶嵌在冀中南大地上。"金"寓意该产业带要对接雄安尖端科技高新产

业、奋力发展配套产业，重点加强"新智造"产业培育发展，将"新智造"产业建设成"两高一强"（创新水平高、经济效益高、带动能力强）的"金"品产业。加快研究制定雄安"南拓战略"，将"雄衡沿线'金如意'产业带"打造成支撑冀中南崛起的新动脉。

"多点"：指沿着以雄安为中心向外散射的快速交通轴线，依托具有一定土地利用潜力的开发区，在全省布局多个对接雄安科技成果转移转化、"新智造"发展潜力较大的"产业协作区"。通过实施试点，完善培育机制，加强政策支撑，培育一批对接雄安顶尖科技转化的高端高新产业发展示范区域，以点带面引领河北省其他地区加快融入雄安产业链、创新链。

五、促进河北省其他地区加快融入雄安产业链创新链的联动措施与对策建议

（一）加快顶层设计和推进机制构建，谋划实施"双百项目"年度行动计划

一是建立河北省其他地区全面融入雄安的"1+2+N+X"发展规划体系，即1个战略性总体规划、2个重要产业带（环）规划、N个重点区域载体（产业协作区）专项规划以及X个配套工作方案，统筹协调相关的国土空间规划、城市建设规划等。

二是支持鼓励全省其他市县设立融入雄安建设的产业协作区领导小组，建立高效顺畅的组织领导机构和工作协调渠道。

三是实施"双百项目"年度行动计划，制定相关政策措施，力争每年雄安与河北省其他地区签订的科技成果转化和产业合作项目达到一百个以上，达成一百亿元以上投资额，通过"双百项目"年度行动计划，加快落实一批具有产业发展示范意义的项目。

四是建立"链长制+包联制"推进机制。打造雄安开发合作的"神经中枢"，充分发挥传统产业"链长"企业作用，依托"链长"企业牵头反映各企业参与雄安建设的问题障碍，实施政府领导或部门"包联制"破解难题，设立"链长制+包联制"工作台账，强力促进各地区优势产业参与雄安建设，精准引导产业链现代化水平提升等。

（二）创新对接衔接举措，打造与雄安联动的试点示范平台

一是实施"雄安建设专项商品对接季"行动。探索在雄安周边城市创办常态化的"雄安建设供需产品博览（展销）会"，将产品品牌、商业促销和文化活动相结合，搭建、运营专项对接服务平台，双向引导雄安与河北省其他地区开展产业合作，逐步发展成为全国知名展会和节庆。

二是鼓励支持设立"逆向科创飞地"平台。鼓励各地高新区（开发区）、省内龙头企业依托雄安顶尖科研研发资源在雄安建立专业化"逆向科创飞地"，研究制定相关支持政策措施，通过与雄安的科创平台、研发机构、孵化基地等的合作，将高新区、企业的"最强大脑"落在雄安，打造"创新前哨"，探索推动"借梧引凤""借梯登高"式创新驱动发展的新模式。

三是建立"对接雄安·冀刻发展"服务平台。推动建立对接雄安的综合性服务平台，包括发展战略项目服务平台、发展战略要素服务平台、发展战略政策发布平台等公共服务子平台，引导企业、创业团队、科研团队等依托对接、承接雄安科技资源实现超常规发展。

四是建立"大雄安"创新创业示范基地联盟。推动构建"雄安研发、本土转化"的创新创业孵化全链条体系，规划布局一批与雄安研发成果衔接的创新创业孵化示范基地、中试基地，大力推动雄安科技成果转化、促进相关重点领域创新、吸引青年创业者创新创业。

（三）围绕"产业协作区"功能发挥，加快构建具有精准靶向作用的多层次政策保障体系

一是加大投融资政策创新。建设企业投融资云平台，探索已有各类产业投资（风投）基金对"产业协作区"承接高端高新项目的融资支持方式。积极探索未来雄安数字金融新业态新模式对相关开发区、园区基地的投融资支持，并在"一环、一带、多点"中选择试点示范区域。

二是制定专项人才资源政策。探索实施"逆向科创飞地"或"产业协作区"高层次人才引育工程，推动河北省其他地区引进"海鸥"型人才、"候鸟"型人才、常驻型人才等。推动河北省其他地区制定"雄安人才飞地"专项支持政策，探索建立"人力资源 Uber 平台"（共享拼搭人才智力平台）和高端人才"双聘制"，探索建立"双向离岸"的海外人才利用新模式。

三是增强科技政策支撑能力。支持"产业协作区"内科研机构建立省级

产业技术研究院、省级技术中心等科创平台，率先采取研发合同制、项目经理制、"揭榜挂帅"、赛马制等科研攻关新方式。

（四）实施"产业新社区"创建试点工程，增强"产业协作区"承载活力和能力

"产业新社区"是指经济技术开发区、高新区、自贸区等经济功能区，通过构建全域或局部区域的产业生态圈来吸引人才、技术、资金、物流、信息等要素高效配置和聚集协作，形成集设计、研发、生产、消费、生活、协作、生态多种功能于一体的新型社区。创建"产业新社区"是近年来先进省份解决产业链创新链脱节、园区新基建不专业、平台载体服务与产业脱节、创新环境老旧等现实问题的新途径。加快河北省其他地区融入雄安产业链创新链进程，可考虑在"产业协作区"内试点探索创建"产业新社区"，具体措施有三个。一是在"产业协作区"的核心区规划建设高品质科创空间。试点组建一批科创空间管理运营实体，制定一套针对性强、务实有效的专项政策及实施细则。二是强化产业新社区关键资源要素保障。在产业新社区率先开展新型产业用地（MO）政策试点，深入实施产业新社区高端人才安居行动计划，精准开展市场化投融资服务。三是促进生产、生活、生态融合发展。分类推进产业新社区专业化基础设施建设，超前规划布局"产业智慧社区"，提升产业社区公共交通、公共服务配套等生活服务便利度，建设"公园城市"小尺度示范区，构建产业新社区绿色生态开敞空间和优越诱人的自然生态环境。

六、结论与讨论

本报告基于城市分工合作、产业区位布局、产业链创新链协作，提出了河北省其他地区与雄安产业链创新链融合发展的具体路径，即构建"雄安基建–制造升级"的内循环经济系统、推动形成"雄安研发—河北智造"的区域发展新格局等城市群功能分工路线图，并提出了推动其加快落实的对策建议。未来雄安新区发展加速，北京、天津、雄安及河北省其他地区的产业关系将更加复杂化、多元化，在依靠决策层以政策工具进行干预，促进雄安与河北其他地区互动发展的同时，更应该注重充分发挥城市间联动之自主性、市场配置之高效，如充分发掘民营经济之活力，壮大民营产业、资本，形成雄安与河北其他地区融合之内生力。然而如何实现其内生力，有待进一步研究论证。

参考文献

[1] 边杨：《雄安新区建设对京津冀地区城市经济增长的影响研究》，载于《生态经济》2019 年第 4 期。

[2] 黄春芳、韩清：《高铁线路对城市经济活动存在"集聚阴影"吗？——来自京沪高铁周边城市夜间灯光的证据》，载于《上海经济研究》2019 年第 11 期。

[3] 李兰冰、郭琪、吕程：《雄安新区与京津冀世界级城市群建设》，载于《南开学报（哲学社会科学版）》2017 年第 4 期。

[4] 刘修岩、陈子扬：《城市体系中的规模借用与功能借用——基于网络外部性视角的实证检验》，载于《城市问题》2017 年第 12 期。

[5] 孟祥林：《京津冀协同发展背景下的雄安新区城市体系与子城市团构建》，载于《上海城市管理》2017 年第 3 期。

[6] 孙东琪、张京祥、胡毅、周亮、于正松：《基于产业空间联系的"大都市阴影区"形成机制解析——长三角城市群与京津冀城市群的比较研究》，载于《地理科学》2013 年第 9 期。

[7] 王飞：《城市借用规模研究综述》，载于《现代城市研究》2017 年第 2 期。

[8] 王双：《雄安绿色崛起：对周边地区影响的四重考量与分析》，载于《生态经济》2019 年第 12 期。

[9] 武义青、冷宣荣：《推动建立雄安新区与周边地区协同发展新格局》，载于《燕山大学学报（哲学社会科学版）》2019 年第 4 期。

[10] 姚常成、宋冬林：《借用规模、网络外部性与城市群集聚经济》，载于《产业经济研究》2019 年第 2 期。

[11] 叶振宇：《雄安新区与京、津及河北其他地区融合发展的前瞻》，载于《发展研究》2017 年第 7 期。

[12] 张浩然、衣保中：《城市群空间结构特征与经济绩效——来自中国的经验证据》，载于《经济评论》2012 年第 1 期。

对标全国百强县 推动河北省县域经济高质量发展

王素平 梁世雷 吴 譞①

摘 要：县域是全面建设现代化经济强省美丽河北的战略支撑，是实施乡村振兴战略的主战场，实现全省高质量发展基础在县域、短板在县域、潜力在县域。本报告从河北省县域经济与全国百强县的对比分析入手，剖析了全省县域经济发展存在的突出短板和问题，总结了新时代县域经济发展的新趋势，并从特色产业振兴、中心城市带动、先进要素汇聚、营商环境再造、政策精准支持五个方面，提出了推动河北省县域经济高质量发展的重大行动。

关键词：河北省 百强县 县域经济 高质量发展

县域强则省域强。当前，河北省仍处在转变发展方式、优化经济结构、转换增长动力的关键期，县域经济发展直接关系全省顺利跨越重大关坎，实现高质量发展。为此，我们对标全国百强县，对河北省县域经济进行了多维度分析，总结了新时代县域经济发展新趋势，有针对性地提出了推动县域经济高质量发展的对策措施，以期为政府部门决策提供参考和依据。

一、对标百强，剖析河北县域经济发展突出短板和问题

与全国百强县相比，河北省县域经济存在整体发展水平偏低、结构调整缓慢、活力动力不足、营商环境不优等问题，突出表现在五个方面。

---

① 王素平，河北省宏观经济研究院研究员，研究方向为宏观经济；梁世雷，河北省宏观经济研究院副研究员，研究方向为区域经济；吴譞，河北省宏观经济研究院副研究员，研究方向为产业经济。

（一）整体发展实力偏弱

作为东部省份，河北省仅有 2 个市进入全国百强县，与沿海的江苏（25 个）、浙江（18 个）、山东（15 个）三省差距悬殊，甚至不如河南等中部省份。

从经济总量看，如表 6 所示，2020 年，河北全省县域经济总量 20042 亿元，县均生产总值只有 169.8 亿元，仅为江苏的 1/6，不足浙江的 1/3、山东的 1/2。[①] 全省 118 个县（市）中，地区生产总值超 200 亿元的只有 29 个，超 300 亿元的只有 14 个，超 500 亿元的仅 4 个，分别占总数的 24.5%、11.9%、3.3%，同期江苏相应占比分别为 100%、100%、82.5%，浙江为 77.3%、62.2%、41.5%，山东为 83.7%、48.7%、23.0%，河南为 78%、41.9%、10.5%。[②] 河北省仅迁安市进入千亿元俱乐部，江苏、浙江、山东 GDP "千亿县" 分别有 16 个、9 个、2 个。[③]

表 6　　　　　　　　　　2020 年部分省份县域生产总值分布　　　　单位：个

产值	河北省	江苏省	浙江省	山东省	河南省
200 亿~300 亿元	15	0	8	27	39
300 亿~500 亿元	10	7	11	21	32
500 亿元以上	4	33	22	18	11

注：截至 2020 年底，江苏省共有 40 个县（市）、浙江省 53 个县（市）、山东省 78 个县（市）、河南省 105 个县（市）。

资料来源：根据《河北统计提要 2020》、2020 年河北省国民经济和社会发展统计公报等有关数据整理和计算。

从一般公共预算收入看，如表 7 所示，2020 年，河北省 118 个县（市）一般公共预算收入 10 亿元以上的 44 个，20 亿元以上的 14 个，50 亿元以上的 4 个，分别占总数的 37.2%、11.8%、3.3%，同期江苏省相应占比分别为 100%、97.5%、42.5%，浙江为 88.6%、64.1%、37.7%，山东为 93.5%、

---

① 数据来源：根据《河北统计提要 2020》《2020 年河北省国民经济和社会发展统计公报》数据计算。

② 数据来源：根据《河北统计提要 2020》、https：//tieba.baidu.com/p/7246024703 数据计算。

③ 数据来源：根据 https：//www.sohu.com/a/481652171_378413 数据整理。

48.7%、15.3%，河南为72.3%、20.9%、4.7%。① 位居河北省榜首的迁安市仅61亿元，而江苏、浙江、山东100亿元以上的县分别有6个、4个、2个。

表7　　2020年部分省份县域一般公共预算收入规模分布　　单位：个

收入规模	河北省	江苏省	浙江省	山东省	河南省
10亿~20亿元	30	1	14	35	54
20亿~50亿元	10	22	13	26	17
50亿元以上	4	17	20	12	4

注：截至2020年底，江苏省共有40个县（市）、浙江省53个县（市）、山东省78个县（市），河南省105个县（市）。

资料来源：根据《河北统计提要2020》《2020年河北省国民经济和社会发展统计公报》、https：//www.163.com/dy/article/G23JNCLM0519AAE3.html、https：//www.sohu.com/a/453712587＿120148311、https：//ishare.ifeng.com/c/s/v002wGuiQuKqe2FS0ZqWnRCGM9GrXR48EXGoL5bCwB8Z－＿Z4＿、https：//baijiahao.baidu.com/s？id＝1702593521414934148&wfr＝spider&for＝pc有关数据整理和计算。

从百强县数量看，2020年，河北省仅迁安、三河2市入围全国百强县，分别位于第二方阵和第三方阵；江苏省入围25个（总共40个），其中5个位于第一方阵；浙江入围18个（总共53个），其中2个位于第一方阵；山东入围13个（总共78个），其中1个位于第一方阵。

（二）产业支撑能力不足

河北省县域产业以自发形成的传统产业为主，总体存在结构失衡、层次偏低、特色化差异化发展不足、节约集约水平不高等问题，产业链价值链"低端锁定"明显，转型升级任务十分艰巨。从第二产业比重看，作为县域经济发展的主引擎，全国百强县第二产业占地区生产总值比重平均高达48.6%，而2020年河北省县域第二产业占比仅为37.0%，低于百强县11.6个百分点，近2/3的县第二产业占比低于35%，产业存在空心化隐忧。② 从产业层次看，

---

① 数据来源：根据https：//www.163.com/dy/article/G23JNCLM0519AAE3.html以及https：//www.sohu.com/a/453712587＿120148311和https：//ishare.ifeng.com/c/s/v002wGuiQuKqe2FS0ZqWnRCG-M9GrXR48EXGoL5bCwB8Z－＿Z4＿数据计算。

② 根据《河北统计提要2020》、https：//www.sohu.com/a/481652171_378413有关数据整理。

河北省县域工业多为中低端制造业、能源原材料产业，以初级加工、贴牌加工为主，战略性新兴产业和现代服务业发展明显滞后，县域创新体系基本不健全，高端要素吸纳承载能力存在明显短板。从产业特色看，县域产业多集中于钢材加工、汽车及零部件、食品等领域，产业优势、地方特色挖掘不够，产业同构、产品同质问题比较突出。从产业集群看，项目布局混杂，龙头牵引缺乏，产业配套不完善，企业集而不群、关联性弱，产业链短、能级低，2019年河北省营业收入超百亿元县域产业集群仅 51 个，与江苏、浙江、山东等县域经济强省差距显著。

（三）中心城市带动有限

河北省中心城市发展滞后，与先进省份相比，对县域经济发展的引领带动作用偏弱。2020 年河北省前 30 强的县（市）主要分布在沿海和环京津地区，其中沿海地区共 15 个，环京津地区 9 个，石家庄 3 个，邯郸 2 个，邢台 2 个。从省会城市的带动作用看，同样作为省会，郑州的带动作用远远大于石家庄，2020 年郑州近郊县新郑、巩义、新密、荥阳均入围全国百强，而石家庄近郊县中只有正定（15 名）、平山（20 名）2 个县入围全省前 30 强。从沿海城市的带动作用看，山东省沿海城市中有多个县（市）入围全国百强，如龙口、莱州（烟台），胶州、平度（青岛），荣成（威海），寿光（潍坊），而河北省秦皇岛、唐山、沧州三市虽有 15 个县（市）入围全省 30 强，占总数的一半，但仅迁安入围全国百强，经济实力差距甚大。从都市圈的带动作用看，以江苏省为例，百强县中有近一半处在上海周边，尤其是位于第一方阵的昆山、江阴、张家港等县均集中在上海附近的苏州、无锡两市，而河北省环京津地区虽有 9 个县（市）入围河北省前 30 强，但仅三河入围全国百强。从地级市的带动作用看，以浙江为例，地级市温州近郊县瑞安、乐清，宁波近郊县慈溪、余姚，台州市的温岭均入围全国百强，对比河北省邯郸、邢台均只有两个县（市）入围河北省前 30 强。①

（四）发展动力活力不强

从科技水平看，2019 年，昆山市新增科技型中小企业 663 家，每万人发明专利拥有量高达 65.53 件。而河北省迁安市新增科技型中小企业仅 150 家，

---

① 根据《河北统计提要 2020》、https：//www.sohu.com/a/481652171_378413 有关数据整理。

总数只有 607 家，万人发明专利拥有量仅 1.58 件。三河市新增省级科技型中小企业 228 家，远远低于昆山市水平。从经济外向度看，2019 年，昆山市完成进出口总额 826.72 亿美元，其中出口 557 亿美元。而同样列入全国百强县的迁安市进出口总额 172.0 亿元，其中出口总额 21.5 亿元；三河市进出口总额 14.5 亿美元，其中出口总额 1.2 亿美元，都远远低于昆山市。昆山市实际使用外资 7.84 亿美元，而迁安市为 1.56 亿美元，三河市为 1.23 亿美元。从市场主体看，2019 年末昆山全市拥有市场主体 516688 户，而河北迁安拥有市场主体只有 79905 户，市场主体数量远低于昆山。①

（五）营商环境相对欠佳

经过多年改革发展，县域营商环境和政务效率有了极大改善、提高，但与先进省份相比，仍然存在较大的差距。从制度执行看，多年来全省持续推进行政审批制度改革，河北省县（市）在审批时效等明文标准上，与先进地区差异不大，甚至有一些方面已经领先，但在具体执行中，工作人员服务专业性差、服务能力差等现象依然存在，态度好但不作为、慢作为等现象时有发生，特别是在市场主体和群众不了解的政策领域，仍有不依法依规办事现象。从政务诚信看，招商引资仍存在"玻璃门""弹簧门""旋转门"等现象，对市场主体的服务态度、要素供给等，看背景、看心情等现象依然严重。从服务意识看，官本位思想依然存在，为人民服务、为市场主体服务的意识还不够强，在行使行政职能时缺乏边界，认为企业应该围着政府转等意识还在作祟，干扰执法、扰乱企业运营、侵犯企业合法权益的现象还个别存在。

二、明确方向，把握县域经济高质量发展新趋势

当前，我国县域经济已进入高质量发展的新阶段，面临着新发展格局加速构建、城市群建设持续推进、创新驱动战略深入实施、产业链供应链现代化水平加快提升等新形势，县域经济发展也呈现一系列新变化。

---

① 数据来源：根据 2019 年迁安市、三河市、昆山市三地政府工作报告、国民经济和社会发展统计公报数据整理。

（一）融入城市群成为县域经济强势崛起的重要特征

近年来，新经济发展浪潮风起云涌，交通枢纽化和城市群一体化快速推进，新型城镇化形态向城市群、都市圈、城镇带等不断演进，在这一过程中，城市群的功能、结构、节点加速重构，越来越多的县域经济加速融入都市圈和城市群发展格局中，中心城市、都市圈和城市群对县域经济的统合能力和引领带动作用越来越强。从河北省来看，全省前30强县（市）中，超过3/4的县（市）位于沿海城市群和环京津城市群。从外省来看，入围全国百强的县中，山东集中在沿海城市群，江苏集中在上海、苏州、无锡城市群。从江浙区域来看，两省位于长三角城市群，共入围全国百强县43席，占全国百强县榜单数量的近一半，在全国县域经济高质量发展方面占据引领地位。由此可以看出，融入城市群发展已经成为县域经济强势崛起的重要特征，而且，城市群中核心城市的数量越多、能级越高，其辐射范围越广、影响力越大，对县域经济的引领带动作用越强。

（二）"成群""成链"成为县域产业发展的重要方向

随着现代制造技术的发展，产业之间的竞争已经从技术、产品和企业之间的竞争，转向了以支撑平台和生态系统为主导的竞争，产业链的聚合能力和现代化水平日益成为赢得竞争的关键。先进省份纷纷遵循县域经济发展规律，适应生态系统竞争范式，将培育壮大特色产业集群作为提升县域经济竞争力的重要路径，大力推进产业集群化、链条化发展。在专业市场建设方面，福建晋江市加快中国鞋都、国际鞋纺城等大型专业市场建设，产业集群规模已超千亿元，运动鞋产量占全球20%，品牌男装产量占全国25%。在产业集群化发展方面，山东滕州依托机床龙头企业推动"抱团"式发展，2018年全市机床企业发展到700家，主营业务收入超700亿元，中小型机床国内市场占有率达到80%。在特色产业集群培育方面，河南省在县域相继建成116个产业集聚区和104个服务业"两区"，形成了巩义精深铝加工等78个百亿级特色产业集群，助推县域经济发展驶入快车道，2020年入围百强县数量达到7个，占中部六省百强县的1/3。

（三）创新成为县域经济实现弯道超车的重要引擎

创新是引领县域经济高质量发展的核心动力，也是破解县域产业低端锁定困局、加快建设现代产业体系的治本之策。当前，新一轮科技革命和产业变革方兴未艾，以大数据、人工智能为支撑的新产业新业态蓬勃兴起，为县域经济在创新上高位嫁接、撑杆起跳提供了可能，先进县市纷纷抢抓机遇，在创新驱动上提速加力。在高新技术产业培育方面，全国县域经济领头羊昆山市，经济总量已突破 4000 亿元，现江苏省正举全省之力打造昆山国家一流产业科创中心，仅 2019 年就新增高新技术企业 225 家，高新技术产业产值占比超过 50%。在科技金融创新方面，2018 年新晋上榜、目前已稳居百强中游的安徽肥西县，成立了安徽省首个县级天使投资基金，创新性地推出"科技贷"，大力推进专利质押贷款，以科技金融助推创新主体跨越发展，高新技术企业数量连续三年保持 40% 以上增速，目前已达 258 家。在创新服务平台建设方面，河南长垣市建设省级以上研发平台 93 个，院士工作站 7 家，专利授权量近万件，助推起重、医疗耗材、建筑防腐三大主导产业加速转型升级，目前全市纳税超亿元企业 7 家、超千万元企业 71 家。

（四）深化改革成为县域经济提升竞争力的迫切需要

理论和实践表明，县域改革走在前列，则县域经济走在前列。县域经济发达的地区，无不将改革和发展有机结合起来，坚定不移深化改革，以制度创新为县域经济发展提供了强大动力。在深化"放管服"改革方面，浙江义乌市探索建立了以"一次不用跑"为宗旨的"一网通办"平台，形成了"1 + 2 + 4 + X + Y"的工作模式，通过减事项、减材料、无证明、推网办等多种措施，大大提高了政务服务效能。在深化园区管理体制改革方面，广东清远市通过下放政府管理权限，授予各类产业园区管委会与所在行政区同一级别审批权，采用"充分授权、封闭运作、无事不扰、有求必应"的管理模式，设立独立金库，实行一级财政审批，开展"办事不出园区"一站式服务，为园区发展创造了一流营商环境。在县市赋权扩权方面，山东出台了关于深化扩权强县改革促进县域经济高质量发展的十条措施，提出以扩权强县改革为主线，通过直管扩权、要素集聚、流程再造、差异化评价、正向激励等方面的体制机制体制改革，扩大县域发展自主权，营造支持和推动县域经济高质量发展的制度环境。

三、靶向发力，实施县域经济高质量发展重大行动

对标全国百强县发展经验，把握县域经济高质量发展趋势，瞄准全省县域

经济薄弱环节和突出短板，聚焦重点县市，采取超常举措，分类施策，精准发力，实施县域经济高质量发展五大行动。

（一）实施特色产业振兴行动

特色产业是县域经济增长的根、转型升级的核、未来发展的基。发展壮大县域特色产业，是增强县域经济动能势能、实现县域经济高质量发展的主要任务。实施特色产业振兴行动，要根据比较优势和发展潜能，精准选择、聚焦支持，着力培育一批规模体量大、专业程度高、延伸配套好、支撑带动强的特色产业集群，打造县域经济高质量发展的核心支撑。

一是在产业特色上再挖潜。准确判断特色产业在行业中的市场地位、发展定位，强化主体功能与产业定位衔接，加强比较优势与特色产业对接，聚焦重点环节延伸拓展产业链，在行业细分领域中挖掘潜力、厚植优势，推动县域经济差异化发展、特色化升级。

二是在平台建设上再升级。以经开区、高新区及各类功能型园区为重点，完善配套基础设施和高端服务设施，强化土地、资金等要素保障，打造集技术研发、检验检测、生产流通、生活消费等功能于一体的产业服务体系，优化软硬环境，提升对现代产业和高端要素的承载吸纳力。

三是在龙头引育上再加力。加大县域特色产业集群优势企业培育力度，在科技攻关、技术改造、质量提升、品牌培育、融资上市、人才引育等方面给予重点支持；紧密对接行业优势企业，积极引进一批世界 500 强、中国 500 强企业，通过引进培育龙头企业，整体提升特色产业竞争力。

四是在数字化改造上再提速。适应数字经济发展大势，深入推进"产业集群＋数字平台"融合发展，推动企业落实数字精益理念、规范、标准，支持企业应用数字化技术、设备和系统，引导企业有序上云用云，提升企业数字化、智能化水平。

五是在集群品牌打造上再优化。实施品牌兴业战略，引导特色产业优势企业走品牌提升之路，创建省级以上名牌产品和著名商标，依托优势企业培育集群品牌，提升特色产业行业影响力和市场知名度。

（二）实施中心城市带动行动

中心城市是一个区域发展的龙头引擎，是引领带动县域经济高质量发展的核心力量。积极对接中心城市，承接好中心城市辐射，是发达地区县域经济强势崛起的重要路径。实施中心城市带动行动，要在做大做强中心城市上下功夫，在推进中心城市与周边县域融合联动上下力气，通过提升中心城市能级和服务能力，辐射带动县域经济高质量发展。

一是努力打造三大万亿级城市。着眼于与京津共建世界级城市群，推动建设石家庄、唐山、雄安＋保定三个万亿级城市。石家庄市要坚持大省会发展理念，提升城市能级，完善城市功能，建设现代化国际化美丽省会城市，打造现代化省会都市圈。唐山市要按照"三个努力建成"要求，提升节点城市发展层次和水平，带动冀东北地区县域经济发展。雄安新区要加快高水平社会主义现代化城市建设，推动与保定同城化发展，联合打造京津冀世界级城市群的重要一极。

二是培育壮大区域中心城市。全面落实各设区市功能定位，加快邯郸、沧州、廊坊、秦皇岛、邢台、衡水区域中心城市建设，支持定州、辛集深化省直管改革，提升城市承载能力和服务水平，发展成为新兴节点城市。

三是提升环首都县域协同发展水平。以北京冬奥会举办、廊坊北三县与北京城市副中心协同发展、北京大兴国际机场临空经济区建设为抓手，促进环首都县域加快融入首都经济圈建设。

四是推进周边县市与中心城市同城化发展。规划建设中心城市连接周边县市的快速通道，统筹推进中心城市与周边县市资源要素配置，联合培育发展优势产业链，共建现代基础设施，共享优质公共服务，形成有机融合、功能互补、协作配套的发展格局。

（三）实施先进要素汇聚行动

新的历史时期，人才、技术和资本是县域赢得发展主动权的关键要素。汇聚先进要素是全省县域经济高质量发展的基本保障。实施先进要素汇聚行动，要切实破除自我封闭保守的发展藩篱，以海纳百川的胸怀，全面扩大开放合作，聚天下才智、汇四海财富、纳八方精英。

一是有效集聚创新人才。聚焦县域重点产业创新需求，构建以项目聚人才、以人才带项目模式，完善各类人才工程计划，研究制定人才需求、项目、资源和政策"四张清单"，建立招商与引才并行常态化"双招双引"机制。鼓励综合实力强、创新需求多的县域打造集科技创新、创业孵化、金融配套、信息共享等功能于一体的人才科技广场，以环京津县市为重点，创建国家级人力资源服务产业园，支持各县市结合特色产业建设产业技术研究院，打造聚才平台，集聚高层次专业人才。招募"县域经济发展合伙人"，实施优秀毕业生归乡创业计划，推进人才返乡。

二是全面加强技术合作。围绕县域重点产业发展，支持各县市联合国内外骨干研发机构、产业化平台、中介服务组织，组建产业技术创新联盟。借鉴欧盟创新驿站的做法，加强与国内外行业研发机构或创新中介组织合作，联合建立行业创新驿站。适应"互联网＋"发展趋势，鼓励依托县域核心创新载体平台和创新中介平台，建设虚拟创新平台，畅通企业在线上与相关创新资源实现零距离合作交流的渠道。推动更多先进适用技术在全县转移转化，提高技术引进转化的效率。

三是积极引进外部资本。完善重点项目引进机制，通过项目引进带动资本引进。加强农业农村发展融资平台建设，鼓励建立县域重点产业投资基金、私募股权投资基金和科技创业投资基金。加强县域重点企业上市培育工作，引导高成长、创新型企业到全国中小企业股份转让系统挂牌。制定融资贷款、用地支持、能源利用等配套支持政策，全面清理不利于社会资本投向县域经济发展的文件，探索建立社会资本支持县域经济发展的"负面清单"制度。

（四）实施营商环境再造行动

县域营商环境反映了其改革的深度和广度，决定了其经济发展的活跃度，关系到其对高端要素的吸引力。打造优质高效的营商环境，是国内发达县域取得成功的基本经验和制胜法宝。当前，营商环境不优是制约全省县域经济高质量发展的最大短板。实施县域发展环境再造行动，要推动各县市树立"优服务"的新理念，当好服务企业的"店小二"，为企业提供更精准、更贴心的服务。

一是深化企业开办注销制度改革。推行证照联办改革，分类制订准入准营联办事指南，实现开办企业"一件事、一次办好"。升级"一网通办"平台，实现税务、刻章、开户、社保、公积金等数据互通共用，最大限度压减企业开办时间。全面推行企业简易注销，推进"证照分离"改革全覆盖。

二是强化项目落地服务。加快项目前期工作进度，建立部门协作工作机制，实现可行性研究、用地预审、选址、环评等前期要件申报一套材料，行政部门统一受理、同步评估、同步审批、统一反馈。全面完成开发区"多评合一"模式的区域评估，推动水气外线工程涉及的审批事项由串联改为并联审批。

三是提升政务服务效能。健全完善全省政务服务大数据库，推进跨地区、跨部门、跨层级数据共享，实现省市县三级政务服务事项（除涉密事项外）网上可办率达到100%。

四是优化纳税专项服务。推行网上办税，拓展"全程网上办"事项清单，推动实现涉税事项"最多跑一次"。探索推进"银行网点办税"，推进出口退税不见面办理，全面推行税务证明事项告知承诺制。

五是规范市场监管秩序。严控环保治理"一刀切"，建立正面清单动态更新机制。实行透明招标投标，取消政策采购和招标投资项目中的不合理限制规定和隐性门槛，推进远程异地评标，开展招投标领域环境专项整治，严厉惩处串标围标、恶意投诉等行为。

（五）实施政策精准支持行动

科学精准的支持政策，是推动县域经济发展壮大的"助推器"，是助力县域经济快速腾飞的"金翅膀"，是增强县域经济发展活力和吸引力的关键招式。实施政策精准支持行动，要根据各县域区位条件、自然禀赋、产业基础、功能规划和发展潜力，因地制宜、分类施策、精准扶持，为县域经济高质量发展加力赋能。对京津和石家庄等城市周边的县市，要突出"借城发展"导向，围绕承接中心城市辐射带动，重点支持县市高端要素集聚集成转化、产业承接平台打造、城市服务功能提升、高端高新产业发展等领域建设，鼓励县市在城市规划建设、科技成果转化、人才培养引进等方面大胆改革、先行先试，推动这些县市借力借势中心城市提升产业竞争力和城市承载力，尽快实现高质量发展。对传统资源型产业为主导的工业强县（市），要突出转型发展导向，依托河北省全国产业转型升级试验区建设，重点支持县市优势产业铸链补链、特色产业集群打造、新兴产业集聚培育等领域建设，鼓励县市在产业转型升级、园区开发建设等方面开展积极探索、试点示范，推动这些县市加速经济转型升级，早日实现二次振兴。对国家、省发展战略和生产力布局惠及的县市，要突出借机发展导向，重点支持县市软硬基础设施建设、关键产业要素配套、优质营商环境塑造等领域，对国家、省发展战略和生产力布局涉及的重大项目、关键事项、重点工程等，采取省（市）级层面"一事一议"的方式给予支持，推动这些县市抓住国家和省战略机遇，加速实现跨越赶超。

参考文献

［1］崔腾飞、杨越：《县域是城乡融合发展的重要切入点》，载于《社会科学报》2021年11月18日。

［2］曾业松：《县域经济发展新问题新趋势新结构新动力——县委书记问卷调查引发的思考》，载于《哈尔滨市委党校学报》2016年第6期。

［3］肖玉明：《县域经济发展新趋势》，载于《决策与信息（上旬刊）》2018年第6期。

［4］周明、崔江、胡萌：《基于因子分析和动态比较的县域创新能力评价》，载于《湖北经济学院学报》2021年第6期。

新形势下河北扩大高水平开放 深度融入"一带一盟"路径及对策

葛 音①

摘 要： 新一轮科技革命和产业变革带来了前所未有的激烈竞争，气候变化、疫情防控等全球性问题也对人类社会带来巨大影响，国际环境日趋复杂。欧亚经济联盟高度认同中国关于共建丝绸之路经济带的理念，中俄两国从 2015 年开始主导"一带一盟"建设对接。新形势下，"一带一盟"对接重要性日趋凸显。积极推进"一带一盟"对接的首脑倡议，有助于河北省深度融入"一带一路"倡议，构建高水平对外开放格局，提升知名度和影响力。本文详细论述了河北省与欧亚经济联盟发展多领域合作的重要性和紧迫性，探讨了双方关系内容，提出了发展双方关系的对策建议。

关键词： 河北省 丝绸之路经济带 欧亚经济联盟

"一带一路"倡议已成为我国 21 世纪对外合作和发展的重大战略，欧亚经济联盟则是我国实施"一带一路"倡议的重要伙伴和关键区域。"一带一盟"对接，即丝绸之路经济带建设和欧亚经济联盟建设对接，在新形势下我国高水平对外开放中占有重要地位。2021 年 9 月 3 日，习近平同志在俄罗斯第六届东方经济论坛致辞中提到，要在推进互利合作方面持续发力，深化共建"一带一路"同欧亚经济联盟对接合作，支持数字经济创新发展，共同应对全球气候变化，推动地区经济社会发展。2021 年 11 月 19 日，习近平同志在第三次"一带一路"建设座谈会上发表重要讲话指出，要正确认识和把握共建

---

① 葛音，河北省社会科学院经济研究所助理研究员，研究方向为世界经济、独联体与中东欧地区国别和区域研究等。

"一带一路"面临的新形势,共建"一带一路"仍面临重要机遇。①

欧亚经济联盟是旨在加深经济和政治合作的区域经济联盟。该联盟由俄罗斯(俄)、白俄罗斯(白)、哈萨克斯坦(哈)、亚美尼亚(亚)、吉尔吉斯斯坦(吉)5国组成,俄罗斯是联盟的主导国家。2013年9月,习近平同志在哈萨克斯坦首次提出共同建设丝绸之路经济带的倡议,俄罗斯、白俄罗斯、哈萨克斯坦积极响应。2015年1月,在俄白哈三国关税同盟的基础上,欧亚经济联盟正式成立,亚美尼亚和吉尔吉斯斯坦两国作为成员国加入。2015年5月,中俄两国领导人在莫斯科共同发表关于"一带一盟"建设对接的《联合声明》,为中国提出的"一带"倡议和俄罗斯主导的后苏联空间区域一体化进程创造了对接合作的基础。2016年5月,欧亚经济联盟成员国领导人在最高欧亚经济理事会会议上一致同意"一带一盟"对接,同年,中国商务部与欧亚经济委员会正式启动经贸合作伙伴协定谈判,表明在国际政治和经济秩序重构的大背景下,双方希望加快一体化合作进程的愿望。2018年5月,中国与欧亚经济联盟签署《经贸合作协定》,并于2020年10月召开联委会首次会议,探讨在技术法规、贸易救济、海关、投资等方面加强对话合作。

新形势下,新一轮科技革命和产业变革带来了前所未有的激烈竞争,气候变化、疫情防控等全球性问题也对人类社会带来巨大影响,共建"一带一路"的国际环境日趋复杂,中俄主导的"一带一盟"对接重要性日益凸显。2021年是"十四五"规划开局之年,河北省在办好"三件大事"上面临重大机遇,积极推进与欧亚经济联盟合作,落实"一带一盟"对接的首脑倡议,有助于河北省深度融入"一带一路"建设,构建高水平对外开放格局。

一、欧亚经济联盟整体情况分析

2021年既是苏联解体30周年,也是俄罗斯和后苏联空间国家转型发展的30周年。苏联解体后,俄罗斯一直致力于推进与原苏联加盟共和国的经贸合作,为此,俄罗斯、白俄罗斯、哈萨克斯坦建立了俄白哈关税同盟。2015年1月1日,欧亚经济联盟正式成立,由于亚美尼亚和吉尔吉斯斯坦的加入,形成了五国合作的格局。欧亚经济联盟面积超过2000万平方千米,人口为1.84

---

① 中国政府网,习近平出席第三次"一带一路"建设座谈会并发表重要讲话,http://www.gov.cn/xinwen/2021–11/19/content_5652067.htm,2021年11月19日。

亿，GDP 总和约 2 万亿美元。① 该联盟以欧盟为模板，旨在实现统一经济空间的基础上，促进货物、服务、资本和劳动力在联盟内部自由流动，建立统一的中央银行，实行统一的货币、宏观政策，形成统一市场。

欧亚经济联盟又称欧亚经济委员会，其最高权力机构是欧亚经济委员会最高理事会。联盟按照"关税同盟——统一经济空间——欧亚经济联盟——欧亚联盟"的四步走战略推进地区一体化进程。首先，俄罗斯、白俄罗斯、哈萨克斯坦三国主导建立关税同盟。三国先在 2007 年签署了《关税同盟条约》，两年后又共同通过《关税同盟海关法典》，并从 2011 年开始实施统一的海关关税、优惠和配额政策，关税同盟正式开始运作。其次，推动统一经济空间建设。这一提议由俄罗斯、白俄罗斯、哈萨克斯坦三国在 2010 年提出，于 2012 年开始实施。随后，三国又于 2014 年宣布成立欧亚经济联盟，并于 2015 年开始正式执行。根据三国共同签署的联盟条约，联盟将在不同时间节点分别形成统一的药品、电力、石油和天然气市场，逐步推进经济一体化。受统一关税壁垒、原料价格和运费下降、要素自由流动、区域市场规模增加的积极因素影响，欧亚经济联盟内部国家间贸易额增长较快，成员国间经济依赖程度提高，共同市场发展水平提升。

（一）欧亚经济联盟及各成员国宏观经济发展进程

欧亚经济联盟各国经济体量存在显著差别，其中最大的经济体是俄罗斯，哈萨克斯坦次之，白俄罗斯排名第三，亚美尼亚和吉尔吉斯斯坦分别排名第四、第五位。欧亚经济联盟成员国 2016～2019 年经济保持稳定增长，2020 年由于新冠肺炎疫情暴发、能源价格大幅下跌、主要出口品全球价格下降、国内消费低迷等因素，这些国家 2020 年的 GDP 都有所下降。2021 年上半年，在疫苗研发取得突破性进展、各成员国大规模施打疫苗、能源价格上涨、国内消费短暂攀升的作用下，除了吉尔吉斯斯坦，其他成员国均实现了经济正增长，亚美尼亚经济增速最快，达到 5.8%，俄罗斯同样表现不俗，增幅达到 4.5%。2016～2021 年上半年欧亚经济联盟成员国动态见表 8。

---

① Евразийская экономическая коммисия. Социально - экономическая сиатистика. Статистические публикации ［EB/OL］ ［2021 - 11 - 20］. http：//www. eurasiancommission. org/ru/act/integr_i_makroec/dep_stat/econstat/Documents/Brief_Statistics_Yearbook_2021. pdf.

表 8　　　　　　2016～2021 年欧亚经济联盟成员国 GDP 动态　单位：十亿美元

国家	2016 年	2017 年	2018 年	2019 年	2020 年	2021 年上半年	2021 年上半年与上年同期相比
亚美尼亚	10.5	11.5	12.4	13.6	12.7	5.5	5.8%
白俄罗斯	47.5	54.7	60	64.5	59.8	30.7	3.3%
哈萨克斯坦	137.3	166.8	179.3	181.2	171.2	75.6	2.3%
吉尔吉斯斯坦	6.8	7.7	8.3	8.9	7.7	3.2	−1.7%
俄罗斯	1279.8	1574.6	1660.7	1687.6	1486.9	775.9	4.8%
欧亚经济联盟	1481.9	1815.3	1920.7	1956.4	1738.3	890.9	4.5%

资料来源：Евразийская экономическая коммисия. Социально – экономическая сиатистика［EB/OL］. http://www. eurasiancommission. org/ru/act/integr_i_makroec/dep_stat/econ-stat/Pages/default. aspx.

整体来看，2016～2020 年欧亚经济联盟 GDP 的最大部分来自服务领域，约占整个 GDP 的 60%，生产领域约占 GDP 的 40%。与 2019 年相比，生产领域占 GDP 比重下降 2%，其中农业占比增长 0.3%，工业占比减少 2.5%，建筑业占比增长 0.2%；服务领域占 GDP 比重增长 2%，其中批发和零售业占比下降 0.1%，交通和通信业占比减少 0.3%，房地产业占比增长 0.5%，教育占比增长 0.3%，卫生和社会工作占比增长 0.4%，其他行业占比增长 1.2%。按经济活动类型划分的欧亚经济联盟的 GDP 结构见表 9。

表 9　　　　按经济活动类型划分的欧亚经济联盟 GDP 中
总增加值的结构（占比）　　　　　　单位：%

经济活动类型	2016 年	2017 年	2018 年	2019 年	2020 年	2020 年与上年相比
1. 生产领域：	37.2	38.3	40.4	40.1	38.1	−2
农、林、渔业	4.6	4.3	4.1	4.2	4.5	0.3
工业	26.2	28	30.7	30.3	27.8	−2.5
建筑业	6.4	6	5.6	5.6	5.8	0.2
2. 服务领域：	62.8	61.7	59.6	59.9	61.9	2
批发和零售业	14.9	14.4	13.9	13.5	13.4	−0.1
交通和仓储；信息和通信	10	9.7	9.4	9.7	9.4	−0.3

经济活动类型	2016 年	2017 年	2018 年	2019 年	2020 年	2020 年与上年相比
房地产业	9.9	9.7	9.2	9.5	10.0	0.5
教育	3.2	3.2	3.2	3.2	3.5	0.3
卫生和社会工作	3.1	3.1	3.2	3.4	3.8	0.4
其他行业	21.7	21.6	20.7	20.6	21.8	1.2
合计	100	100	100	100	100	0.0

资料来源：Евразийская экономическая коммисия. Социально – экономическая сиатистика［EB/OL］. http：//www. eurasiancommission. org/ru/act/integr_i_makroec/dep_stat/econstat/Pages/default. aspx.

2021 年上半年，欧亚经济联盟 GDP 与上年同期相比增长 4.5%，各成员国中俄罗斯增幅最高，为 4.8%。2021 年上半年欧亚经济联盟财政赤字为 60 亿美元，与上年同期相比减少了 148 亿美元，除俄罗斯财政盈余外，其余各成员国均存在财政赤字，其中，白俄罗斯和吉尔吉斯斯坦财政赤字减少，亚美尼亚和哈萨克斯坦财政赤字增加。2021 年 1～8 月，欧亚经济联盟大多数成员国工业生产恢复，与上年同期相比，联盟各国工业生产平均增幅为 4.5%，其中白俄罗斯增幅最高，达到 8.6%，俄罗斯次之，增幅为 4.5%，哈萨克斯坦增幅为 2.4%，吉尔吉斯斯坦则减少 7.3%。2021 年前 8 个月，欧亚经济联盟失业率从 4.3% 降至 1.5%，与上年同期相比降幅达到 66%（从 401.2 万人下降至 135.6 万人），劳动力市场快速恢复。同时，由于对抗击疫情、保障人民生活水平和社会商业经营活动等方面投入较大，欧亚经济联盟 2021 年上半年国债增长 19.9%。受国际大宗商品价格上涨、货币宽松政策等因素的影响，2021 年前三季度欧亚经济联盟 CPI 上涨 6.7%，其中农产品价格涨幅最高的是白俄罗斯（7.8%）、吉尔吉斯斯坦（7.7%）和哈萨克斯坦（7.5%），非农产品价格涨幅最大的是白俄罗斯（8.5%），劳动力价格涨幅最大的是白俄罗斯（5.9%）和哈萨克斯坦（5.1%）。

在对外贸易方面，2021 年 1～8 月欧亚经济联盟对外贸易额显著增长，出口增加 890 亿美元，增幅为 38.5%；进口增加 400 亿美元，增幅为 24.5%。欧盟和中国仍是欧亚经济联盟最大的贸易伙伴，欧亚经济联盟进口最多的商品是纺织品和鞋类，出口最多的商品是金属和金属加工产品。在内部成员国贸易方面，与上年同期相比，2021 年 1～8 月欧亚经济联盟各成员国区域内相互贸易额增长 107 亿美元,增幅为 31.3%。区域内贸易大多发生在俄罗斯(占比 63%)、白俄罗斯(24%)和哈萨克斯坦(11%)之间,主要产品为金属和金属加工产品、木材和纸制品、纺织品以及食品。[①]

(二)欧亚经济联盟各成员国参与共建"一带一路"情况

2021 年是《中俄睦邻友好合作条约》签署二十周年,中国和俄罗斯新时代全面战略协作伙伴关系处于历史最高水平。[②]"一带一盟"对接的倡议提出后,中俄两国在务实合作领域取得了丰硕的成果。中俄两国贸易连续三年突破千亿元,2021 年前 10 个月双边货物贸易额达 1156 亿美元,超过上年全年规模,创历史新高。在投资和企业合作方面,2021 年前 10 个月,中方对俄直接投资同比增长 39.1%。[③]越来越多的中国企业进入俄罗斯市场,在制造业(长城汽车、小米、华为)和服务业(阿里巴巴、滴滴等)推动两国商业合作。此外,俄罗斯在远东交通基础设施、北极圈和能源开发等方面也与中国进行紧密合作。俄罗斯提出了"滨海 1 号"和"滨海 2 号"国际交通走廊项目,途经符拉迪沃斯托克自由港和滨海边疆区的海港,连接中国边境省份,使货物通关时间、运输总量得到有效提高,极大便利了中俄边境贸易。中俄提出共同打造"冰上丝绸之路",旨在开发和利用北极航道,串联俄北部海岸线的数个港口,打通连接北美、东亚和西欧三大经济中心的海运通道。中俄双方共同参与的亚马尔液化气项目也在北极圈内,这些项目都将成为"一带一路"的重要支撑,给双方带来大量经济收益,提高运输效率,规避安全风险。截至 2021 年底,中俄已成功举办"国家年""语言年""旅游年""青年年""媒体年""地方交流年"和"科技创新年",各领域务实合作水平不断提高。2021 年 11 月 30 日,中俄总理第二十六次定期会晤举行,强调了扩大中俄务实合作规模,为双边关系奠定坚实的物质基础。双方编制了《中俄货物贸易和服务贸易高质量发展的路线图》,提出促进跨境电商和服务贸易增长、提升便利化水平等举措,为实现双边贸易额 2000 亿美元的目标做出规划。中俄目前在加强产业

①　Евразийская экономическая коммисия. Евразийская интеграция в цифрах [EB/OL]. https://www.economy.gov.ru/material/directions/vneshneekonomicheskaya_deyatelnost/razvitie_evraziyskoy_integracii/.

②　中国政府网,中俄总理第二十六次定期会晤联合公报(全文),http://www.gov.cn/xinwen/2021-12/01/content_5655155.htm,2021 年 12 月 1 日。

③　中国政府网,商务部通报今年 1~10 月服务贸易发展情况并就中俄总理第二十六次定期会晤经贸成果等答问,http://www.gov.cn/xinwen/2021-12/02/content_5655538.htm,2021 年 12 月 2 日。

链、供应链、新兴领域、多边领域合作等方面成果丰硕，未来将进一步深化能源矿产、农林开发、工业制造、信息通信、园区共建等领域上下游合作，打造5G、生物医药、绿色低碳、智慧城市等新增长点，共同编制中俄在俄罗斯北极地区合作发展路线图。①

哈萨克斯坦是欧亚经济联盟中经济体量排名第二的国家。该国位于欧亚大陆结合部，是世界面积最大的内陆国。哈萨克斯坦北邻俄罗斯，南接吉尔吉斯斯坦、乌兹别克斯坦和土库曼斯坦，西临里海，东部与中国相连，是欧亚大陆陆路交通走廊的关键枢纽。苏联解体后，哈萨克斯坦积极呼吁整合独联体国家的经济合作。1994年，纳扎尔巴耶夫提出建立欧亚联盟的设想；2000年，哈萨克斯坦加入在阿斯塔纳成立的欧亚经济共同体；2010年，俄白哈关税同盟正式启动；2015年，俄白哈主导的欧亚经济联盟正式成立运作。

中国与哈萨克斯坦拥有1700多千米的共同边界，开放的陆地边境一类口岸7个，占新疆一类口岸总数的近40%，为双边经贸合作提供了硬件基础。其中阿拉山口口岸、霍尔果斯口岸分别为新欧亚大陆桥进入中亚、欧洲的最大铁路口岸和最大综合性口岸。2022年，中哈将迎来建交30周年，建立全面战略伙伴关系7周年，双边关系处于历史高位。哈萨克斯坦是"一带一路"重要沿线国家，共建"丝绸之路经济带"的倡议便是由习近平同志首次在该国提出。2014年，哈总统纳扎尔巴耶夫在年度国情咨文中提出建设"光明大道"的新经济政策，旨在提升本国基础设施建设水平，尤其是交通物流领域，发挥本国作为欧亚大陆交通大枢纽的作用。"光明大道"被视为对"丝绸之路经济带"的主动对接和重要补充，2016年9月，中哈双方在杭州"G20"峰会期间签署了"丝绸之路经济带"和"光明大道"对接的建设计划，重点实现新亚欧大陆桥、中国—中亚—西亚经济走廊建设同哈萨克斯坦打造国际物流大通道战略对接，国际产能合作同哈萨克斯坦加快工业化进程对接，中国陆海联运优势同哈萨克斯坦东向海运需求对接，"数字丝绸之路"倡议同"数字哈萨克斯坦"战略对接。②

白俄罗斯与中国关系密切，两国是全面战略合作伙伴，中国是白俄罗斯外交的"远弧线国家"，双方共建的中白工业园已成为"一带一路"标志性项目和"丝绸之路经济带"上的明珠。2021年1月26日，习近平同志同白俄罗斯

---

① 中国政府网，中俄总理第二十六次定期会晤联合公报（全文），http：//www.gov.cn/xinwen/2021-12/01/content_5655155.htm，2021年12月1日。
② 加快推进"一带一路"同"光明之路"对接［N］.解放日报，2017年6月9日。

总统卢卡申科通话时指出，2021 年是中国"十四五"规划开局之年，中国构建新发展格局，在更高起点上推进改革开放，将为包括白俄罗斯在内的世界各国提供更多发展机遇，开辟更广阔合作空间。① 白俄罗斯是中国在欧亚地区和丝绸之路经济带向西延伸的战略支点国家，是共建"一带一路"的坚定支持者和重要参与方，高度认同中方关于共建丝绸之路经济带的理念。双方要推动共建"一带一路"合作高质量发展，扎实推进中白工业园建设，在抗疫、经贸、教育、科技、文化、地方等领域开展更多合作。

白俄罗斯的地理位置对我国具有重要战略意义，它不仅是"一带一路"向欧洲延伸的"桥头堡"，还是独联体、集安组织、欧亚经济联盟和俄白哈海关联盟等俄罗斯主导的地区性和区域经济一体化组织的主要成员国。在工业基础方面，白俄罗斯条件较好，机械制造、电子、通信、仪器制造、冶金、石化、轻工和食品工业比较发达，具有较高的科研和教育水平，在激光、核物理、核能、粉末冶金、光学、软件、微电子、纳米技术和生物技术方面具有较强的科研实力，劳动力素质也比较高。2010 ~ 2019 年白俄罗斯 GDP 平均增幅为 3.4%，劳动生产率提高 28.2%。白俄罗斯还拥有丰富的森林、钾盐、泥炭和水资源，农业发展水平在欧亚经济联盟中排名靠前。白俄罗斯"一带一路""五通"水平较高，政府和民间对中国企业在白投资兴业普遍欢迎，在白的中资企业商会现已拥有 40 家成员单位，其中包括华为、中兴、中能建、中国电建、招商局、国开行等企业和机构。② 2021 年，俄罗斯与白俄罗斯一体化取得重要推进，双方签署"一体化条约"，主要强调经济一体化，如协调宏观经济战略、引入统一的税收原则，在金融信贷和银行、工业和农业领域执行共同政策，对石油、天然气、电力和运输服务市场进行统一协调等。

吉尔吉斯斯坦与中国山水相连，有约 1100 千米的共同边界，从古代丝绸之路到今天的"一带一路"，中吉两国都保持了友好往来。共建"一带一路"提出后，中吉双方提倡加强中国与吉尔吉斯斯坦的《2018 - 2040 年国家发展战略》对接，在经贸、能源、基础设施等领域取得一批重要成果。中国—吉尔吉斯斯坦—乌兹别克斯坦国际货运道路于 2018 年正式通车，极大便利了吉与周边国家的贸易往来，运输时间缩短了 4 倍。在基础设施合作方面，中国路桥承建的吉第二条南北公路项目、中国特变电工承建的"达特卡—克明"输

---

① 新华网，习近平同白俄罗斯总统卢卡申科通电话，http://www.xinhuanet.com/politics/leaders/ 2021 - 01/26/c_1127028732.htm，2021 年 1 月 6 日。

② 白俄罗斯中国企业商会［EB/OL］. http://www.cnakk.by/.

变电项目，都成为"一带一路"标志性项目，为带动吉尔吉斯斯坦沿线、北方城市和港口的经济发展发挥重要作用，同时还保障了吉的能源独立与安全。中吉两国还合力推动吉首都政路网改造、农业灌溉系统改造和清洁饮用水等重大系列项目。在贸易投资方面，中国是吉尔吉斯斯坦最大的贸易伙伴国、进口来源国和投资来源国，吉对华出口的农产品受到普遍欢迎。2018 年，中吉双边贸易额超过 56 亿美元，比建交之初增长超过 150 倍。①

亚美尼亚地处外高加索地区，位于黑海和里海之间，是欧亚文明交汇的核心之地。亚美尼亚是俄罗斯与中东地区的南北部缓冲区，其地理位置对于俄罗斯具有重要战略意义。苏联时期，亚美尼亚承担着发展科研文教的重要角色，曾是苏联经济排名前三的国家。苏联解体、亚美尼亚独立后，受工业基础薄弱和与阿塞拜疆、土耳其争端的影响，亚美尼亚发展受到很大制约。目前，亚美尼亚具有优势、发展较快的产业是农业和服务业，工业仍处在恢复期，对外贸易较依赖俄罗斯。亚美尼亚与中国在历史文化上渊源颇深。亚美尼亚地处古丝绸之路中段，两国有着两千多年的友好往来传统。中国是亚美尼亚外交的优先方向，亚十分关注中国的现代化和改革开放经验，对改善国内投资条件、调整经济结构、优化国际分工等方面存在大量需求，可以说，"一带一路"倡议为亚美尼亚提供了重要发展机遇。中亚两国已签署了数十项发展双边多领域合作的文件，两国领导人于 2015 年签署《关于进一步发展和深化友好合作关系的联合声明》，强调双方将共建丝绸之路经济带，鼓励中企到亚美尼亚参与农业、交通、能源、通信、卫生和基础设施等领域的建设和发展，帮助亚方实施重大民生项目。② 中国企业已承建贯通亚美尼亚南北的高级公路项目，同时也在推动基础设施领域的多种企业间合作。新冠疫情发生前，2019 年中国与亚美尼亚进出口商品总额增长 46.9%，疫情下也保持着较高水平的医疗卫生合作水平。亚美尼亚曾被称为苏联的"硅谷"，不仅劳动力素质较高，自然资源也较丰富，在世界银行 2020 年《全球营商环境报告》评估的 190 个国家中排名第 47 位，在欧亚地区属经济自由度较高的国家。③

---

① 中国日报网，陈新光："一带一路"建设为吉尔吉斯斯坦发展注入新活力，https://column.chinadaily.com.cn/a/201906/14/WS5d032faba3108375f8f2a93e.html，2019 年 6 月 14 日。
② （中央政府门户网站）中华人民共和国和亚美尼亚共和国关于进一步发展和深化友好合作关系的联合声明（全文），http://www.gov.cn/xinwen/2015-03/25/content_2838414.htm，2015 年 3 月 25 日。
③ Doing business 2020. World Bank [EB/OL]. https://www.doingbusiness.org/content/dam/doing-Business/country/a/armenia/ARM.pdf.

目前，欧亚经济联盟成员国不仅在"一带一盟"框架下积极推动与中国的经济合作，还在上合组织框架下加强与中国的安全合作。俄罗斯、哈萨克斯坦、吉尔吉斯斯坦是上合组织的前身，原"上海五国"成员白俄罗斯也在2015年成为上合组织观察成员国，同年，亚美尼亚成为上合组织对话伙伴国。新冠肺炎疫情发生后，中国与欧亚经济联盟五国均保持了高水平的国际抗疫合作。以白俄罗斯为例，在中国新冠肺炎疫情暴发初期，白俄罗斯两度派军机向中国援助共计约40吨的防疫物资，在白俄罗斯疫情吃紧后，中国也向白俄罗斯援助了多批共计130吨医疗物资和四批新冠疫苗，组织专家与白方线上交流防疫经验。目前，俄罗斯仍是欧亚经济联盟的主导国家，尤其是在俄白一体化进程持续推进的情况下，俄罗斯和白俄罗斯两国在安全和经济合作上将更加紧密。此外，亚美尼亚、格鲁吉亚、阿塞拜疆所处的外高加索地区也大量存在西方国家的地缘政治影响。在发展与欧亚经济联盟的合作时，应注重在"一带一盟"和上合组织的主要框架内共同推动双边和多边合作。

二、河北省落实"一带一盟"对接合作的路径与对策

"一带一路"倡议是当今世界规模最大的国际合作平台和最受欢迎的国际公共产品，是构建人类命运共同体的伟大实践，该倡议已成为推进中国与世界的关系持续互动的重大举措，将影响中国与全球共同发展、互利共赢的关键进程。新形势下，共建"一带一路"仍面临重要机遇。河北省与欧亚经济联盟各国在交通、农业、经贸、科技、教育、文化方面已有一些合作，在此基础上，通过中国—中东欧（沧州）中小企业合作区、中国（河北）自由贸易试验区和国家级境外经贸合作区等的国内外高规格平台，推动与欧亚经济联盟的全方位、高水平合作，能够丰富河北与独联体乃至中东欧国家的合作内容，助力河北省深度融入"一带一路"倡议和落实"丝绸之路经济带"和欧亚经济联盟对接的首脑倡议。

（一）河北省与欧亚经济联盟对接合作路线

河北省在深化与欧亚经济联盟对接合作的现实路线时，可分为三个步骤。

第一，既重视建立与欧亚经济联盟各成员国的地方合作关系，又重视参与国家层面的制度性安排谈判，以具体项目推动双方务实合作。在深化发展与欧亚经济联盟各成员国的地方关系的基础上，参与国家层面宏观的制度性安排谈

判，并以此为政治和法律基础，通过具体项目落地的形式，达到双方互惠合作、互利共赢的目的。这样做的好处是，项目能够立即带来经济效益，在项目实施的过程中，政府能够从地方以及国家层面给予谈判和政策支持，奠定更坚实的法律基础，有助于企业推进项目实施。

第二，在推动制度性对接时，以世贸组织《贸易便利化协定》为蓝本，就削减非关税壁垒、简化通关手续、投资便利化、技术标准相互承认等方面开展合作，降低制度性经营成本。欧亚经济联盟的多数成员国喜欢采用"总统令"的形式，给予大型项目优惠措施，规范项目推进。以北京住总集团在白俄罗斯首都明斯克承建的北京饭店项目为例，该项目争取到了白俄罗斯以总统令特批的优惠政策，在建材清关、技术鉴定、进口退税、劳务人员签证办理等方面都获得了优惠。

第三，在推动具体行业与欧亚经济联盟对接合作时，参考河北省现有的、运营良好的"中国—中东欧"合作机制模式。原则上说，双方对接没有先例，但河北省与中东欧的合作实践是较好的参考模板。当前阶段，"一带一盟"对接是欧亚经济联盟五国与中国的合作，国家层面可参考的有中国—东盟和中国—中东欧的"N+1"合作模式，河北省也已形成以"中国—中东欧国家地方领导人会议"为桥梁、以"中国—中东欧（沧州）中小企业合作区"和"中国—中东欧国家（沧州）中小企业合作论坛"为重要平台的长效合作机制。未来，在"N+1"这种以经济为初衷的灵活的合作机制发展过程中，相信会有更多国家愿意加入进来。

（二）河北与欧亚经济联盟对接合作的重点领域和优先方向

2014年2月，以习近平同志为核心的党中央站在国家发展全局的高度，作出了实施京津冀协同发展战略这一重大决策。7年多来，河北举全省之力推动协同发展向深度广度拓展，办好推进京津冀协同发展、雄安新区规划建设、北京冬奥会筹办"三件大事"，在对接京津、服务京津中加快实现高质量发展。在全面深化改革开放方面，河北省在"放管服"等9项重点领域改革取得扎实成效，中国（河北）自由贸易试验区获批建设，河钢塞尔维亚钢厂成为国际产能合作的标志性工程。同时，河北省还成功举办中国国际数字经济博览会和"一带一路"·长城国际民间文化艺术节等活动，国内国际影响力不断提升。2021年是"十四五"规划开局之年，在如何更好地构建河北"两翼"发展新格局，不断拓展京津冀协同发展，围绕"雄安质量"贯彻落实新发展理念方面，能够与欧亚经济联盟在多个领域进行有效对接合作。

1. 以冬奥会为契机，深化冰雪运动和旅游经济合作

举办冬奥会是河北省实现国际人文交流的重要桥梁，也是拓宽"一带一路"文体朋友圈的良好机遇。欧亚经济联盟中，俄罗斯、白俄罗斯、哈萨克斯坦都是体育运动强国，冰球、滑雪、冬季两项等冰雪运动是他们的传统优势项目。这些国家十分重视发展体育事业，国际赛事组织经验丰富，如俄罗斯是2014 年索契冬奥会的东道国，白俄罗斯也举办过多届欧运会和"欧洲杯"足球赛。欧亚经济联盟各国也十分重视和支持 2022 年中国冬奥会。

河北省可借助举办冬奥会之机，以冰雪运动为中心，加强与欧亚经济联盟的体育运动、冰雪产业和旅游经济合作。一是以举办冬奥会为契机，利用好张家口赛区场馆和张北地区高标准、高质量的冰雪运动设施，强化与俄、白、哈等冰雪运动强国进行运动员互访、比赛、教学合作，进一步拓展双方业余冰雪运动合作，培养大众对冰雪运动的爱好，推动河北省冰雪运动国际合作迈上新台阶。二是借助冬奥会效应，聚焦欧亚经济联盟推介一批特色鲜明的冰雪旅游线路和产品，宣传本省标志性文化旅游景区与康养健身项目群，激发其来冀旅游热情，带动河北旅游经济尤其是冰雪旅游的崛起。

2. 以国家级合作区为平台，精准拓展产能合作

产能合作领域是目前最成熟的合作领域，也是中国和欧亚经济联盟"对接声明"中列出的优先合作方向。其中有两个示范性的合作模式，一是中白工业园"经济特区"式合作，二是中哈产能"双向推进"式合作。中白工业园位于白俄罗斯首都明斯克以东，是中国目前最大、合作层次最高的海外园区，由中白两国领导人亲自倡导，两国政府大力支持推动，在共建"一带一路"国际合作中占有关键地位。中白工业园由白方提供特定区域和优惠政策，中白共同持股管理，以机械制造、电子信息、生物医药、新材料、经济化工、仓储物流为重点，吸引全球企业入驻。截至 2021 年底，共计 80 家企业入园，中资企业最多，其中包括华为、中兴、中航六院、中国一拖等，招商局集团和国机集团还分别建有商贸物流园和火炬科技园。白资企业数量次之，其他还有来自俄罗斯、美国、德国、瑞士等国的企业。2020 年，中白工业园被《金融时报》旗下 fDi Intelligence 评选为 2020 年"一带一路"倡议最佳经济特区。而中哈产能合作是"政策沟通＋实业项目"的开发模式，不受地域和行业限制。中哈已签署政府间产能与投资合作框架协议，内容从钢铁、水泥、能源、

电力、矿业、化工、食品、轻纺等传统领域向信息技术、互联网、新能源等方向拓展。中哈还共设产能合作基金，启动企业间合作项目。吉尔吉斯斯坦对此也很感兴趣，希望"将中国优势产能转移至吉尔吉斯斯坦"。①

河北省目前已常态化运营与白俄罗斯、俄罗斯、哈萨克斯坦等国的中欧班列和中亚班列，为产业合作提供了良好的交通运输渠道，但尚未有企业在当地经济特区进行大规模投资和经营。因此，对外依托中白工业园，对内立足中国—中东欧（沧州）中小企业合作区，打造"引进来"和"走出去"相结合的"双平台"合作体系，对加快推进河北省与欧亚经济联盟的产能和科技深度合作十分关键。首先，沧州中东欧合作区是河北省唯——家以"一带一路"为指向的国家级合作区，与中白工业园同属高规格"一带一路"国家级园区；其次，中白工业园和沧州中东欧合作区联动发展，能够充分发挥二者"走出去"和"引进来"的"双平台"优势，进而形成一个完整的开放平台体系；最后，中白工业园对企业入园设置了产业和资金门槛，入园企业多以大型国企为主，而沧州中东欧合作区则是面向中小企业对外开放和创新创业的自主合作平台，二者具有较强互补性。关于合作内容，一是重点加强河北省与欧亚经济联盟在数据信息、生物医药、机械制造、精细化工等领域的产业技术合作。欧亚经济联盟五国在大数据、区块链、机械制造、信息通信、电子和激光技术等领域有较强的科技实力，河北省可结合双方产业优势，利用内外"双平台"的政策聚焦重点领域加强深度合作。二是鼓励河北省相关领域重点企业"走出去"到欧亚经济联盟各类型经济特区创办科创园或投资建立研发中心，在沧州中东欧合作区"引进来"联盟国家高新技术和科技人才，研发我方急需的产业应用技术，发挥各国国家科学院科创集群的作用。三是制定政策措施鼓励河北省龙头企业以中白工业园为试点，扩大对独联体和中东欧国家的商品服务市场，满足当地经济转型和基础设施升级释放的大量需求，推动河北省建筑、建材龙头企业深入挖掘当地交通基础设施、智慧城市建设领域的商机，生产制造符合当地市场需求的汽车、电子、信息通信等产品，借助海内外合作区平台将河北品牌打入欧亚经济联盟和中东欧市场，为河北省高质量对外开放提供更多战略窗口。

3. 以特色优势产业为抓手，拓展经贸合作新空间

河北省与欧亚经济联盟经贸互补性强，从 2015 年起，河北长期保持对欧

---

① 《中华人民共和国政府和吉尔吉斯共和国政府联合公报》，2015 年 12 月 17 日，国务院新闻办公室网站，http：//www. scio. gov. cn/zhzc/35353/35354/Document/1513351/1513351. htm。

亚经济联盟各国的贸易顺差。虽然双方贸易增长速度较快，但与其他省份对欧亚经济联盟的贸易规模相比，仍有较大发展空间。河北省与欧亚经济联盟在农业科技、机械制造、优质农产品进出口贸易方面已有一定规模的合作，如承德的马铃薯、食用菌、花卉、油用葵等特色产品出口，石药集团的生物制药合作，宗申产业集团与白俄罗斯在邯郸合资设厂，保定建设商品展示中心等。

2020 年 8 月，河北自贸区曹妃甸综合保税区、白俄罗斯农业与粮食部和中国中小企业协会"一带一路"工作委员会联合成立了中白"一带一路"国际合作产业园，为两国企业拓展农业和国际贸易合作搭建平台。未来河北省将加快在一些特色领域提升经贸合作水平。一是推动钾肥、特色农产品和农机的进口贸易。以白俄罗斯为例，该国是世界钾肥主要市场供应方，钾肥年产量约占全球的 1/5，对各国粮食安全有重要影响。近年受疫情、全球极端气候影响，各国为保障粮食安全增加农产品库存，推高钾肥价格。我国土壤严重缺钾，钾肥进口依存度高，对白俄罗斯钾肥市场需求量很大。俄罗斯、亚美尼亚、吉尔吉斯斯坦也在农业科技、农产品加工方面有传统优势。未来河北省可继续深化与欧亚经济联盟的农业优势产业合作，重点拓展钾肥、农机、选种育种、亚麻和肉蛋奶等农产品的加工合作。二是在中药材贸易及加工生产等领域"开疆拓土"。欧亚经济联盟各国目前仍面临较大的疫情压力，人口老龄化严重，民众对中国文化和中医药的认知和接纳程度较高。欧亚经济联盟将中白工业园作为开放医药行业的试点平台，引进了金台文院的"清疫胶囊"生产项目，在白俄罗斯、乌克兰、俄罗斯等国治疗新冠和控制疫情上都发挥了良好效果。2021 年 6 月白俄罗斯政府颁布的新总统令中规定，中白工业园入园企业无须经强制注册或取得医疗活动许可就能使用中医治疗方法提供医疗服务，为河北省中医药产业海外发展提供了前所未有的政策机遇。因此，建议加快推进河北省与欧亚经济联盟的中医药合作，通过"中医药＋互联网"的模式，积极发展中医药贸易，带动中药材生产加工产业链发展，促进双方中医药文化交流和远程中医药教育服务，打造"冀药"国际品牌。三是依托刚刚成立的雄安新区跨境电商产业园"试水"对外贸易新业态，以及"一带一盟"对接数字经济合作的优先发展防线，率先推动与欧亚经济联盟市场相通、产业相融，利用数字赋能开创国际采购、投资促进、经贸交流、开放合作的新模式。

4. 以开拓新方向为重点，全面深化教育文化合作交流

欧亚经济联盟中，俄、白、哈三国的教育产业较为发达，各阶段教育资源丰富。除了俄罗斯的莫斯科国立大学在 QS 全球大学排名前一百，其他欧亚经

济联盟成员国也有十几所高校全球排名前三百，俄、白、哈三国国家科学院也常年与我国进行高端人才培养合作。中国与欧亚经济联盟各国已签署相互承认学位证书的协议，越来越多的毕业生选择赴欧亚经济联盟留学深造。河北省与欧亚经济联盟各国的教育文化交流与合作取得了一定进展，比如，河北省教育厅、河北师范大学、燕山大学等与欧亚经济联盟主要国家展开汉语教学等教育合作。但总体上看，河北省与欧亚经济联盟各国的教育文化合作仍然有较大提升空间，需进一步挖掘新领域、开拓新方向。一是探索建立国别地区研究中心，发挥智库作用，为企业"走出去"赴欧亚经济联盟投资和扩大经贸联系提供智力服务。二是与欧亚经济联盟国家科学院、著名高校探索联合培养新机制，在机械制造、信息通信、现代农业等领域开拓高等教育合作新增长点，联合培养一批博士、硕士研究生。三是以申办国家合作办学项目、联合设立孔子学院、互派留学生访学、组织青少年主题夏令营等渠道为依托，提升双方教育合作对外开放水平。四是在新闻出版、影视传媒、体育、旅游等新方向挖掘更多合作机遇，以多种形式的文化合作深化相互间的理解和认知，促进民间传统友谊，展示燕赵文化。

参考文献

[1]《弘扬人民友谊共同建设"丝绸之路经济带"——习近平在哈萨克斯坦纳扎尔巴耶夫大学发表重要演讲》，载于《人民日报》2013年9月8日。

[2]李永全：《丝绸之路经济带和欧亚经济联盟对接研究》，社会科学文献出版社，2017。

[3]李勇慧：《2017年俄罗斯向东看政策评述——兼论欧亚伙伴关系》，载于《俄罗斯学刊》2018年第4期。

[4]刘瑞：《"丝绸之路经济带"与"光明大道"新经济政策对接：现实与前景》，载于《兰州大学学报（社会科学版）》2019年第4期。

[5]李兴等：《"一带一路"与欧亚联盟对接合作研究》，红旗出版社，2018。

IV 专题报告 →

依托科技服务业推进京津冀协同
创新共同体建设①

陈思通　李海飞②

摘　要：科技服务业是京津冀区域创新体系的重要组成部分，对促进京津冀协同创新共同体建设具有重要支撑作用。近年来，京津冀科技服务业发展较快，但区域间协同存在政策对焦缺乏统筹、发展落差过大、集群一体化发展水平较低、协同机制尚需进一步完善等问题。"十四五"时期，河北应系统谋划，重点从积极优化京津冀区域科技服务业空间布局、深入推进科技服务业协同机制建设、加快弥补河北科技服务业发展短板等方面发力，推动"京津研发、河北转化"的京津冀协同创新共同体建设不断走向深入。

关键词：京津冀　科技服务业　协同创新

科技服务业是指运用现代科技知识、技术和方法以及经验、信息等要素向社会提供智力服务的新兴产业，主要包括科学研究、专业技术服务、技术推广、科技信息交流、科技培训、技术咨询、技术孵化、技术市场、知识产权服务、科技评估和科技鉴证等行业。科技服务业是科技与经济相结合的重要纽带，是构成一个国家或地区区域创新体系的重要组成部分，也是京津冀协同创新共同体的重要支撑力量。系统分析京津冀地区科技服务业发展特征及区域协同存在的问题，并据此有针对性地提出依托科技服务业推进京津冀协同创新共

①　本报告系河北省社会科学基金项目研究成果，项目名称"马克思生产方式理论与我国供给侧结构性改革研究"（项目编号：HB18LJ001）。
②　陈思通，河北经贸大学硕士研究生，研究方向为创新经济学；李海飞，河北经贸大学京津冀协同发展河北省协同创新中心副研究员、博士，研究方向为创新经济学、河北区域经济发展。

同体建设的对策建议，对"十四五"时期推进京津冀协同发展向深度广度拓展具有重要意义。

一、科技服务业对推进京津冀协同创新共同体建设的重要作用

（一）京津冀区域创新能力不断提升但发展不均衡现象突出

从研发（R&D）经费投入情况来看，北京市在规模与增长速度上具有显著优势，天津市略有下降，河北省投入规模超过天津，但占京津冀比重保持平稳。如图3所示，2016年京津冀R&D经费投入合计2405.3亿元，2019年为3262.6亿元，比2016年增加35.6%。其中，北京市2019年为2233.59亿元，比2016年增加50.45%；天津市2019年为462.3亿元，比2016年下降13.96%；河北省2019年为566.73亿元，比2016年增加47.8%，R&D经费投入占京津冀的比例从15.94%上升为17.37%。横向来看，2019年，北京市的R&D研发投入是天津市的4.83倍，是河北省的3.94倍。

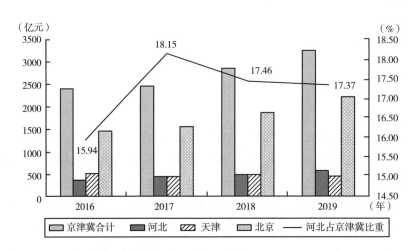

图3　2016～2019年京津冀R&D经费支出

资料来源：历年《中国科技统计年鉴》。

从专利授权情况看，京津冀总体专利授权量呈现平稳上升态势，北京专利授权量相对于津冀两地呈现明显优势，天津、河北专利授权量呈快速增长态势。如图4所示，2016年京津冀专利授权量为17.39万项，2019年为24.73

万项，比 2016 年增加 42.2%。其中，北京市专利授权量 2016 年为 10.23 万项，2019 年为 13.17 万项，比 2016 年增加 28.74%；天津市 2016 年专利授权量为 3.97 万项，2019 年为 5.78 万项，比 2016 年增加 50%；河北省 2016 年专利授权量为 3.18 万项，2019 年为 5.78 万项，比 2016 年增加 81.76%，专利授权量占京津冀比重由 18.30% 上升到 23.37%。横向来看，2019 年，北京市专利授权量是天津市的 2.58 倍，是河北省的 3.22 倍。

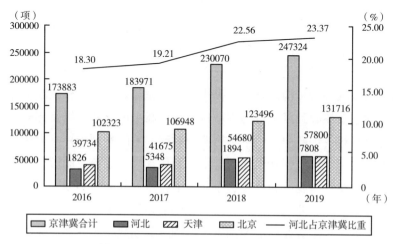

图 4　2016～2019 年京津冀专利授权量

资料来源：国家统计局、国家知识产权局。

从创新型产业集群情况看，京津冀创新型产业集群发展具有一定基础，但京津冀三地的发展差距巨大。2019 年，京津冀三地计入统计的集群数为 10 个，占全国比重为 9.17%；产业集群内企业总数为 2849 个、占全国比重为 12.05%，高新技术企业 1290 个、占全国比重为 12.52%。从创新型产业集群营业收入来看，2019 年，北京市产业集群营业收入为 4516.44 亿元，天津市产业集群营业收入为 1391.42 亿元，河北省产业集群营业收入为 2451.04 亿元，三地产业集群营业收入占全国产业集群营业收入比重为 14.56%。从创新型产业集群科技活动成果来看，2019 年，北京市的科技活动人员 76207 人，企业科技经费支出 327.91 亿元，人均经费支出为 43.03 万元；天津市的科技活动人员 18586 人，企业科技经费支出 44.32 亿元，人均经费支出为 23.85 万元；河北省的科技活动人员 54620 人，企业科技经费支出有 21.30 亿元，人均经费支出为 3.90 万元。从创新型产业集群当年授权发明专利来看，2019 年，北京市为 2644 个，天津市为 428 个，河北省为 810 个，三地的专利总和占全国的比重为 10.93%[①]。

（二）科技服务业对京津冀协同创新具有重要支撑作用

科技服务业是一个国家或地区区域创新体系的重要组成部分。在完善区域创新体系过程中，科技服务业能够发挥科技服务产业化的重要力量。首先，科技服务业通过促进新技术开发、促进知识流动、改变创新方式和优化创新资源组合等途径，承担知识创新、技术创新和知识技术传播等专业功能，对提升创新绩效发挥着不可替代的作用。其次，科技服务业能够把大多数公益型科研机构和部分技术型科研机构的科技资源从原有体制中有效地分流出来，尽快面向市场，有利于推进形成技术研发、成果推广以及配套综合服务的市场化科技管理体系，为区域科研机构改革创新提供了重要途径。再次，科技服务业通过实现以学校为创新核心到以企业为创新核心的创新主体迁移，以及部分群体部分行业部分时段科技创新向全社会全行业全过程的不间断创新，有力达成传统科技研发模式向现代科技创新模式的转变。最后，科技服务业能够改变目前科技人员主要集中在科研院所和高校、企业缺乏技术创新能力和动力、科研成果转化难、科技研发与企业生产经营在很大程度上相脱节等现象。

加快发展科技服务业已成为国家践行创新驱动战略、推动产业结构优化升级的重要抓手。2014 年 10 月，国务院发布《关于加快科技服务业发展的若干意见》，指出加快科技服务业发展是推动科技创新和科技成果转化、促进科技经济深度融合的客观要求，是调整优化产业结构、培育新经济增长点的重要举措，是实现科技创新引领产业升级、推动经济向中高端水平迈进的关键一环，对于深入实施创新驱动发展战略、推动经济提质增效升级具有重要意义。《京津冀协同发展规划纲要》明确提出要打造京津冀协同创新共同体。京津冀协同创新共同体目标的实现，不仅要依靠政府科技部门、科研事业机构和公共创新平台之间的携手协作，更需要市场化专业创新主体的推动和保障。科技服务业是为科技创新活动全链条以及创新成果产业化过程提供专业化服务的行业，不仅是现代服务业的重要组成部分和发展方向，同时也是促进科研成果从基础研究到产业化转化、实现传统制造业向先进制造业转变的关键因素。

大力发展科技服务业已成为京津冀打造协同创新共同体的目标所向和普遍共识。京津冀三地存在科技服务业融合对接、协同发展的基础和要求。北京已

---

① 资料来源：《中国火炬统计年鉴 2020》。

进入后工业化阶段，产业结构服务化、发展动力创新化特征明显，科技服务业规模大、体系全、竞争力强、向外拓展市场需求迫切。天津虽然创新能力逐步增强，研发转化能力较为突出，但产业结构优化调整、发展方式转型任务亦较为繁重。河北科技服务业起步晚、产业弱小，但正处于转型发展关键阶段，环境治理、产业升级等领域科技服务市场需求巨大。京津冀科技服务业协同发展正是大势所趋。近年来，京津冀三地发布多项促进科技服务业加快发展、协同发展的政策文件，京津冀科技服务业已进入自觉推动、协同分工、快速发展的新阶段。

二、京津冀科技服务业发展现状

（一）总体发展情况

科技服务业生产总值方面，北京市优势显著，河北省规模增长最快，天津市有所回落。如图5所示，2016年北京市科技服务业生产总值为1980.0亿元，占第三产业生产总值的比重为8.9%；2019年科技服务业生产总值为2826.4亿元，比2016年增长42.74%，占第三产业生产总值的比重为9.57%。天津市2016年科技服务业生产总值为913.35亿元，2019年科技服务业生产总值为593.41亿元，减少35.03%。河北省2016年科技服务业生产总值为404.16亿

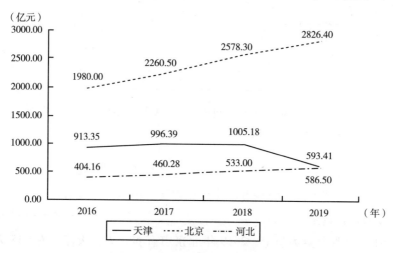

图5 京津冀科技服务业生产总值

资料来源：各年度《北京统计年鉴》《天津统计年鉴》《河北经济年鉴》。

元，2019 年科技服务业生产总值为 586.5 亿元，增加 45.12%。横向来看，2019 年北京市科技服务业产值是天津的 4.76 倍，是河北的 4.82 倍。

科技服务业法人单位数量方面，北京在京津冀区域甚至在全国也具有明显规模优势，天津近年来逐年减少，河北省增加明显。如图 6 所示，2016 年北京市科技服务业法人单位数为 10.79 万个，占全国科技服务业法人单位数的比重为 13.27%；2019 年北京市科技服务业法人单位数为 13.61 万个，占全国科技服务业法人单位数的比重为 16.7%。2016 年天津科技服务业法人单位数为 4.2 万个，占全国科技服务业法人单位数的比重为 5.2%；2019 年天津市科技服务业法人单位数为 2.9 万个，占全国科技服务业法人单位数的比重降为 3.53%。2016 年河北省科技服务业法人单位数为 2.6 万个，占全国科技服务业法人单位数的比重为 3.2%；2019 年河北省科技服务业法人单位数为 5.9 万个，占全国科技服务业法人单位数的比重提高到 7.3%。

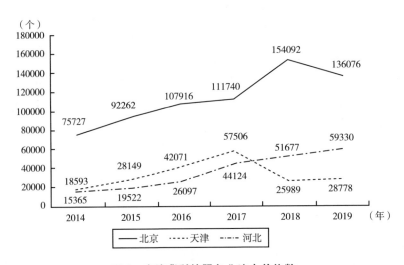

图 6　京津冀科技服务业法人单位数

资料来源：各年度《北京统计年鉴》《天津统计年鉴》《河北经济年鉴》。

生产力促进中心和孵化器方面，河北省具有一定规模优势，天津在生产力促进中心服务绩效方面优势显著，北京在孵化器绩效方面优势突出。生产力促进中心方面，在数量上，2019 年北京市中心个数有 12 个，天津市有 55 个，河北省有 61 个；在从业人员上，2019 年北京市有 680 人，天津市有 935 人，河北省有 802 人；在服务绩效上，2019 年北京市服务收入为 10160.5 万元，天津市为 20889.9 万元，河北省为 11656.4 万元。在孵化器方面，2019 年，北京市孵化器数量为 130 个，天津市孵化器数量为 81 个，河北省孵化器数量为 251 个；北京孵化机构从业人员有 2797 人，天津市有 1078 人，河北省有 3439 人；北京市孵化基金总额为 2250051.1 万元，天津市为 26769.4 万元，河北省为 118406 万元；北京在孵企业数为 9444 家，天津为 4309 家，河北省为 7725 家。如表 10、表 11、表 12 所示。

表 10   **2019 年京津冀生产力促进中心基本情况**

地区	入统中心 个数（个）	人员总数 （人）	总资产 （千元）	政府投入 （千元）	年总服务收 入（千元）
北京	12	680	5703478	42086	101605
天津	55	935	694069	1901	208899
河北	61	802	173795	28034	116564

资料来源：《中国火炬统计年鉴 2000》。

表 11   **2019 年京津冀科技企业孵化器基本情况**

地区	统计孵化器 数量（个）	孵化器总收入 （千元）	管理机构从业 人员数（人）	孵化基金总额 （千元）
北京	130	4532570	2797	22500511
天津	81	409286	1078	267694
河北	251	1381711	3439	1184060

资料来源：《中国火炬统计年鉴 2000》。

表 12   **2019 年京津冀孵化器孵化企业情况**   单位：家

地区	在孵 企业	高新技术 企业	当年新增在 孵企业	累计毕业 企业	当年毕业 企业	收入达 5 千万 元企业
北京	9444	2184	2626	15091	1321	122
天津	4309	259	1183	2479	328	65
河北	7725	612	2108	4401	942	75
合计	216828	15370	58830	160850	26152	3729

资料来源：《中国火炬统计年鉴 2020》。

研究开发服务方面，京津冀在研究开发服务领域初步形成了以重点实验室为载体的科技研发平台体系和以工程中心为载体的技术创新平台体系。北京高校数量在全国占据领先地位，有国家重点实验室 83 家，其中依托企业建设的国家重点实验室有 24 家，占全国批准企业建设国家重点实验室数量的 25.26%。天津市有 1 个国家大学科技园、191 个众创空间、12 家国家级工程技术研究中心、54 家国家级企业技术中心。截至 2019 年，河北省有省级及以上企业技术中心 759 家、技术创新中心（工程技术研究中心）797 家、重点实验室 273 家，组织实施国家和省高新技术产业化项目 638 项，其中在建国家重大专项和示范工程项目 30 项。①

技术转移服务方面，近年来，以北京为代表，京津冀地区的技术市场规模不断扩大，技术交易日趋活跃，服务水平日益提高，为优化科技资源配置、加速科技成果向现实生产力转化做出了积极贡献。如表 13 所示，2019 年北京市输出技术合同 83171 项，成交金额为 5695.3 亿元，吸纳技术合同 65130 项，成交金额为 3223.7 亿元。天津市输出技术合同 13885 项，成交金额为 909.3 亿元，吸纳技术合同 11277 项，成交金额为 461.5 亿元。河北省输出技术合同 7262 项，成交金额为 381.2 亿元，吸纳技术合同 11324 项，成交金额为 583.6 亿元。

表 13　　　　　　　　　　2019 年京津冀技术交易情况

地区	输出技术		吸纳技术	
	合同数（项）	成交金额（亿元）	合同数（项）	成交金额（亿元）
北京	83171	5695.3	65130	3223.7
天津	13885	909.3	11277	461.5
河北	7262	381.2	11324	583.6

资料来源：《中国火炬统计年鉴 2020》。

知识产权服务方面，根据国家知识产权局《2020 年中国知识产权发展状况评价报告》，京津冀 2020 年地区知识产权综合发展指数分别为 80.8、60.5、53.2，全国排名分别为第 2 位、第 11 位、第 17 位，分别隶属全国第一、第二、第三梯队。如图 7 所示，从知识产权服务机构来看，截至 2020 年底，北京市专利代理机构达到 737 家、执业代理人达到 9481 人，知识产权品牌服务

---

① 资料来源：《河北省 2020 年国民经济和社会发展统计公报》《天津市 2020 年国民经济和社会发展统计公报》。

机构超过百家，知识产权服务领跑全国；天津市建设有中国（天津）知识产权保护中心，建成中国（滨海新区）知识产权保护中心，专利代理机构有 88 家，市级服务品牌机构达到 13 家，国家级服务品牌机构达到 10 家，各类知识产权服务机构突破 300 家；河北省备案商标代理机构达 1400 余家，专利代理机构达 98 家，培育知识产权服务品牌机构 30 家，"技术与创新支持中心（TISC）"机构 3 家。①

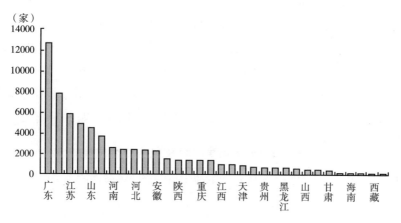

图 7　2020 年中国知识产权服务机构省域分布

资料来源：国家知识产权局：《2020 年全国知识产权服务业统计调查报告》。

（二）空间集聚特征

测算产业集聚指数是描述和分析某项产业空间集聚特征的重要方法。关于测度产业集聚的方法诸多，主要包括行业集中度（CRn）、赫芬达尔指数（HHI）、区位熵指数（LQ）以及 E－G 集聚指数与空间基尼系数等。鉴于区位熵在衡量区域中某要素空间分布状况等方面具有独特的便利性与充分的解释力度，本报告选取区位熵指数来反映京津冀地区科学研究与技术服务业的集聚水平。

区位熵是指某地区某部门的城镇单位就业人数在地区工业总城镇单位就业人数中所占的比重与全国该部门城镇单位就业人数在全国城镇单位就业人数中所占比重之间的比值。公式如下：

---

① 资料来源：《2020 年中国知识产权发展状况评价报告》《天津市知识产权"十四五"规划》。

$$LQ = \frac{\left(\dfrac{L_{ij}}{L_i}\right)}{\left(\dfrac{L_j}{L}\right)}$$

其中，L_{ij} 为 i 地区科学研究与技术服务业城镇单位就业人数，L_i 为全国科学研究与技术服务业城镇单位就业人数，L_j 为 j 地区第三产业城镇单位就业人数，L 为全国第三产业城镇单位就业人数。

依据《国民经济行业分类》（GB/T4754-2017），本报告选取 2015~2019 年京津冀三地的科学研究和技术服务业城镇单位就业人数作为统计指标，数据来源于《北京统计年鉴》《天津统计年鉴》《河北经济年鉴》《中国第三产业统计年鉴》《中国火炬统计年鉴》《中国城市统计年鉴》等。根据前述数据，我们算出了京津冀三地十三个地市级的区位熵指数结果，如表14所示。

表14　　　　2011~2019 年京津冀科技服务业区位熵

地区	2011 年	2012 年	2013 年	2014 年	2015 年	2016 年	2017 年	2018 年	2019 年
北京市	3.57	3.47	3.75	3.54	3.36	3.71	3.68	3.67	3.45
天津市	0.96	1.32	1.66	1.60	1.69	1.71	1.86	1.74	1.63
河北省	0.87	0.93	1.01	0.99	1.02	1.10	1.01	1.21	1.14
石家庄市	1.40	1.51	1.61	1.65	1.71	1.67	1.64	1.71	1.28
唐山市	0.28	0.26	0.40	0.37	0.40	0.40	0.31	0.28	0.40
秦皇岛市	0.71	0.70	0.79	0.78	0.78	0.75	0.64	0.73	0.84
邯郸市	0.84	0.73	0.62	0.61	0.62	0.64	0.66	0.60	0.53
邢台市	0.60	0.48	0.49	0.54	0.53	0.51	0.53	0.50	0.45
保定市	1.39	1.59	2.08	1.88	1.97	1.78	2.33	3.00	2.93
张家口市	0.62	0.63	0.84	0.92	0.97	0.93	0.78	0.83	0.76
承德市	0.65	0.65	0.91	0.97	0.91	0.84	0.77	0.76	0.98
沧州市	0.57	0.52	0.45	0.41	0.34	1.79	1.89	1.66	1.34
廊坊市	1.44	1.94	1.31	1.13	1.20	1.20	0.34	0.90	0.99
衡水市	0.41	0.38	0.46	0.45	0.42	0.42	0.40	0.31	0.44

一般而言，区位熵指数越大，说明地区产业集聚水平越高，当区位熵指数大于1时，说明该地区的产业在高层次区域中有明显的比较优势，显示出该地

该产业具有较强的集聚能力。根据表 13 的数据，我们基本可以得出以下结论。

首先，北京和天津的科技服务业集聚程度相对较高且保持稳定。如表 13 所示，北京市科技服务业区位熵一直保持在 3 以上的超高位置，说明科技服务业一直是北京产业发展的重点和支撑。天津市的区位熵除了 2011 年以外全都大于 1，说明天津市的科技服务业的集聚水平也较强；并且可以看出 2015 年之后的区位熵普遍高于 2015 年之前，说明"十三五"期间天津科技服务业的发展有所加快，虽然近两年集聚指数有所回落但一直维持在 1.6 以上。

其次，河北科技服务业发展集聚发展水平相对京津较低，且省内各城市间产业分化在加剧。2019 年，河北省科技服务业区位熵为 1.14，仅为北京的 1/3。从内部看，河北省区位熵水平大于 1 的城市有石家庄市、保定市、沧州市、廊坊市。其中，石家庄市的区位熵水平一直大于 1，说明石家庄市的科技服务业集聚水平相对较高；其在"十二五"期间区位熵呈上升趋势，但"十三五"期间区位熵波动性较大，如何持续赢取竞争新优势将是石家庄科技服务业未来发展需要考虑的重要问题。保定和沧州是河北科技服务业发展的新势力，尤其是保定，"十二五"和"十三五"期间区位熵一直呈上升趋势，近几年甚至达到 3 而逼近北京，说明保定的科技服务和科技创新能力在提升，这背后可能与近年来保定不断加强与北京的创新合作相关；沧州"十三五"期间科技服务业区位熵基本上小于 0.5，且逐年下降；然而从 2016 年开始，沧州市的区位熵直接上升到大于 1 的水平，已超过石家庄，呈现异军突起的良好发展态势。廊坊市的科技服务业则呈现萎缩态势，区位熵在 2011～2016 年均大于 1，但是 2017～2019 年的区位熵降到 1 以下，背后原因值得探讨。

三、京津冀科技服务业协同发展面临的主要问题

（一）规划政策各自发布，缺乏统筹协同与政策对焦

从规划政策上看，目前，京津冀各自均已发布了加快科技服务业发展的实施意见，但统筹三地发展举措的顶层规划并未颁布，面对协同发展诸多障碍问题也未形成统一政策对焦，破除"一亩三分地"思维，统筹规划、一体发展形势紧迫。北京、天津科技部门较早认识到发展科技服务业的重要性，出台相关指导意见的时间也较早，2012 年 3 月北京市科学技术委员会发布了《关于进一步促进科技服务业发展的指导意见》，2014 年 5 月天津市科学技术委员会

也发布了《天津科技服务业发展三年行动计划》。河北省、北京市政府统一制定科技服务业实施意见，发生在国家正式发布相关政策文件之后。2014 年 10 月，国务院发布《关于加快科技服务业发展的若干意见》，明确指出了加快科技服务业发展的意义和举措。之后，河北省分别于 2015 年 5 月、2019 年 1 月发布了《河北省人民政府关于加快科技服务业发展的实施意见》和《河北省推动科技服务业高质量发展实施方案（2019 - 2022 年)》，北京分别于 2015 年 6 月、2017 年 12 月颁布了《关于加快首都科技服务业发展的实施意见》和《加快科技创新发展科技服务业的指导意见》。但总体来看，国家统一或三方统筹制定、专注于科技服务行业协同发展的规划政策一直缺失。

（二）发展水平不一，面临落差

从发展水平上看，京津冀科技服务业发展在很多方面呈现阶梯式差距，北京一家独大现象明显，三地科技服务业协同发展面临落差悬崖障碍；河北近年来科技服务业发展速度较快，但总体上看仍远远落后，成为京津冀科技服务业协同发展的短板。从科技服务业增加值来看，2019 年，京津冀三省市分别为 2826.4 亿元、593.41 亿元、586.5 亿元，北京分别是天津的 4.76 倍、河北的 4.82 倍。从科技服务业法人单位数来看，2019 年，北京为 13.6 万个，天津市为 2.9 万个，河北省为 5.9 万个，北京分别为天津、河北的 4.7 倍、2.3 倍。从科技服务业人才集聚来看，2019 年北京市科技服务业从业人数占京津冀区域从业人数的比重为 71.47%，人才集聚效应明显。北京已成长为名副其实的领先全国、具有全球影响力的科技创新与科技服务中心，与津冀的差距在不断拉大。

（三）分工合作正在展开，集群一体化发展格局远未形成

在要素配置上，京津集中占有大量优质高水平科技创新与服务资源，同时其对周边持续不断的创新磁场和虹吸效应更加重了地区间资源配置的不均衡。从分工联系上看，北京对津冀创新发展的辐射带动作用还不强，资源配置不均与虹吸效应并存，产业布局散、链条衔接不紧凑、分工协作不深入、科技服务供需相对脱节等问题较为突出，京津冀科技服务业形成集群一体化发展格局还有很长一段路要走。在链条关联上，京津冀科技服务业存在一定程度的自成体系、同质竞争现象，限制了产业聚集效应的发挥和分工协作的深入。在供需对接上，北京科技研发优势并没能大规模服务于津冀，北京科技市场服务津冀还

有很大潜力可挖。北京市技术市场年报显示，2019 年，北京市流向津冀的技术合同有 4908 项，成交额为 282.8 亿元，仅占北京流向外省市技术合同成交额的 9.9%，而流向长江经济带 11 个省（市）技术合同占北京流向外省市技术合同成交额的 36.1%，流向广东省技术合同占流向外省市技术合同成交额的 15.4%。

（四）平台共建取得一定进展，协同机制尚需完善

从协同机制上看，平台共建取得一定进展，但行政壁垒依然存在，科技服务市场联系深度还不够，以行业协会为主导的行业自发合作还存在诸多障碍，京津冀科技服务业形成政府开放合作、行业沟通协调、企业平等竞争的区域协同与共享机制还有待进一步努力。一方面，主要以平台共建形式，包括共建科技园区、共建创新基地、共建转化基金、共建技术市场、共建创新联盟等，京津冀在打造协同创新共同体方面取得了一些重要进展，京津冀大数据综合实验区、天津滨海 – 中关村科技园、京冀曹妃甸协同发展示范区、中关村海淀园秦皇岛分园、亦庄·永清高新技术产业开发区等创新平台加快建设，中关村海淀园秦皇岛分园建立的"四四二"等利益共享合作机制逐步走向成熟。另一方面，政府、行业、企业三个层面的协同发展机制，还需进一步创新和完善，河北在 2015 年《河北省人民政府关于加快科技服务业发展的实施意见》中，就提出成立河北省科技服务业协会的决定，但直到现在仍未成立。

四、依托科技服务业推进京津冀协同创新的对策建议

（一）积极优化京津冀区域科技服务业空间布局

集中打造雄安高端科技服务集聚区。根据《河北雄安新区规划纲要》《河北省推动科技服务业高质量发展实施方案（2019 – 2022 年）》等规划文件要求，发挥雄安新区区位与政策优势，依托河北·京南国家科技成果转移转化示范区等重大平台，提升公共服务水平，完善配套条件，创新政策环境，以构建新时代高质量科技服务体系为目标，以满足科技创新和转型发展需求为导向，聚焦发展十大科技服务业态，积极开展科技招商、平台招商和新业态招商，多方式、多渠道、多领域吸引京津科技服务机构在雄安设立分支机构或合作成立服务机构和服务窗口，加快雄安新区中关村科技园建设，完善雄安新区高端高

新产业检测认证服务平台和京津冀科技交易重要节点市场，打造雄安新区高端科技服务业发展高地和示范区。

强化建设河北科技服务业协同发展示范引领城市。推动石家庄市积极开展与保定市科技服务业的联合布局，通过建立省级或国家级科技服务示范机构、因地制宜创新业态等方式，实现科技服务业创新发展。鼓励保定市、沧州市创建科技服务业示范城市，与京津科技服务机构展开深度合作，依托高水平科技创新平台集聚科技服务人才，打造京津冀科技服务业增长极。

积极培育河北特色科技服务业协同发展城市。支持省内有条件但尚未形成科技服务业集聚发展的城市发挥特色，利用京津条件，加快科技服务业发展，打造特色鲜明、功能完善的科技服务业集聚区。鼓励科技服务业发展基础较好的区域积极探索科技服务业集聚区建设和运营模式，推进集聚区多元化发展。推动专业科技服务集成化发展，支持建设技术转移集聚区、研发园区、创业孵化园等创新服务功能集聚区。支持各地龙头科技服务业机构采取多种方式，围绕本地区优势产业需求，主动对接京津科技服务资源外溢，大力引进各类科技服务主体，整合科技服务资源，促进科技服务机构集聚、产业高质量发展。

（二）深入推进科技服务业协同机制建设

加强对科技服务业工作的统筹协调。探索建立跨部门、跨区域合作协商机制，推动京津冀三地科技部门、高新区、产业园区等建立科技服务业管理机构，注重发挥相关协会、学会、联盟对科技服务业的支撑作用，以行业组织建设推动科技服务业的市场规范和实现行业促进，共同支持和推进京津冀科技服务业高质量发展。强化省、市、县三级科技管理部门对科技服务业的管理工作，以加强协同、推动技术转移和成果转化为主线，完善科技服务业组织管理和服务体系。

加快建设京津冀科技服务统一产品市场和要素市场。深度推进与北京中关村技术交易中心、天津北方技术交易市场与京津冀技术交易河北中心、石家庄科技大市场、石家庄京津冀军民技术交易中心等市场的融合对接、互联互通，构建线上线下有机统一、多层次专业化的技术（产权）交易市场服务体系，提高京津对河北技术开发、转让、咨询和服务的规模和层次。协同京津、面向世界，紧紧围绕科技成果转化和创新驱动发展，通过政府引导、市场配置、企业主体、政策支撑，聚焦创新需求、聚合创新资源、聚力创新服务，完善资源汇聚、供需对接、交易撮合、产业转化、政策支撑等服务，努力打造世界一流、国内领先的京津冀科技资源集聚中心、技术转移交易中心、创新创业服务中心。

重点深化与北京中关村科技服务产业链共建。选择一批特色鲜明、功能完善、布局合理的科技服务业集聚区，形成一批具有国内影响力的科技服务业发展平台，积极与北京中关村开展多领域科技服务合作。聚焦河北重点产业转型升级科技服务需求，以共建园区、企业转移、知识产权等多种形式，吸引北京中关村及其企业向河北转移资源、技术与服务，进行产业链创新链合作。

（三）加快弥补河北科技服务业发展短板

推动科技服务与实体经济深度融合。围绕新一代信息技术、生物技术、高端装备制造和新材料等战略性新兴产业，加大对国家级、省级和市级工程研究中心、工程实验室、重点实验室和工程技术研究中心等创新研发平台的支持力度，利用互联网、大数据等技术建设公共科技服务平台，完善创意设计、研究开发、检验检测、标准信息、品牌推广等科技服务链条，提升产品附加值和市场竞争力。引导大企业通过管理创新和业务流程再造，逐步向技术研发、市场拓展、品牌运作等服务企业转型，推进服务专业化、市场化、社会化。鼓励大型企业加快剥离科技服务业务，将技术研发、检验检测等部门注册成为具有独立法人资格的科技服务机构，开展市场化经营，培育出一批开展科技服务的龙头企业、示范企业。重点加快推动科技服务业与制造业融合，通过在制造业集群内搭建金融、信息服务、研发设计等服务平台，围绕制造业集群构建区域服务体系，形成产业共生、资源共享的互动发展格局。

拓宽科技服务业发展投融资渠道。建立科技服务业的财政投入逐步增长机制，不断加大对优先发展项目、重点投资项目的扶持力度。鼓励设立科技服务业发展基金，探索地方配套资金投入机制，构建科技计划项目联动机制，放大财政的支持效果。引入风险投资机制，探索设立科技服务机构的风险投资引导基金，建立科技项目风险评价机制，鼓励和支持风险投资机构参与科技项目的产业化。加大对科技服务中小企业的支持力度，在加强风险防范和金融监管的前提下，大力发展中小企业融资担保机构和贷款公司，推动中小企业通过合伙制、股份合作制等方式进行股权投融资，增强中小企业直接融资能力，鼓励中小企业上市融资。

加强科技服务业人才引进与培养。完善高端人才引进机制，充分利用各类人才引进计划和扶持政策，有计划、有目的地引进科技服务领域重点产业的国内外科研领军人才和高层次经营管理人才。加强创新创业平台建设，建立人才柔性流动机制，为高层次科技服务人才创新创业提供良好发展环境。在基础条件良好的高等院校和高科技现代服务企业中建立一批科技服务业科技人才培养基地，完善龙头企业与高校人才培养合作机制，为科技服务业发展培养一批懂技术、懂市场、懂管理的复合型科技服务高端人才。依托生产力促进中心和科技园区等平台，通过专业技能培训、专题讲座、行业资讯研讨等活动，开展科技服务机构管理人员和专业技术人员的业务培训，为企业及社会培训各类科技服务人才。

河北省加快京津冀医疗卫生高质量
协同发展的对策建议

李　娜　刘　鹏[①]

摘　要： 京津冀医疗卫生协同发展推动以来，河北在有序疏解非首都核心功能、跨区域诊疗等方面取得了可喜成绩，为区域医疗卫生合作提供了先进经验。通过科室共建、设立分院、整体托管、专科联盟、远程医疗等合作方式，河北省进京就诊人数出现大幅度下降，从"进京看病"到"出京就医"，疏解北京医疗卫生压力，打通了"出京就医"关键一环。但同时，推进京津冀医疗卫生协同高质量发展面临一些问题，如医疗卫生协同发展工作尚未形成合力，京津冀三地医疗卫生服务能力差距仍然较大，区域间医疗卫生协同发展水平不均衡。本研究针对这些问题提出可行的对策建议，希望能推动京津冀医疗卫生高质量、深层次协同发展。

关键词： 京津冀医疗卫生　高质量　协同发展

一、河北省深入推进京津冀医疗卫生协同发展概况

（一）建立了扎实的协同制度框架和协调联动机制

中共中央政治局 2015 年 4 月 30 日审议通过《京津冀协同发展规划纲要》，将推动京津冀协同发展列为重大国家战略，医疗卫生一体化作为疏解北京非首都功能的重要一环得到重视。京津冀三地政府相关部门积极响应京津冀协同发展战略，出台多项政策文件，关注医疗卫生协同。京津冀三省市卫生计生委于

---

①　李娜，河北省社会科学院省情研究所助理研究员，研究方向为行政管理、社会治理；刘鹏，河北省社会科学院省情研究所助理研究员，研究方向为社会政策、社会治理。

2015 年 9 月共同签署了卫生计生事业专项合作协议。河北各地市政府把握战略机遇，推进医疗卫生协同发展的实现。2015 年 2 月，北京市、河北省卫生计生委和张家口市政府共同签订了《医疗卫生协同发展框架协议》；2016 年 10 月，北京市、河北省卫计委和承德市政府签订了《医疗卫生协同发展框架协议》；2017 年 8 月，北京市、河北省卫生计生委和保定市政府签署了《医疗卫生协同发展框架协议》，建立三方医疗卫生战略合作关系。一系列协同发展框架协议的签订，本着"资源共享、优势互补、互惠共赢"的原则，帮助河北省利用紧邻京津的地缘优势，疏解北京非首都医疗功能的同时共享京津先进医疗卫生资源。

经过一系列探索和合作，京津冀医学检验结果互认、影像资料共享范围以及异地医保结算范围不断扩大。医疗机构检验结果和医学影像资料共享程度不断加深，互认要求和互认标准不断完善。通过完善医疗服务联动协作机制，促进区域医疗卫生一体化发展，方便就医、降低医疗费用、减轻患者负担、提高区域内医疗资源使用效率和医疗水平提升，实现普惠区域内患者。

医疗卫生人才实现区域内有序流动。国家卫生健康委出台的医师多点执业的政策为京津冀三地医师跨区域多点执业提供现实条件，推动了优质医疗卫生服务在京津冀区域的可及性和公平性。京津冀三地携手签署《京津冀卫生计生人才交流与合作框架协议》，搭建人才一体化长效协调机制；召开京津冀协同发展卫生技术培训标准化建设与认证示范区启动会，就开展卫生技术培训能力的标准化与认证建设达成一致。京津冀医疗卫生协同发展在医疗水平提升、专业人才培养、医疗机构合作共建等各个方面持续发力推进。

（二）创立了多样化的成功典型经验和多元合作模式

京津冀医疗卫生协同发展推动以来，河北跨医院属性以及地域创新合作模式，在突破医保政策瓶颈，有序疏解非首都核心功能，跨区域诊疗等方面取得了惊人的成绩，为区域医疗卫生合作提供了先进经验。

共建科室模式。张家口市医院与北京各医院深入合作，开展脑科、眼科、儿科、呼吸、心外等特色专科技术合作，合作共建脑科中心、呼吸疾病诊疗中心和心脏中心，通过共建科室提升张家口市医疗卫生发展水平。在巩固前期合作的基础上，签署了《京冀张进一步深化医疗卫生协同发展框架协议（2019－2022 年）》，为 2022 年冬奥会提供医疗服务，同时为提升张家口市医疗卫生服务水平提供优质医疗资源保障。

设立分院模式。河北省张家口市人民政府、崇礼区人民政府和北京大学第三医院三方合作在张家口市崇礼区设立北京大学第三医院崇礼院区。本着优势互补、资源共享、互惠共赢、共同发展的原则，挂牌北医三院崇礼院区并入围首批国家区域医疗中心（运动创伤）项目，共同打造国际知名运动诊疗创伤中心，持续提升冬奥会张家口赛区医疗卫生保障能力，为冬奥会保驾护航。

整体托管模式。经过北京医院的托管经营，保定市儿童医院已发展成为医疗、教学、科研、预防保健、社区服务"五位一体"的综合性儿童医院。不仅硬件水平大幅提升，在北京专家协助下，多项技术也实现新突破，部分技术在国内也处于领先水平，使河北患儿在家门口就能享受到北京优质儿科医疗服务。

专科联盟模式。河北省中医院与国家中医药局局属（管）医院、京津中医院共建专科联盟。"京衡中医药名片工程"启动，北京与衡水市中医院整体合作对接。京廊中医药"8.10工程"合作进展顺利，老中医传承基地推进建设。河北省中医院与国家中医药局局属（管）医院在专科联盟、协同病房等方面深入对接。

（三）取得了显著的协同发展效果

首先，优质医疗资源向北京以东地区下沉，在来自京津的医院和专家的大力协助和扶持之下，河北医疗卫生技术和水平得到了极大的提升。河北省区域诊疗中心布局正在逐步实现优化，以区域诊疗中心为核心不断向外辐射和发挥作用，病患享受到更加优质的医疗资源以及更加高水平的医疗服务。

通过科室共建、设立分院、整体托管、专科联盟、远程医疗等合作方式，进京就诊人数出现大幅度下降，从"进京看病"到"出京就医"，疏解北京医疗卫生压力，打通了"出京就医"关键一环。协同发展以来，京津冀跨省异地就医门诊直接结算项目启动，2020年12月7日，河北省医疗保障局发布《关于公布河北省开通京津冀异地就医普通门诊直接结算业务试点定点医疗机构名单的通知》，将101家定点医疗机构纳入京津冀异地就医普通门诊费用直接结算试点定点医疗机构范围。京津冀在全国率先推进跨省异地就医门诊直接结算工作，打通京冀两地政策鸿沟，突破京冀异地医保瓶颈。

二、河北省推进京津冀医疗卫生高质量协同发展面临的问题

（一）河北省医疗卫生协同发展工作尚未形成合力

一是河北省医疗卫生协同发展的总体定位尚待明确，各地医疗卫生协同发展的目标方向仍不清晰。在京津冀协同发展大背景下，三地在医疗卫生方面尚未明确错位发展的城市定位和分工，对各自的比较优势和重点发展方向尚未达成共识。河北省对自身的区域功能定位的不清晰表现在，一方面，很难找准发展重点和特色；另一方面，无法实现空间上的错位发展和优势互补，进而难以形成合力。当前各地相关部门开展工作的方向感不强，对自身的发展重点模糊不清，尤其是对本地医疗机构的功能定位和重点专科发展方向不明确，无法充分发挥自己的区位特点和资源优势。笔者调研发现，各地在推进医疗卫生协同的过程中普遍没有设立明确的定位和发展方向，协同工作开展得较为盲目、散乱。当地有关部门对于通过协同合作要实现什么样的功能以及这些功能能够实现怎样的目标并没有明确的概念。

二是全省医疗卫生协同工作缺乏整体统筹，省级层面对跨区域协调支持力度不足。整体来看，全省医疗卫生协同发展缺乏一盘棋总体规划，省级层面对分区域、分专科方向引导不足，尚未实现全省范围内合理的需求匹配。当前省内区域布局发展不够清晰，省级层面对各地的医疗资源布局、专科发展缺乏方向性引导，各地医疗卫生协同关系较为松散，协同合作呈现散乱、无序状态。优质的医疗卫生资源是有限的，需要合理调配才能实现资源利用最大化，否则容易带来重复建设、盲目发展等问题。同时，地区间协同关系的建立无法仅通过个体的力量实现，需要依靠高层次的行政力量打破各种行政性限制，才能进一步激发医疗服务协同的动力和活力。当前北京市医疗资源比较复杂，除市属医疗资源之外，还有大量的非市属医疗机构存在，各类医疗资源行政主管部门互不隶属，这类复杂的协调关系不是各地市能够统筹的，与它们的合作需要省级层面的支持协调。笔者调研发现，在推进医疗卫生协同工作中各部门、各地区分散行动，单纯依靠自己寻求对接项目，不但对接难度加大，还往往会出现对京津优质医疗资源的争抢现象。因此亟须全省范围内整体筹划形成合力，加大省级层面对跨区域协调的支持力度，推动形成发展梯度，避免同质化竞争、

资源浪费等问题。

（二）京津冀三地医疗卫生服务能力差距仍然较大

一是河北与京津医疗卫生资源配置水平差距仍然明显，尤其医疗卫生人才相对匮乏。补齐医疗卫生短板需要实现软硬件双提升，不仅包含医疗设备、床位数量等硬件设施，还包含专业医疗人才、医疗技术等软实力，其中区域内三级医院配置数量在一定程度上体现了当地的医疗卫生服务能力。截至2019年，北京、天津、河北每百万人口三级医院数分别为4.8所、3.1所和1所，北京、天津每百万人口三级医院数分别是河北的4.8倍和3.1倍。[①] 在可以通过直接投资加以改善的每千人口医疗卫生机构床位数这一体现医疗硬件的关键指标上，河北与北京的水平已经非常接近，并超过了天津，分别为5.66张、5.93张和4.37张。而更能体现医疗技术软实力水平的专业医疗人才数量指标仍与北京有着显著差距，与天津差距较小。2019年河北每千人口卫生技术人员数、执业（助理）医师数、注册护士数和每万人口全科医生数分别仅相当于北京的51.6%、61.2%、45.3%和56.3%，各项专业医疗人才数量平均差距将近50%（见表15）。

表 15　　　　　　　　2019 年京津冀地区医疗资源配置情况

地区	每百万人口三级医院数（所）	每千人口医疗卫生机构床位数（张）	每千人口卫生技术人员（人）	每千人口执业（助理）医师（人）	每千人口注册护士（人）	每万人口全科医生数（人）
北京	4.8	5.93	12.6	4.9	5.3	4.3
天津	3.1	4.37	7	3	2.7	2.92
河北	1.0	5.66	6.5	3	2.4	2.42

资料来源：国家统计局网站和2020年《中国卫生健康统计年鉴》。

二是河北与京津医疗卫生投入差距较大，个人医疗费用负担相对较重。卫生总费用占 GDP 比重和人均卫生总费用是反映当地卫生投入水平和力度的重要指标。2018 年，京津冀三地卫生总费用占 GDP 比重分别为 7.55%、6.65% 和 8.28%，占比相差不大，但人均卫生总费用却差之甚远，河北省人均卫生

---

① 根据国家卫生健康委《中国卫生健康统计年鉴 2020》（中国协和医科大学出版社）相关数据计算得出。

总费用分别占北京和天津人均卫生总费用的 30.6% 和 62.5%。个人卫生支出占卫生总费用的比重是反映居民看病就医经济负担的关键指标，也是医疗卫生服务的重要评价指标，反映了面对重大疾病及灾难性卫生支出的家庭抗风险能力。截至 2018 年，京津冀三地在卫生总费用构成、卫生总费用占 GDP 比重、人均卫生总费用方面仍存在较大差距。其中北京、天津、河北个人卫生支出占卫生总费用的比重分别为 15.63%、30.04% 和 33.96%，可见河北省居民的个人医疗卫生支出占比与天津相比差距不大，但与北京相比则高出很多，河北省居民与北京居民相比医疗卫生经济负担相对较重（见表 16）。

表 16   2018 年京津冀卫生服务投入状况

地区	政府卫生支出占卫生总费用比重（%）	社会卫生支出占卫生总费用比重（%）	个人卫生支出占卫生总费用比重（%）	卫生总费用占 GDP 比重（%）	人均卫生总费用（元）
北京	23.19	61.18	15.63	7.55	11609.06
天津	24.34	45.62	30.04	6.65	5698.41
河北	26.24	39.8	33.96	8.28	3561.06

资料来源：2020 年《中国卫生健康统计年鉴》。

（三）京津冀区域间医疗卫生协同发展水平不均衡

一是各地医疗卫生协同发展水平差异较大。各地推进医疗卫生协同发展的基础条件不同，协同发展的重点区域与其他地区之间存在政策梯度差和区位资源优势差。当前重点区域医疗卫生协同的水平相对较高，如雄安新区、张北地区、廊坊北三县是京津冀协同的重点区域，也是医疗卫生协同的重点方向，具有良好的地缘优势和明显的政策优势。这些地区协同发展意愿强烈，积极与京津地区签订合作协议推动京津冀医疗卫生一体化进程，开展的合作项目较多。但重点区域的辐射带动性不强，同时其他地区协同发展的基础差、支撑少，造成其他地区与重点区域的协同发展水平差距较大。如衡水、沧州等地由于距离京津较远，可利用的资源相对有限，发展意愿和发展动力不足，开展的合作项目较少，医疗卫生协同的水平相对较低，一定程度上阻碍了全省医疗整体卫生水平的提高。

二是各地对推动医疗卫生协同发展的积极性存在差距。当地对医疗卫生协同发展的重视程度直接影响与京津医疗合作的水平。环京津地区由于与京津在地理关系上更加紧密，信息、人才等要素的流动更加便利，协同发展的工作更易开展并取得实际效果，因此这些地区会更加重视这项工作。而河北中南部地区既没有地域优势，也缺乏政策支持，协同工作较难展开，在没有得到实际收益的前提下很难重视起来。调研发现有些地区市级层面非常重视医疗卫生协同工作，主动与京津进行协调沟通，而有些地区对协同工作的重要性、迫切性认识不够，可能与政策倾向有关，市级层面还没有进行相关谋划，单纯依靠医院自己联系合作。如保定、张家口、廊坊等地作为重点发展区域，吃到政策红利的同时当地也非常重视相关工作，医疗卫生协同水平较高，有更多的成功经验。

（四）河北省与京津医疗卫生项目合作体系还不完善

一是合作的深度不足，多数合作层次偏低。当前河北在与京津医疗卫生领域的协作中，大多数合作层级较浅，深层次合作项目占比不高。尤其是在科研学术研究方面，重点学科建设力度不足。各地在推进协同发展过程中如果单纯为了扩充合作项目的数量，盲目追求低层次、易开展的合作项目，容易造成现有的深层合作比例严重不足，影响协同发展的实效性。调查发现在已开展的项目中设立分院、机构托管、共建重点学科等深层次合作比例较低，对口支援、帮扶、医联体和专科联盟建设等浅层次合作较多。

二是合作主体较为单一，合作领域不够广泛。目前合作主体主要集中在公立医院之间，或者是各地的卫生计生部门与医院之间，其他医疗卫生机构、医学院校以及社会力量等主体参与度较低，各地引导多元主体参与合作的力度不足。而合作内容主要集中在就医诊疗方面，在科研创新、医养结合、大健康产业等方面的合作进程较为缓慢，缺少能够调动多方资源通力合作的区域性医疗中心建设项目。另外，虽然三地在重大疫情、传染病防控工作和卫生应急协同处置等方面开展了协作，但联防联控的公共卫生服务体系尚未有效建立。

三是合作项目的规范化管理水平不高，对合作的效果缺乏监测和评估。目前多数合作项目由各地卫生计生部门或者医院自行牵头开展，未能形成统一领导、权责匹配的管理体系，缺乏全过程监管机制和绩效考核制度，尚未建立全省统一规范的医疗卫生协同发展统计监测指标体系。部分项目开展后没有制订相应的规划任务分工方案和监测评估方案，没有对实施进度和效果进行监测和定期评估，因此，无法有效监督项目的执行情况，难以确保效果与既定目标的一致性。

（五）京津冀医疗卫生协同发展相关政策体系支撑力度不足

一是医保异地结算机制仍有待细化落实。虽然京津冀跨省异地就医门诊直接结算范围不断扩大，大大提升了医保服务的便利性，但三地在其配套的一些政策上尚有较多差异，如财政补助、起付标准、服务价格等仍存在很大差距，河北省三级医保定点医疗机构住院起付标准为800元，而北京为1300元。另外三地药品目录、诊疗项目和医疗服务设施目录也不尽相同，需要相关政策进行更大范围、更深层次对接。

二是医疗卫生信息资源协同共享机制有待完善。目前虽然医学临床检验结果互认、医学影像检查资料共享等工作持续推进，但由于各地医院信息化程度不同，对电子病历、医学档案等信息的收集标准和管理存在差异，加大了医疗卫生信息资源互联互通的难度，如电子病历、医学档案难以统一管理，医学影像和检查结果尚未完全互认，因此亟须加强医院信息标准化建设，完善区域内信息资源协同共享协作机制。

三是促进区域内人才合理有序流动的政策支持力度有待加强。虽然目前已经出台了医师多点执业政策，但在实际执行过程中仍然受到诸多地域限制，相关具体推进计划、保障措施仍需进一步深化落地，三地间医疗卫生人才政策协同问题亟待解决。调研发现河北省不少地区的医院存在人才短缺的现象，地区间薪资水平标准的差异让很多医院本身缺乏对人才的吸引力，很大程度上阻碍了人才的流动，使其容易陷入越是水平低越缺人越难以提升水平的恶性循环中，这种情况非常需要配套优惠政策的助力。其中人员职称衔接问题是当前医疗协作的突出障碍，由于各地政策不同，派遣专家待遇和职称存在不互认的问题，严重影响人员流动的积极性，需要深化卫生专业技术人员职称制度改革。

三、河北省深入推进京津冀医疗卫生协同发展的对策建议

（一）依据区位和资源优势，推动各地医疗卫生协同错位发展

一是规定重点协同区域。立足环京津优势，将全省划分为以雄安新区集中

承载地为核心，以北京大兴国际机场临空经济区、廊坊北三县与通州区协同发展示范区、京冀曹妃甸协同发展示范区、沧州渤海新区、津冀芦台·汉沽协同发展示范区等 5 个协同协作平台为重点的"1 + 5 + 4 + 33"承接平台体系。在每个区域规划设置一个省级区域医疗中心，带动和辐射提升区域内医疗卫生服务水平和能力。充分结合几个重点协同区域特点，辐射提升区域内医疗卫生发展。无论是雄安这一集中承载地，还是其他协同发展示范区，深度做好医疗卫生的协同发展是提升承接能力的重要内容。

二是明确协同领域分布。各地设立明确的目标定位和发展方向，根据各地医疗卫生发展实力，兼备地域地貌特征，分批分类实施重点支撑、优势互补、合作共建和能力提升四种协同模式，组织各地市对号入座与京津开展医疗合作。曹妃甸、白洋淀科技新城、廊坊中心城区和环首都 14 县采取合作共建模式，为京津产业转移居民提供与京津同质的医疗服务，保障产业疏解落实。北三县与通州区协同发展示范区以项目为支撑承接北京资源，北京医院重点专科与廊坊市区县中医院开展科室共建。曹妃甸区、张家口承德生态功能区等地，根据肿瘤科、脑病科、心血管科、脑科、眼科、儿科、呼吸、心外等特色专科进行重点支撑，错位承接北京非首都功能疏解。围绕京张冬奥会的医疗保障，将张家口市崇礼区医院作为赛场医疗保障基地。沧州渤海新区依托京津专科和技术优势，通过优势互补打造出一批如妇产科、骨科、心脑血管等具有沧州特色的专科品牌。北戴河生命健康产业创新示范区通过合作共建引入北京优质医疗资源，津冀芦台·汉沽协同发展示范区利用区域优势，通过与天津市合作进行能力提升。

（二）积极开展深层次合作，创新优化远程医疗等合作模式

一是积极推动京津优质医疗卫生资源深度合作。三地在医疗卫生协同进程中突出了北京通州区、河北雄安新区、京张冬奥会赛区等重点区域，相应地在廊坊市北三县、京冀张、京津冀雄区域推动医疗合作。组织各地力争在设立分院、组建医联体等方面取得较大进展，打造一批区域协同样板项目。建议重点推进张家口、廊坊北三县、北京大兴国际机场临空经济区和曹妃甸等地区，与北京医疗卫生机构开展深度合作，采取联合办院、设立分院、对口帮扶等方式对现有医疗资源进行改造提升。如加快北医三院崇礼院区国家区域医疗中心和洋河新区医疗基地建设，将崇礼区建设成为北大医学科学城，推动北京市知名医院与张家口合作建立分院区、专科中心，提升医疗治疗能力。推广张家口第

一医院在与北京天坛医院打造可复制推广的"天坛模式"，即与北京多家医院开展"1＋N"的合作模式，共建脑科中心、呼吸疾病诊疗中心和心脏中心三大中心。推广"同仁模式"，即张家口第四医院与北京同仁医院新设立4个合作学科，派驻专家挂职副院长和科室主任，建立利益共享。在其他空白区域开展清零计划，根据自身特点，通过省级层面的统筹协调与北京各国家医学中心搞好专业衔接，从而有效带动河北省各区域内医疗、预防和保健服务水平的提升。

二是以雄安新区为重点平台开展深层次合作。重点拓展医疗机构托管、建立分院、合作建院或整体搬迁等高层次合作方式，通过建立医疗卫生协同发展政策框架体系，激励引导京津的优质医疗资源到雄安开展深入合作。制订了《关于支持河北雄安新区医疗卫生改革实施方案》，加强与京津更多优质医疗资源对接，建立帮扶关系，细化实化帮扶目标，提升新区三县医疗卫生服务能力；针对雄安新区医疗卫生服务短板，携手京津对口帮扶雄安三县，构建"北京对容城县、天津对安新县、河北其他地区对雄县"三地对口帮扶三县工作格局等。建设覆盖雄安新区各县的基层远程同步教学中心、远程医学诊断中心和远程就业培训中心。雄安新区利用国家数字经济创新发展试验区优势，将京津优质医疗等资源整合到"互联网＋"平台。

三是非深层次的合作模式，赋予协同新价值。有些地区受地理位置影响，协同发展进程缓慢迟滞，合作层次低成果少。建议这些地区主动搭建合作平台，通过医院帮扶、远程教学合作、诊疗技术合作手段创新等形式，精准对接潜在合作医疗机构，并积极进行协同政策创新。这也将在一定程度上带动更多的合作意愿，让京津冀医疗卫生协同发展的区域和合作内容实现双拓展。

（三）依托国家重大战略实施，尽快补齐三地医疗卫生协同短板

一是做好承接北京输出优质医疗卫生资源的准备。根据承载地医疗服务发展和承接首都医疗服务功能的需求，选择张家口、廊坊北三县、曹妃甸等地区，重点在用地和资金扶持上给予大力支持。建议出台土地、财税政策等优惠政策，尤其是针对耕地占补平衡问题，要提高统筹层次，化解协同中的用地难问题，最大限度地调动民营资本、外资参与北京医疗卫生功能疏解，卫生资源落地建设用地指标由省级层面统筹解决。成立医疗卫生疏解专用资金，专门用于疏解项目。可由中央财政和京津冀三地财政按一定比例共同出资构成，主要用于三地的重大卫生医疗项目建设、运营经费保障和政府购买服务等，并集中

投向河北省的张家口、廊坊北三县、曹妃甸等地区，首都功能疏解的重点领域和重点扶持人群。加强京津采用定向援助、对口支援和对口帮扶等多种形式，支持河北省的张家口、廊坊北三县、曹妃甸等地区发展，并形成长效机制，给予政策倾斜，使北京疏解优质医疗卫生资源的最大化落地河北。进一步完善社会办医政策，鼓励社会资本参与北京三级医院京外分院建设，谋划医疗机构承接平台。

二是依托战略实施，大胆进行共建共享尝试创新。河北省发挥空间优势与京津合作提升自身发展能力，京津发挥业务优势获得更大发展空间。这种共建共享共赢机制成为区域间医疗卫生合作的动力和保障。建议利用雄安新区地理优势，由北京、天津、河北三方力量共建，根据河北缺什么补什么的原则，集中力量选准对河北有用的资源，在规划布局上可与北三县共建共享，调整完善廊坊北三县医疗卫生服务体系规划，加快落实部分机构选址工作，重点加强骨科和急救能力建设。实施"重点突破"战略，着力提升重点协调区域的医疗服务水平，以雄安和北三县作为试点，对于某些打不通的政策布局，可抓紧先行先试，从雄安与北三县的现行经验带动河北自身优质医疗资源的扩容，把对国家战略的支撑保障项目转化为服务全省的重要医疗服务能力，实现由点到面，由雄安到河北的一些国家级或省级特色医学专科"从无到有、从有到优质"的升级扩容过程。

三是提高京津冀卫生协同层次。建议由政府出面统筹安排，对北京医疗功能疏解和三地医疗卫生资源配置中的重大议题和难点问题进行共同研究和统一协调。三地在其配套的一些政策，如财政补助、起付标准、服务价格等仍存在很大差距，需要国家层面的统一协调。另外，三地药品目录、诊疗项目和医疗服务设施目录也需要相关部门出面统筹安排，进行更大范围、更深层次对接。要创新突破制度障碍，考虑协同发展的实际情况，在重点协调区域适当放宽制度限制，对一些确实必要建设，细分情况，区别对待，予以支持。建议尽快解决流入人才待遇，支持重要协同区域引进医疗卫生高端人才机制建设，鼓励和指导协同区域医疗机构制定人才引进薪酬激励机制，实现引进的高层次人才待遇有提升，开展科研协作有保障。通过建立健全卫生人才队伍提升机制，扩大对外交流合作，拓宽医学人才进修渠道。加大医师多点执业配套措施的实施，对于人员职称衔接政策需要统一协调解决，逐步对派遣专家待遇和职称互认问题达成共识并制定相关政策。建议跨省区域异地就医住院需要继续迈出实质步伐，各市争取全部完成跨省系统联调。积极推动形成公共卫生领域协同立法，为京津冀区域公共卫生安全提供法治保障。

（四）增强省级层面统筹协调力度，调动各地协同发展积极性

一是以制定河北省医疗卫生协同发展规划为抓手，切实提升省级层面统筹力度。建议依据国家《京津冀协同发展规划纲要》给河北各地的功能定位，结合省情和各地实际，对全省卫生重点领域的协同发展进行统筹谋划，制定河北省医疗卫生协同发展规划，以节约成本、避免盲目竞争和重复建设。河北省医疗卫生协同发展规划要把握好河北省"十四五"时期的总体定位和目标方向，实现优质医疗资源共享，全省范围内整体筹划形成合力，认清方向重点突破，明确抓重点、补短板、强基层的战略方针。发展规划按照"有效对接、有力支撑、有益协同"的原则，深入研究合作办医、规划对接、公共卫生等政策，确定范围和标准，做到与京津冀协同发展规划、京津"十四五"规划、雄安新区规划纲要确定的目标任务相匹配，实现各专项规划上承国家、中接京津、下领全省。通过编制专项规划，明确三地分工定位，找准各自的切入点和突破口，强化互补性、差异性，促进三地卫生协同建设。根据制定医疗卫生协同发展规划的配套政策，建立健全相关法规、标准体系，集中清理阻碍京津冀医疗卫生协同协调推进的政策阻碍。紧盯国家和河北的顶层设计，力争将河北省医疗卫生的利益诉求更多地纳入其中，大胆创新，以河北省医疗卫生协同发展专项规划编制破解阻碍深入协同的关键政策瓶颈。

二是切实加强分类管理，在全省范围内通盘考虑三地医疗卫生协同发展。加强河北省推进医疗卫生协同工作在省级层面的组织领导协调力度，统筹谋划聚焦区域均衡布局，在全省范围内对各地的需求进行合理调配，以实现资源利用最大化。国家层面引导疏解的相关政策和统一协调，平衡区域间横向利益协同机制、激励机制等问题，合作共建项目用地等跨区域合作中需进一步明确疏解、承接清单，积极引导疏解、承接的匹配，提供相应的扶持和补偿机制的支持。建议结合国家重大发展战略和实际地理区位特点，对各地开展对接工作进行指导，避免出现盲目发展、同质化竞争等问题。提前介入协调各地重大项目，为各地排忧解难，积极倡导医疗卫生区域协同发展机制。协同合作充分调动多元主体参与的积极性，尤其是在与高校、科研机构合作共建重点专科方面。

三是申请国家资助和协商三地联合出资，成立京津冀参与的医疗卫生协同发展专项资金。积极向国家要政策、要资金、要补助，利用政策红利整体提升

河北省的基层医疗卫生服务水平。资金由中央财政和京津冀三地财政按一定比例共同出资构成，主要用于三地的重大医疗卫生服务项目建设、运营经费保障和政府购买服务等，并集中投向河北省重点领域和重点扶持人群。为疏解到河北省的京津医疗卫生机构提供资金支持，重点项目上多倾斜，调动医院和地方积极性，在机构规模、设备配置上予以优先考虑，保障功能疏解和能力提升需要。对河北给予的倾斜支持，在服务国家京津冀协同发展重大战略的同时，可以调动医疗卫生服务机构参与的主动性，促进医疗卫生资源要素在京津冀区间有序合理流动。

四是加强省级层面对医疗协同发展的督导考核。建议对协同合作的效果进行监测和评价，合作协议签署后制订相应的规划任务分工方案和监测评估方案，进行全过程监管机制和绩效考核制度，确保效果与既定目标的一致性。统筹三地医疗卫生协同统计工作，建立健全统一规范的统计监测指标体系，规范统计口径、统计标准和统计制度方法。建立健全考核机制，完善医疗卫生协同工作考核指标体系及考核办法，把推进医疗卫生协同工作纳入目标管理考核范围，作为评价各相关部门工作实绩的重要依据，加大监督考核力度，切实调动各地区各部门的工作积极性。

京津冀协同发展视域下河北民营经济
高质量发展的策略研究

——基于先进省份经验

郭晓杰①

摘　要：民营经济以其独有的"56789"特征成为推动国家和区域经济社会发展不可或缺的力量。随着京津冀协同发展进入攻坚克难的关键阶段，研究如何促使民营经济高质量发展从而助力京津冀协同深度发展具有重要现实意义。本报告采用案例分析方法，在对苏、浙、粤、闽四省民营经济发展经验剖析基础上，提炼总结对河北民营经济高质量发展的启示，并据此提出新时代推进河北民营经济高质量发展的新举措。本报告研究认为：要以推进开发区迭代升级为依托，带动民营经济高质量发展；要加快推进科技创新赋能民营企业；要支持民营企业发挥构建现代产业体系的主体作用；要助力民营企业融入"双循环"新发展格局；要强化要素保障促进民营经济高质量发展；要为民营企业提供规范、便捷、高效的营商环境。

关键词：民营经济　高质量发展　河北　京津冀

一、前言

改革开放以来，我国民营经济不论发展规模还是实力水平都经历了翻天覆地的巨变，特别体现在保持经济稳定增长、推动促进科技创新、增加提供就业岗位数量等方面。2018 年 11 月，习近平同志主持召开民营企业座谈会并发表重要讲话，他在讲话中指出"民营经济贡献了 50% 以上的税收，60% 以上

---

① 郭晓杰，河北省社会科学院京津冀协同发展研究中心副研究员，研究方向为区域经济学、产业经济学。

的国内生产总值，70%以上的技术创新成果，80%以上的城镇劳动就业，90%以上的企业数量，已经成为推动我国发展不可或缺的力量"（习近平，2018）。随着我国全面建成小康社会、实现第一个百年奋斗目标，正开启全面建设社会主义现代化国家新征程、向第二个百年奋斗目标迈进，我国已进入高质量发展阶段。民营经济作为推动社会主义市场经济发展的重要力量，促进其高质量发展则成为今后较长一段时期内的重要研究议题。

近年来，一些学者陆续关注民营经济高质量发展议题并对此展开一系列学术探讨。这些研究开展的背后逻辑是，人们日益认识到民营经济高质量发展可有助于推进我国全面深化改革，解放发展社会生产力，满足人民美好生活需要，从而实现我国社会主义现代化建设目标（郭敬生，2019）。特别值得注意的是，民营经济在推进区域协调发展方面也发挥着至关重要的作用（张寒蒙、张丽，2020）。比如有学者（李鲁，2019）回顾了民营经济推动长三角一体化发展历程，认为跨区域技术合作和良好的营商环境促使民营经济在推动长三角一体化发展中发挥了重要作用。

京津冀协同发展是由习近平同志亲自谋划、亲自决策、亲自推动的重大国家战略。自2014年《京津冀协同发展规划纲要》等一系列重要规划出台实施以来，京津冀协同发展取得显著成效，特别是在交通、生态、产业等先行领域有所突破。"十四五"时期，京津冀协同发展进入滚石上山、爬坡过坎、攻坚克难的关键阶段。为此，在借鉴先进省份民营经济发展经验基础上，深入研究河北民营经济高质量发展策略选择，对于推进京津冀协同发展有重要现实意义。

二、民营经济高质量发展样本经验剖析及其对河北的启示

在高质量发展这个时代主题下，全国各地百舸争流、各展所长。但是就民营经济高质量发展来说，全国能够称得上样本的省份，当属广东、江苏、浙江和福建。分析四个样本省份民营经济发展的演进特征并对其经验进行总结、提炼，对推进河北省民营经济高质量发展具有重要启示。

（一）持续推动园区等基本区域单元向高等级跃迁是民营经济高质量发展的成功关键

一直以来，样本省份采取集中力量"向一个城墙口冲锋"的发展策略，

在制定政策、改革机制、优化环境、科技资源聚集等方面，始终将生产力布局和政策红利的着力点落到园区等基本区域单元上，有力推动了民营经济快速发展。根据全国工商联发布的 2021 年中国民营企业 500 强榜单，四个先进省进榜企业数量占榜单总数达到 52%。[①] 近年来，随着世界经济形势和发展环境的不确定性、复杂性不断加剧，先进省份主动作为、积极应对推动园区等基本区域单元向高级形态跃迁，以更好支撑民营经济高质量发展。比如浙江借助现代科技、新经济推动县域载体从"块状经济"向"塔式经济体"蝶变，江苏作为园区经济头部强省继续赋能开发区创新提升发展，实质性推进园区的对外开放进程。对河北的启示是牢牢抓住把县域、园区作为民营经济高质量发展平台载体这一发展思路不动摇，以全球视野、协同思维、集群发展、科技赋能为抓手，加快推进对县域、园区等载体的一揽子改革创新，并高度重视积极融入新发展格局这一发展大势，真正将发展落在实处，真正为民营企业营造出良好的发展环境。

（二）科技创新驱动发展战略是民营经济高质量发展的内在核心动力

经验表明，科技创新是样本省份民营经济发展的不竭动力，特别是每当面临发展方向重大抉择时，以创新开启民营经济发展新征程是四省的共性经验。比如浙江始终坚持先行先试领先战略，从政策供给、科技体制机制改革到首创精神时代内涵更新、创新生态打造，通过植入"互联网＋"、区块链、人工智能等现代技术，推动浙江民营经济从"低端集成""劳动力密集生产"转向"智能制造"，实现裂变发展。广东把"走在全国前列"作为自身应有使命，强化创新引领作用，持续深耕基础研究和核心技术攻关，形成 90% 以上的创新型企业是本土企业、90% 以上的研发机构设立在企业、90% 以上的研发人员集中在企业、90% 以上的研发资金来源于企业、90% 以上的职务发明专利出自企业、90% 以上的重大科技项目发明专利来源于龙头企业的"6 个 90%"的深圳创新密码（钟坚，2018），有力支撑了民营经济发展的全面升级。由此给河北带来的启示是推动科技创新要立足本土，聚焦基础研究，应用基础研究，以关键核心技术攻关为突破口。既要强化企业创新主体地位，激发企业特别是

---

① 榜单来源：中华全国工商业联合会网站，http://www.acfic.org.cn/zt_home/2021my5bq/2021my5bq_1/202109/t20210924_266822.html。

广大民营企业的创新动力，放手把创新的选择权、话语权交给市场、交给企业；也要加强政府的引导与服务功能，为企业创新创造一个良好的制度、社会和文化氛围。

（三）始终推进以优化营商环境为首位的制度创新是民营经济高质量发展的有力保障

纵观样本省份民营经济发展演进历程可以发现，四省根据时代和发展阶段变化需要始终在制度创新上着力，特别是在优化营商环境方面深耕细作、与时俱进、不断升级。比如浙江从"最多跑一次"的优化营商环境 1.0 版升级到以"10 + N"便利化行动方案为标志的优化营商环境 2.0 版，打造出全国最优营商环境，孕育出一百多万个民营企业家。江苏提出了"3350"改革目标，即开办企业 3 个工作日内完成、不动产权证 5 个工作日内完成、工业建设项目施工许可证 50 个工作日内完成，并打造了"不见面审批"及其升级版的江苏品牌，增强了民营企业的获得感。从中给河北带来的启示是始终把服务企业、促进民营经济发展作为制度改革创新的根本宗旨和初心。要持续不断优化营商环境，推进优化营商环境不断深化、细化、实化。敢于对标先进省份、国际标准，努力打造出世界级优良营商环境。优化营商环境政策措施、行动方案既要查漏补缺，又要与时俱进；既要与其他省同步推进，又要敢于创新。

（四）以民营经济高质量发展为主线，牵动结构优化、产业升级，加速构筑现代产业体系

纵观四省发展历程，可以发现，四省无一例外都高度重视民营实体的做大做强做优，以企业为主体、民营经济高质量发展为主线推动产业结构转型升级、经济布局优化集聚。比如浙江从"个少体弱"的"作坊式"发展到以龙头企业带领集群式向产业链价值链高端攀升；江苏萌生于乡镇企业的民营经济实现了从"微不足道"到"半壁江山"的飞跃，在龙头企业领航、中小企业做专做精梯度培育中推动了产业链上中下游、大中小企业融通发展，在"耿车模式""苏南模式"的升级嬗变中实现区域协调发展；福建通过"抓龙头""铸链条""建集群"推动民营经济从低档次、小散乱的乡镇企业群体发展到大规模的开放型新智造集群，促使福建成为智能制造强省；广东从外贸代工企业集群发展到具有国际竞争力的民营科技创新型企业集群。对河北可能产生的启示是必须以民营制造业的高质量发展重塑经济结构、产业布局，从而带动经济、

社会、生态、文化、民生的全面高质量发展。

三、加快推进新时代民营经济高质量发展的新举措

通过样本省份先进经验回顾及应对当前新形势新变局的要求，坚定不移支持新时代民营经济高质量发展是河北省全面建设经济强省美丽河北的关键一招。为此，需要制定和出台一系列新举措，着力在聚焦开发区高质量发展、增强科技创新动能、发挥民营企业构建现代产业体系的主体作用、融入"双循环"、强化要素保障、优化营商环境等方面有新作为，加快引导民营企业贯彻新发展理念，参与构建新发展格局，显著增强民营经济创新能力和核心竞争力，力争在部分领域打造具有行业话语权的"冀牌方阵"。

（一）以推进开发区迭代升级为依托，带动民营经济高质量发展

一是强化链式思维推进开发区转型升级。围绕河北省信息智能、生物医药等 24 条产业链推动开发区系统性重构、创新性变革。借鉴先进经验并总结本省试点实践，加快推进产业链"链长制"在河北省开发区推广应用。"链长"要围绕开发区特色产业链，因地制宜、因"链"施策，提供链式服务。对于产业链生态尚不完善的"弱生态"型产业链，更多引进、培育产业链龙头企业，实现补链强链；对于产业链生态比较完善的"成熟型"产业链，更多做好顶层设计、完善政策支持，协助"链主"引领推动产业链升级。

二是加速推进与京津开发区协同联动发展走深走实。立足全球视野和京津冀区域定位，依托京津冀开发区创新发展联盟，推进河北省开发区与京津开发区联动发展的深度、广度。紧抓跨区域产业链创新链发展大趋势，借鉴江苏吴中与上海浦东互联互动、互建共享共同打造长三角检验检测集群的典型经验，推动河北省开发区特色产业链积极主动对接京津产业链，并在细分领域创新深耕，做大做强，提高配套能力。主动对标京津开发区相关政策，为企业提供便利服务，比如支持试点开发区加入与京津开发区"跨省通办"朋友圈，实现企业商务事项自助办理。

（二）加快推进科技创新，赋能民营企业

一是鼓励引导有实力的龙头企业加大对基础研究、应用基础研究的投入，开展技术创新。发挥财政政策的乘数效应，利用财政投入引导民营龙头企业加

大对基础研究、应用基础研究以及关键核心共性技术的攻关。结合河北发展实际，对科技重点项目攻关探索实施新型研究机制。出台相关政策鼓励民营企业主要与河北区域内的高等院校、重点科研院所、产业园区等机构共建技术创新中心。

二是打好政策"组合拳"，激发民营企业转化应用科技成果的主动性、积极性。实施促进科技成果转化应用工程，加快构建多层次、多元化科技成果转化资金支撑体系，探索建设有利于科技人才跨体制、跨行业流动的人才评价和职称评定体制机制。加快发展科技成果转化中介服务，充分利用京津冀科技大市场的地缘优势，通过行动计划推动我省科技中介服务跨越发展。可借鉴泉州经验，探索与中科系、大学系、军工系等共建技术转移转化创新平台，实现"高校 + 高端院所 + 龙头企业 + 中介服务"无缝对接。[①] 支持和鼓励有条件的企业通过技术并购、委托研发等方式，引进国内外先进技术成果和高端人力资源。

三是切实维护好民营企业创新环境。根据《"十四五"国家知识产权保护和运用规划》相关内容，结合河北实际，深化知识产权快速协同保护机制改革，加强快速审查、快速确权、快速维权、产业导航整合力度，加大对知识产权侵权行为惩治力度。开展流程再造，对于企业加计扣除政策的申报流程予以简化，对于在项目实施期间取得的相关发现、专利等，只需要由权威部门出具相关凭证即可证明企业研发项目具有创新性，从而减轻企业负担。

（三）支持民营企业发挥构建现代产业体系的主体作用

一是数字化赋能、智能化改造，做大做强民营企业以巩固提升传统产业领域的领先优势。围绕巩固提升钢铁、纺织鞋服、建材家居、健康食品等制造业领先优势，实施民营企业数字化赋能行动，推动智能化改造升级向各产业、全产业链浸透，提高传统产业智能制造普及率，培育一批智能制造标杆企业。

二是多措并举、机制创新，引导民营企业进军战略性新兴产业以培育壮大发展新动能。聚焦新一代信息技术、高端装备制造、新材料、新能源、生物医药等领域，通过建立双向奖补激励机制，深化企业协作配套、产能对接等"结对子"活动。鼓励各类产业引导基金向民营企业倾斜，引导和支持民营企

---

① 《中共泉州市委泉州市人民政府关于创新发展"晋江经验" 加快创建全国民营经济示范城市的决定》，2021 年 2 月 8 日，https://www.sohu.com/a/450430120_120206961。

业在冀投资高端制造、智能仓配、工艺研发、结算中心及总部项目，建立健全投资项目对接、创业洽谈机制，推动异地冀商回归、投资回归、智力回归。

三是深化合作、积极布局，推进"5G＋工业互联网"建设与应用以提供发展新支撑。支持龙头企业与国内互联网巨头合作建设细分领域的全国性工业互联网平台，根据国家发布的"5G＋工业互联网"典型应用场景和重点行业相关要求，扩大河北"5G＋工业互联网"应用场景、提高工业互联网的普适性，打造工业互联网产业大脑。

四是分类施策、精准服务构建"高原隆起、高峰林立"的高质量民营企业生态体系。催生更多独角兽企业、新领军者企业、龙头企业，发挥引领带动作用；培育形成一批专精特新的民营经济群体，扩大河北"小巨人"企业数量规模，提升在全国的位次。

（四）助力民营企业融入"双循环"新发展格局

一是以品牌打造为抓手支持民营企业开拓内需市场。引导民营企业抢抓"新国货运动"机遇，精准对接国内市场消费升级需求，从革新生产模式入手，由传统刚性生产模式向柔性生产模式（C2M）转变，让工厂、货源与消费市场有效连接，立足提升本土品牌优势，培育一批大品牌和潮牌。鼓励民营企业积极利用"云展销""直播带货"等新型营销方式，联合国内头部电商平台培育做强一批产播基地。充分利用河北作为全国现代商贸物流重要基地的优势，促进快递物流与生产基地、专业市场、专业展会、直播服务联动发展，打造产供销全链条服务网络。

二是鼓励民营企业开拓境外市场。充分利用我国已签署的以《区域全面经济伙伴关系协定》（RCEP）为代表的 19 个自贸协定规则红利，探索实施"河北品牌专区"全球推广计划，鼓励民营企业加强商标国际注册。从搭建平台、加强培训、金融创新等方面制定有利于推动民营企业开拓境外市场的扶持政策。支持民营企业用好用足国家级市场采购贸易、预包装食品出口、跨境电商等政策，布局海外仓、边境仓，培育外贸新业态。

（五）强化要素保障，促进民营经济高质量发展

一是围绕解决民营企业融资难融资贵突出问题，创新实施金融服务一揽子举措。鼓励推进民营企业特别是科技型民营企业加快股改步伐，实施从改制、申报到成功上市的全链条全阶段财政资金奖补政策以及全过程跟踪服务。借鉴

泉州经验,以财政资金奖补形式鼓励金融机构、小额贷款公司为上市后备企业提供股权质押融资服务。推动普惠金融增户、扩面、降本、控险平衡发展,着力提高首贷户比重和信用贷比重,确保普惠型小微企业贷款增速不低于各项贷款增速。加快探索"供应链平台+担保+银行"融资新模式,围绕信息共享、动产和权利担保、信用约束机制、供应链金融风险防范几方面开展研究。

二是丰富创新土地资源配置方式,保障民营高科技企业用地需求。针对高科技企业用地特点和需求建立健全形式多样的工业用地市场供应体系,借鉴广州、泉州经验开展新型产业用地(M0)、工业项目"标准地"等新型土地出让方式试点工作。落实国家相关政策,加快推进中小民营企业联合参与工业用地招拍挂改革,通过城市更新途径开展老旧工业园区改造,促进存量用地提质增效。依法依规、分类分步妥善处理历史遗留民营企业用地、用房办证问题,让企业"有恒产有恒心"。

(六)为民营企业提供规范、便捷、高效的营商环境

一是始终将民营企业感受作为优化审批服务的目标。聚焦企业全生命周期,借鉴浙江"一件事"理念,在继续完善优化企业开办"全程网办"基础上,加快推进企业注销网上办、零费用、零见面、零跑腿。积极对标先进,对民营企业最关心、需求最迫切、满意度获得感较低的指标要以"小步快走"创新节奏,逐项限时推进并取得实效。探索豁免简易低风险及小微型低风险工程建设项目部分审批手续。建立涉企政策精准推送制度和网络平台,实现普惠性政策免申即享。

二是为民营企业提供公平公正的市场环境和法治环境。坚持竞争中性原则,开展专项行动集中清理妨碍统一市场和公平竞争的各种规定和做法,要对市场准入、工程建设、政府招标、采购等重点领域予以突破,比如推行以保险、保函等替代现金缴纳涉企保证金,减轻企业现金流压力。提升合同执行履约质效,探索建立民营企业合同纠纷案件或特殊时期商事案件快速立案绿色通道。

三是打造政商亲清关系升级版。由点及面加快推进河北省公职人员政商交往正负面清单制度,并借助现代媒介手段建立社会监督、舆论反映、快速响应的新型政商互动关系。探索建立民营企业转型升级问题清单制度,借鉴无锡、晋江经验健全河北省重点民营企业挂钩服务机制,扩大挂钩联系范围、拓宽挂

钩服务内容、提高挂钩服务成效，探索建设"网上工商联"。① 建立健全党政领导干部与企业家、行业协会、异地商会常态化恳谈会制度，完善民营经济发展顾问和民营经济发展咨询委员会制度，健全重大经济决策主动向企业家问计求策的程序性规范，从根本上切实营造出支持民营经济高质量发展的深厚氛围。

参考文献

［1］习近平：《在民营企业座谈会上的讲话》，人民出版社 2018 年版。

［2］郭敬生：《论民营经济高质量发展：价值、遵循、机遇和路径》，载于《经济问题》2019 年第 3 期。

［3］李鲁：《民营经济推动长三角区域一体化：发展历程与互动机制》，载于《治理研究》2019 年第 5 期。

［4］李冲、沈春宁：《推动质量变革、效率变革、动力变革 高质量发展江苏迈向"制造强省"》，中国江苏网，http：//jsnews. jschina. com. cn/jsyw/201803/t20180308_1453871. shtml，2018 年 3 月 8 日。

［5］张寒蒙、张丽：《民营企业如何挺起区域经济发展的脊梁》，载于《人民论坛》2020 年第 1 期。

［6］钟坚：《历史性跨越（下）——深圳经济特区改革开放和现代化建设回顾与思考》，载于《特区实践与理论》2018 年第 3 期。

---

① 《中共泉州市委泉州市人民政府关于创新发展"晋江经验"加快创建全国民营经济示范城市的决定》，2021 年 2 月 8 日，https：//www. sohu. com/a/450430120_120206961。

资源要素协调与京津冀产业结构优化[①]

吕静韦[②]

摘　要：金融资本等要素的协调配置对京津冀产业结构具有重要影响，进而影响京津冀协同发展。本报告运用 Stata 15.0 软件，以 2009～2019 年京津冀相关数据为样本，对金融资本、人口规模、技术要素与产业结构关系进行混合回归分析，认为金融资本在促进三地产业结构优化方面的作用逐步显现，但比起人口规模和技术要素相对较弱，且在流动性方面仍有提升空间。建议充分发挥要素资源在京津冀产业协同发展和产业结构整体优化升级中的作用，加强对要素跨省市流动体制机制方面的创新，增强要素资源的地域协调性和流动性，实现要素资源与产业结构的同步优化。

关键词：京津冀　金融资本　协同发展

一、引言

　　尽管京津冀协同发展在生态、交通等领域都产生了实质性突破，在教育、医疗、文化等方面也取得了积极进展，但三地在资源要素分布和产业结构方面的差异仍然较大，影响了三地协同发展的进程。经济社会发展带来的人口、资源环境等压力不断倒逼经济结构和产业结构向高质量迈进，也直接影响了京津冀产业协同发展的进程。在此背景下，关注京津冀产业结构变化趋势，合理引导金融资本、人口、技术等要素实现优化配置，对于构建优势互补、互利共赢的新经济格局，促进京津冀产业协同发展具有重要理论价值和现实意义。

---

　　① 本报告为 2019 年度国家社科基金项目（项目编号：19BJY061）的阶段性成果和天津社会科学院 2018 年度后期出版资助项目的延伸成果。

　　② 吕静韦，天津社会科学院城市经济研究所副研究员、博士，研究方向为区域资源优化及管理。

二、文献综述

从资源要素对京津冀产业结构的影响角度看，人力资本、技术创新对经济发展起到了正向的促进作用，金融资源分布的不合理对经济发展有显著的抑制作用。根据全国人口普查分县市数据和抽样调查数据，京津冀人口增长的集聚空间具有近域关联性，存在时空演化现象，在人口由核心地域向邻近地域逐层扩散的过程中，城市规模和产业发展情况等成为影响城市人口集聚能力的重要因素。以北京市产业布局与人口布局关系为例，京津冀协同发展存在产业布局与人口分布、产业定位与人口质量、公共服务资源供需与人口服务等不匹配现象，空间杜宾面板数据模型的量化分析证实了人口分布与产业布局的空间依赖关系及空间溢出效应的存在，人口分布依产业布局，尤其是依第三产业的发展情况布局而呈现出较强的地域虹吸效应。京津冀协同发展背景下，产业结构与人口增长存在双向作用，且人口的集聚和扩散与区域社会经济属性密切相关，该属性包括经济发展和产业结构等。一方面，GDP 的增长速度和产业结构的优化程度（即第三产业的发展情况）是人口集聚和增长的重要原因之一，产业结构和就业收入等要素促进了人口格局的相对稳定；另一方面，人口结构对区域产业结构和经济发展也产生影响，能够通过调节作用改善技术创新对产业的影响。根据京津冀地区产业结构和就业结构的演进历程，产业结构和就业结构协调性最好的地区为北京，其次为天津，最后为河北，但目前北京向津冀两地疏导的第二产业和生产性服务业对人口流动的带动作用不明显，且京津石等中心城市对人口等资源要素的集聚效应影响了京津冀产业结构优化的进程。从技术与产业结构的关系角度看，二者之间存在双向效应。技术进步通过提高全要素生产率来减弱地区间的时间和地域差异，促进产业结构升级和区域经济增长。随着市场化程度的不断提高，技术创新对传统产业升级的促进强度呈倒 U 形趋势发展，对工业的绿色转型驱动效应显著，但技术进步与产业结构优化之间无短期线性关系。从长期看，产业结构优化对技术进步具有正向、间接的推动作用，不过该作用弱于信贷对产业结构优化的直接作用。技术创新、资金投入与人才投入对区域产业结构优化升级存在显著的积极影响，且技术创新与区域产业升级之间存在关联机制。从创新要素区际流动视角构建空间关联矩阵，对地区产业结构升级的空间效应进行考察的实证结果，证实了地区产业结构升级进程存在显著的全域空间正相关特征和正向累积空间效应；在独立效应下，投资对产业结构升级具有明显的杠杆效应，而在双重效应下，技术创新均对产业结构升级产生了显著的抑制作用；投资、创新对产业结构升级的作用强度分别呈现倒 U 形、正 U 形演化特征。

综上所述，金融资本、人口、技术等要素的分布和流动能够影响产业结构优化升级，并通过调节区域间的特质差异，对区域协调发展产生影响。金融资本、人口规模、技术要素在何种条件下对京津冀产业结构优化升级产生影响及影响程度成为本研究展开分析和讨论的关注点。

三、模型构建与实证分析

新古典经济学框架下的索洛经济增长模型（Solow Growth Model）在修正哈罗德 - 多马模型的基础上，强调了劳动力和资本要素对经济增长的内生作用，及技术进步的外生作用，并主张政府通过有效干预市场经济促进经济稳定，为后续经济增长研究提供了思路。资源要素能够顺利转化为生产力，在产业结构优化和区域经济增长中发挥积极作用，不仅需要地区之间的协作交流，而且需要引导并发挥金融资本等资源配置效能。随着经济社会发展，资源要素尤其是资本、人口、技术三类要素在区域经济增长中的作用日益重要。

（一）数据来源及变量设计

本报告以 2008～2019 年京津冀三地面板数据为样本，数据主要来源于历年《中国统计年鉴》《中国科技统计年鉴》及北京市、天津市、河北省《国民经济和社会发展统计公报》。通过第二产业和第三产业的变动情况考察京津冀产业结构变动情况，其中，因变量包括第二产业增加值占 GDP 的比重（%）、第三产业增加值占 GDP 的比重（%），以变量 ssgdp、tsgdp 表示；自变量包括固定资产投资额（亿元）、年末常住人口（万人）、技术市场成交额（亿元），分别对金融资本、人口规模、技术要素情况进行衡量，变量以 aicfa、prey、tvtm 表示。固定资产投资额是以货币表现的建造和购置固定资产活动的工作量，一定程度上反映了区域金融资本的配置情况。

（二）模型构建及假设

1. 构建模型

如果样本存在个体差异性，如时间趋势和地域特点等，可假设具有个体时间趋势的随机趋势模型如下：

$$y_{it} = x'_{it}\beta + z'_i\delta + \gamma_i t + u_i + \varepsilon_{it}$$

其中，$\gamma_i t$ 为个体时间趋势。γ_i 和 u_i 为来自某分布随机变量的观测值，随机抽取后，就不再随时间而改变。

如果假设所有个体都拥有完全一样的回归方程，则方程可表示为：

$$y_{it} = \alpha + x'_{it}\beta + z'_i\delta + \varepsilon_{it}$$

其中，x_{it} 不包括常数项。该模型不考虑个体固定效应和随机效应，而通过 OLS 检验完成总体平均估计和短面板数据存在固定效应还是随机效应的假设检验，也称为"混合回归"。

考虑京津冀三地在产业结构和要素配置特性不同，且样本在时间或个体方面存在固定效应还是随机效应有待验证，因此假设京津冀地区产业结构与资源要素样本数据之间符合以下混合回归模型：

$$ssgdp_{it} = \alpha_1 aicfa'_{it} + \beta_1 prey'_{it} + \delta_1 tvtm'_i + \gamma_i t + u_i + \varepsilon_{it}$$
$$tsgdp_{it} = \alpha_2 aicfa'_{it} + \beta_2 prey'_{it} + \delta_3 tvtm'_i + \gamma_i t + u_i + \varepsilon_{it}$$

其中，$\gamma_i t$ 为京津冀三地的个体时间趋势。γ_i 和 u_i 为来自某分布随机变量的观测值，随机抽取后，就不再随时间而改变。

2. 提出假设

结合回归模型和研究目的提出如下假设：

原假设 H01：金融资本（aicfa）对京津冀产业结构（ssgdp、tsgdp）的影响显著；

原假设 H02：人口规模（prey）对京津冀产业结构（ssgdp、tsgdp）的影响显著；

原假设 H03：技术要素（tvtm）对京津冀产业结构（ssgdp、tsgdp）的影响显著。

备择假设 H11：金融资本（aicfa）对京津冀产业结构（ssgdp、tsgdp）的影响不显著；

备择假设 H12：人口规模（prey）对京津冀产业结构（ssgdp、tsgdp）的影响不显著；

备择假设 H13：技术要素（tvtm）对京津冀产业结构（ssgdp、tsgdp）的影响不显著。

（三）实证分析

1. 数据检验

以北京、天津、河北为面板（个体）变量，以年度为时间变量，对面板数据进行检验，结果显示选取的样本数据具有平衡性。统计特征如表17所示。

表17　　　　　　　　　　数据平衡性检验

变量	Mean	Std. Dev.	Min	Max
aicfa overall	10703.26	8785.683	0.57	33012.23
prey overall	3582.207	2682.119	1176	7519.52
tvtm overall	980.4407	1347.394	16.59	4486.89
ssgdp overall	40.7542	14.0237	19.014	55.2132
tsgdp overall	54.6245	17.5197	32.9506	80.5562

注：数据最多保留到小数点后四位。

同时，统计结果也显示变量地区的组内标准差和变量时间的组间标准差均为0，说明以年度和地区进行分组的数据通过平衡性检验。

2. 回归分析

为了对产业结构变化趋势和金融资本、人口规模、技术要素变化趋势之间的关系和规律进行相对客观的分析，分别对第二产业、第三产业进行混合回归。

（1）以ssgdp为因变量的回归分析。由于每个地区的资源要素禀赋有所不同，可能存在不随时间变动而变动的变量，所以首先考察变量的地域特性。为了排除不同地区之间扰动项的自相关性，选择以地区为标准，以第二产业增加值占GDP的比重（ssgdp）为因变量，以金融资本（prey）、人口规模（aicfa）、技术要素（tvtm）为自变量进行回归，采用OLS估计和LSDV法，结果如表18所示。

表18　　　　　　　　以 ssgdp 为因变量的地域效应回归结果

ssgdp	Coef.	Std. Err.	t	$P > \lvert t \rvert$	[95% Conf. Interval]	
aicfa	−0.0000	0.0004	−0.04	0.973	−0.0017	0.0017
prey	0.0004	0.0009	0.45	0.694	−0.0036	0.0045
tvtm	−0.0090	0.0020	−4.48	0.046	−0.0177	−0.0004
_cons	48.2554	8.6935	5.55	0.031	10.8505	85.6603

注：数据最多保留到小数点后四位。

其中，R^2 为 0.810，Root MSE 为 6.453。回归结果显示，调整后的标准差符合以三个地区为聚类依据的回归标准，模型通过验证，即第二产业比重、金融资本、人口规模、技术要素等存在地域差距，且京津冀地区第二产业增加值占 GDP 的比重受三类要素影响的程度不同，具体表现如下：第一，在 95% 的显著性水平下，第二产业增加值占 GDP 的比重受技术要素的影响程度显著高于金融资本和人口规模，但影响为负，即地区间技术交流合作的增强会造成第二产业增加值比重的下降，每增加 1 亿元技术市场成交额，就会使得第二产业增加值占 GDP 的比重下降 0.9%；第二，人口数量的增加能够促进第二产业增加值占 GDP 的比重提高，每增加 1 万个常住人口，会使得第二产业增加值占 GDP 比重上升 0.043%；第三，金融资本对第二产业增加值的影响相对较小，且为负，每增加 1 亿元固定资产投资能带来第二产业增加值占 GDP 比重下降 0.015‰。

假设变量随时间变动而不随个体变动，以年份为聚类标准对样本数据进行回归，结果如表 19 所示。与按地域标准回归的结果相比，金融资本、人口规模、技术要素对第二产业增加值占 GDP 比重的影响均有提升，且人口规模和技术市场活跃度的表现更加显著。

表 19   **以 ssgdp 为因变量的时间效应回归结果**

ssgdp	Coef.	Std. Err.	t	P > |t|	[95% Conf. Interval]	
aicfa	− 0.0000	0.0001	− 0.19	0.854	− 0.0002	0.0002
prey	0.0004	0.0003	1.49	0.170	− 0.0002	0.0011
tvtm	− 0.0090	0.0011	− 7.93	0.000	− 0.0116	− 0.0065
_cons	48.2554	1.3703	35.22	0.000	45.1557	51.3551

注：数据最多保留到小数点后四位。

由于变量之间的关系呈现较强的时间效应，因此，对模型进行双向固定效应检测。定义年度虚拟变量，以 OLS 法进行回归估计，三类要素变量对产业结构的影响更加显著，结果如表 20 所示。模型主要存在时间效应，而非地域效应，且随着时间的推移，资源要素对产业结构影响程度的大小顺序将由技术要素、人口规模、金融资本变为人口规模、技术要素、金融资本；京津冀地区人口规模对产业结构优化产生的影响将逐渐高于技术要素；人口的规模越大，三地合作交流越多，越有利于产业结构优化升级。

表 20　　　　　**以 ssgdp 为因变量的双向固定效应回归结果**

tsgdp	Coef.	Std. Err.	t	P > |t|	[95% Conf. Interval]	
aicfa	− 0.0010	0.0003	− 2.970	0.016	− 0.0018	− 0.0002
prey	0.0022	0.0003	8.470	0.000	0.0016	0.0028
tvtm	− 0.0116	0.0025	− 4.560	0.001	− 0.0173	− 0.0058

注：数据最多保留到小数点后四位。

（2）以 tsgdp 为因变量的回归分析。以地区为聚类标准，以第三产业增加值占 GDP 的比重（tsgdp）为因变量，以金融资本（prey）、人口规模（aicfa）、技术要素（tvtm）为自变量，采用 OLS 估计和 LSDV 法进行回归，结果如表 21 所示。

表 21　　　　　**以 tsgdp 为因变量的地域效应回归结果**

tsgdp	Coef.	Std. Err.	t	P > |t|	[95% Conf. Interval]	
aicfa	0.0001	0.0004	0.30	0.794	− 0.0017	0.0020
prey	− 0.0024	0.0010	− 2.38	0.141	− 0.0068	0.0020
tvtm	0.0097	0.0021	4.56	0.045	0.0005	0.0189
_cons	52.2492	9.2474	5.65	0.030	12.4611	92.0373

注：数据最多保留到小数点后四位。

其中，R^2 为 0.862，MSE 为 6.86，标准误差符合以地区为聚类标准的回归模型，模型通过验证，即第三产业比重（tsgdp）、金融资本（prey）、人口规模（aicfa）、技术要素（tvtm）等存在地域差距，但地域特征的影响效果并不显著。同时，京津冀地区第三产业增加值占 GDP 的比重受三类资源要素影响的程度不同，具体表现如下：第一，金融资本对第三产业增加值的影响相对较小，没有发挥资本要素对产业结构调整和经济增长的重要作用，但区别于对第二产业的负向影响，每增加 1 亿元资本投资额能带来第三产业增加值占 GDP 比重增加 0.013‰；第二，在 95% 的显著性水平下，第三产业增加值占 GDP 的比重受技术要素的影响程度显著高于人口规模和金融资本，与对第二产业增加值比重的负向影响不同，每增加 1 亿元技术市场成交额，就会使得第三产业增加值占 GDP 的比重上升 0.97%。

与地域聚类标准相比，以年份为聚类标准对数据样本进行回归的结果在

95%的置信水平上更加显著，如表22所示。京津冀金融资本、人口规模、技术要素对第三产业增加值占GDP比重的影响时间特征更加强烈，且人口规模和技术要素的表现更加突出，说明与其他两类要素相比，金融资本对第三产业的贡献度有待提升，对产业结构优化的作用有待进一步增强。在过去十年间，技术要素、人口规模、金融资本三类资源要素对京津冀第三产业占比的影响程度排名没有发生变化，但人口规模的影响程度越来越显著。

表22　　　　　　　　　以tsgdp为因变量的时间效应回归结果

tsgdp	Coef.	Std. Err.	t	P > │t│	［95% Conf. Interval］	
aicfa	0.0001	0.0001	1.39	0.199	−0.0001	0.0003
prey	−0.0024	0.0003	−8.00	0.000	−0.0031	−0.0017
tvtm	0.0097	0.0012	8.12	0.000	0.0070	0.0125
_cons	52.2492	1.3319	39.23	0.000	49.2363	55.2621

注：数据最多保留到小数点后四位。

综上所述，京津冀第三产业增加值占GDP的比重主要受技术要素的影响，金融资本对产业结构优化的贡献有待进一步激发。

四、结论与建议

（一）主要结论

产业结构升级的过程本质上是资源优化配置的过程，本报告以2008～2019年相关数据为样本，运用Stata 14.0软件对样本数据进行混合回归分析，从时间效应和地域效应两个角度测度金融资本、人口规模、技术要素三类要素配置对京津冀产业结构的作用，反映了金融资本等资源要素对京津冀产业结构的影响，分析结果接受原假设H01和H03，但拒绝原假设H02，主要结论如下。

第一，金融资本对京津冀产业结构的影响逐步显现，但与人口规模、技术要素相比，其对京津冀产业结构优化的影响较小。每增加1亿元资本投资额，能促进第二产业增加值占GDP的比重下降0.015%和第三产业增加值占GDP的比重上升0.013%，均低于人口规模和技术要素对产业结构的影响，且该结果受时间效应的影响较地域效应更加显著。

第二，资源要素的流动性是影响区域产业结构升级和区域协调发展的重要原因。回归结果均证实了人口数量变动与产业结构变化之间的关系，每减少 1 万常住人口，便能促进第二产业增加值占 GDP 的比重降低 0.043% 和第三产业增加值占 GDP 的比重提高 0.24%。与地域差异性特点相比，该效应受时间效应的影响更加显著，即随时间推移，资源要素的流动性对产业结构优化升级的影响将更加明显。

（二）对策建议

基于回归分析和主要研究结论，就发挥资源要素尤其是金融资本在京津冀协同发展中的作用提出如下建议。

第一，充分重视和利用要素资源，尤其是金融资本在实现京津冀产业协同发展和产业结构整体优化升级中的作用。以对接雄安新区建设和北京非首都功能疏解为抓手，以津冀两地与北京产业布局存在梯度和差异为契机，结合三地技术需求和人口规模，通过金融资本的优化配置推动实现北京科技研发、天津成果转化、河北应用推广的技术利益共同体，探索三地技术交流合作新模式，增强技术扩散能力和提升京津冀技术市场活跃度，合理引导北京高素质人才向津冀两地流动，促进拥有技术和知识的创造型人才在京津冀地区实现优化配置，释放知识潜能，助力津冀两地产业水平提升。

第二，积极探索资源要素跨省市流动机制，提升资本，尤其是金融业资本投资的利用效率。目前资本要素在京津冀产业结构优化升级中的作用相对较弱，应充分发挥北京在京津冀世界级城市群发展中的引领作用，结合北京科技创新中心的定位、天津金融创新运营示范区和改革开放先行区的定位、河北产业转型升级试验区的定位，探索更多金融资本和社会资本在京津冀三地之间自由流动的新模式，形成健康稳定的资本市场流动机制，有效对接京津冀协同发展和雄安新区建设，提高资本利用效率和配置优化度，使资本在京津冀产业结构优化升级和区域经济社会发展中发挥更大作用。

参考文献

［1］缑倩雯：《环境规制、技术创新与区域产业升级的关联机制研究》，载于《现代商贸工业》2019 年第 14 期。

［2］李国平、陈秀欣：《京津冀都市圈人口增长特征及其解释》，载于

《地理研究》2009 年第 1 期。

［3］路畅、王媛媛、于渤等：《制度环境、技术创新与传统产业升级——基于中国省际面板数据的门槛回归分析》，载于《科技进步与对策》2019 年第 5 期。

［4］鲁春义：《经济金融化的理论机制及其实践——基于资本积累理论的视角》，载于《山东社会科学》2021 年第 8 期。

［5］吕静韦、金浩、李睿：《我国战略性新兴产业影响因素研究》，载于《商业经济研究》2016 年第 4 期。

［6］廖宇航：《京津冀产业结构升级能带动人口疏导吗？——基于动态面板的实证分析》，载于《特区经济》2019 年第 2 期。

［7］倪文卿：《京津冀产业一体化测度及可行性研究》，载于《资源与产业》2019 年第 4 期。

［8］盛广耀：《城市群区域人口变动的时空演化模式——来自京津冀地区的证据》，载于《城市与环境研究》2018 年第 2 期。

［9］孙丽文、曹璐、吕静韦：《基于 DPSIR 模型的工业绿色转型评价研究——以河北省为例》，载于《经济与管理评论》2017 年第 4 期。

［10］孙铁山、李国平、卢明华：《京津冀都市圈人口集聚与扩散及其影响因素——基于区域密度函数的实证研究》，载于《地理学报》2009 年第 8 期。

［11］宛群超、袁凌、王瑶：《对外直接投资、区域创新与产业结构升级》，载于《华东经济管理》2019 年第 5 期。

［12］徐悦、张桥云：《金融资本集聚与区域金融中心形成——基于空间网络的分析视角》，载于《财经科学》2021 年第 5 期。

［13］张永安、张彦军、马昱：《产业结构升级对经济发展的影响与机制研究——基于固定效应与面板分位数回归模型的估计》，载于《当代经济管理》2019 年第 5 期。

［14］张蕊、李安林、李根：《我国产业结构升级与经济增长关系研究——基于地区和时间异质性的半参数平滑系数模型》，载于《经济问题》2019 年第 5 期。

［15］张云辉、赵佳慧：《绿色信贷、技术进步与产业结构优化——基于 PVAR 模型的实证分析》，载于《金融与经济》2019 年第 4 期。

［16］赵金丽、盛彦文、张璐璐等：《基于细分行业的中国城市群金融网络演化》，载于《地理学报》2019 年第 4 期。

河北省旅游产业发展大会的
作用机制和影响效应

张　葳　刘英超　赵　敏①

摘　要： 河北省旅游产业发展大会已举办六年，取得了积极显著的成效，但也暴露出了一系列不足，本文客观论述了省市旅发大会对提振疫后经济、推动河北旅游高质量发展的积极作用，综合研判了当前及未来需要破解的问题，从坚持平台机制、深刻总结经验、提高项目质量、机制持续改进、加强督导监管等方面提出了对策建议。

关键词： 旅游产业发展大会　作用机制　影响效应

2016 年以来，河北省成功举办了 6 届省旅游产业发展大会（旅发大会）和 60 余场市级旅发大会，有效推动了全省旅游业高质量、跨越式发展，旅发大会成为带动区域经济、社会、生态、文化全面发展的重要力量。

一、旅发大会对提振疫后经济、推动旅游业高质量发展做出重要贡献

2021 年，第六届全省旅发大会和 9 场市级旅发大会共建设重点观摩项目 122 个，打造各类新业态项目 34 个，提升老景区 67 家；共新建改建旅游公路 174.9 千米、风景道绿道 950.4 千米、酒店 41 家、旅游厕所约 161 个、游客服

---

①　张葳，河北省社会科学院省情研究所副研究员，研究方向为旅游经济；刘英超，河北省文化和旅游创新发展中心中级经济师，研究方向为旅游经济；赵敏，河北省文化和旅游创新发展中心经济师，研究方向为旅游经济。

务中心 45 个；共促进政府投资 68.1 亿元，撬动社会投资 152.9 亿元，带动就业约 5.2 万人。[①]

（一）旅发大会为服务国家战略、全省发展大局发挥关键作用

一是成为推动京津冀协同发展的重要平台。围绕推动京津冀协同发展，京津周边地区主动对接，提升基础设施和公共服务体系，推进河北与京津在交通建设、生态环保、产业共建等重点领域协同，加速与京津构建互联互通交通网络和实现公共服务共建共享。廊坊借旅发大会打造了"运河通航联动游"，将运河文化公园、水岸潮白田园综合体、梦东方未来世界航天主题乐园等多个产品串联起来。保定借旅发大会联合北京市 4 区、天津市 3 区、河北雄安新区以及河北省石家庄市、张家口市等八区三市签署成立"京津冀文旅一体化发展联盟"，深化了区域合作和产业融合，构建了联动共享体系。

二是助力长城、大运河国家文化公园建设。沧州创新模式，"节会融合"，将旅发大会与第十八届中国吴桥国际杂技艺术节协同举办。唐山遵化启动实施了长城旅游公路，打造了遵化的 1 号风景大道——遵化旅游风景道，串联遵化北部的长城旅游带，实现了禅林寺、鹫峰山、般若湖、恋乡小镇、古泉小镇、清东陵、凤凰岭等 16 个景区景点的串联。

三是贯彻全省文化和旅游"十四五"规划。涉县借助承办第六届省旅发大会，对八路军一二九师司令部旧址、红色记忆小镇等红色经典景区进行整体提升，打造红色精品线路，促进景村一体化发展，推出了贯穿 4 个县区、35个特色村落、39 个美丽乡村、68 个旅游景区景点，全长 235 千米的"太行山旅游风景道"。

（二）旅发大会为践行"两山"理论，推动绿色发展提供重要平台

一是生态修复成果显著。大会坚持推动山水林田湖造综合治理，各承办地开展高品质的造林绿化和景观提升，共植树造林 15747 公顷，植树总量超过900 万株。省旅发大会承办地邯郸推动滏阳河全域生态修复，完成河道清淤184 千米、扩挖 164 千米、修建堤顶公路 200 千米，实施"1+3"（"1"即邯西生态示范区，"3"即百千米浅山绿道、百千米环郊绿道、百千米滨水绿道）

[①] 数据来源：河北省旅游产业发展大会绩效评估组《2021 年全省旅游产业发展大会评估报告》，2021 年 12 月出版。

绿化提升工程,完成造林78.4万亩,森林覆盖率从29%提高到35.1%。廊坊全力推进"蓝天、碧水、增绿"工程,城乡污水处理率达到98%,城乡一体化垃圾清理4.64万吨,森林覆盖率33.8%。沧州完成大运河清淤任务,308千米堤顶路全线贯通,运河沿线群众出行更加便利。

二是人居环境持续改善。衡水投资4.02亿元沿索泸河打造了"一河两湖"景观带,将枣强县城西部生态公园、森林公园、南湖、北湖等节点联为一体,形成了自然宜居、功能完备的河道生态体系。保定打造了全长约49千米的旅游绿道、步行游道和景观廊道。唐山遵化造林绿化面积达8793公顷,植树总量10万株,拆违拆建面积29.6平方米,清理垃圾7.1万吨,河道整治5千米,531个村庄参与环境整治。承德将旅发大会结合乡村振兴战略,对观摩线路沿线40余个村庄得到进一步美化提升,有效推动承办县区景区质量提升工作。

三是生态效益日益突出。省市旅发大会始终坚持打好污染防治攻坚战,不断满足人民群众日益增长的优美生态环境的需要。邯郸持续开展大气污染治理攻坚,2021年1~7月空气质量综合指数为45微克/立方米、同比下降26.2%。吴桥县借承办旅发大会建设10万亩绿色廊道,发展现代农业产业项目,打造了一条观赏与效益共存的"绿色生态带"。

(三) 旅发大会为推动乡村振兴、实现共同富裕提供重要抓手

一是切实推进乡村产业振兴。涉县建设了石岗连泉农旅产业走廊以及电商中心,成为连片化发展乡村产业的典型示范。保定安国推出药博园、望都县推出辣椒主题农业园、博野县推出千年万亩古梨园,做足了休闲农业文章。衡水武邑县贾寺院耕读文化小镇,从亲子互动、乡村记忆、农家餐饮、现代农业、精品民宿和乡村治理等不同板块打造耕读文化,推动乡村振兴。

二是着力优化乡村人居环境。蠡县借旅发大会提升基础设施,232个村亮化工程,全面推进农村改厕,围绕村庄内外、国省干道、河流两岸等重点区域与部位,进一步厚植绿色底蕴,建成高速连接线,打通断头卡脖路,切实解决景区"小交通"与城市"大交通"衔接问题。衡水枣强、武邑、高新区对观摩项目涉及的村落集中开展人居环境整治,乡村面貌大为改观,乡村环境显著改善。

三是大力提升乡村文明水平。涉县通过文旅项目打造,进一步强化了当地村民对红色文化的保护和传承,村民自觉地加入乡风文明建设中。宽城县充

分利用满族民俗、非遗文化开展群众文化活动，加强了村民以主人翁的姿态当好乡村文明大使意识。

四是助推乡村治理有效。遵化山里各庄乡村振兴综合体、鹰手营子矿区鹰手康养小镇、武邑县贾寺院耕读文化小镇等是典型代表，尤其是武邑县贾寺院村"两委"在上级政府的支持下，强化党员干部队伍，健全村民法制与自治组织，完善村规民约，加强基层治理，顺利实现了由"穷"到"富"，由"乱"到"治"的完美蜕变。

五是促进村民增收致富。第六届省旅发大会有效辐射带动 7 个承办县（市、区）184 个乡村 36.6 万余人实现稳定增收，2.27 万余人实现稳定就业。其中，娲皇宫国际露营地为周边乡村提供就业岗位 120 余个，武安市王坡民宿通过租赁房屋和土地，带动周边村民每人每年增收 3000 元。第四届承德市旅发大会有效带动 12 个乡镇、46 个行政村，15 万人口发展乡村旅游。衡水野生动物园共带动周边村域发展农家乐和民宿 100 多家，带动就业 1000 多人，推动了周边多种旅游业态聚集式发展。

（四）旅发大会为倒逼产业升级、促进融合发展提供项目示范

一是推进文旅融合创新。各地深入挖掘河北优秀传统文化内涵，开发创意文旅精品、文创商品，大力发展红色旅游，实现以文促旅，以旅彰文。涉县赤水湾太行民俗小镇、峰峰矿区响堂山石窟数字中心博物馆、清河县益庆和盐店博物馆与油坊古镇、南宫县尚小云大剧院与围棋主题公园、宽城满族非遗文化展示、武邑县观津书院、定州正清和研学基地定瓷拉胚体验、国学诵读等一批项目，彰显了中华优秀传统文化的特色，让传统文化更加国潮化。永年广府古城投入 2.89 亿元，提升改造杨露禅故居、武禹襄故居、广府博物馆、府衙等景点以及基础服务设施，打造了文体旅创新融合发展新样板。遵化金融街古泉小镇、宽城淘金小镇、香河运河文化公园、香河金门闸遗址公园、南宫湖围棋主题公园、清河油坊古镇等成为各地文旅精品项目。

二是优化旅游产品供给。2021 年，省市旅发大会持续打磨和提升优质传统景区，着力升级业态、改善环境、提升服务，进一步增强了龙头景区的竞争力和综合带动作用。唐山市着力提升清东陵在区域旅游发展中的龙头作用，推出清东陵皇家祭祀大典等文化体验项目。秦皇岛加快推动渔岛等传统景区提档升级，打造全季型滨海温泉度假示范样板，引领秦皇岛滨海度假旅游目的地高质量发展。

三是产业转型升级加快。保定以地方特色产业为基础,着力培育安国中医药康养等新业态。邢台立足清河特色羊绒产业,整体推进商业步行街购物游、智能工厂工业游,加快新电商孵化中心建设,充分发挥文旅产业在县域经济发展全局中的巨大效能,着力打造"产城景"一体化的"清河模式"。承德推出板城酒博园,沧州将十里香文化产业园作为旅发大会项目。廊坊立足特色产业基础,重点打造机器人小镇新业态项目。秦皇岛充分挖掘滨海特色,推出葡萄岛游艇小镇、远洋帆船俱乐部等以海上项目为主的旅游业态。

(五) 旅发大会为完善基础设施、区域跨越赶超发挥关键作用

一是推进"快旅慢游",增强可进入性。2021 年,省市旅发大会新建、改建风景道、绿道 950.37 千米,新建、改建国省公路干线 17491 千米,进一步提升了河北省旅游业发展的交通水平。"太行红河谷文化旅游经济带"全域连通推动了区域内外高效联动,破解了一直以来制约地方旅游业发展的交通瓶颈。唐山在遵化北部山区推出全长 23.2 千米,连接清东陵、古长城等 20 余个景区景点,破解了长期制约山区经济发展的交通短板。

二是完善公共服务体系,提高满意度。2021 年,"便捷乐享"旅游服务网更加完善,新建、改建旅游厕所 161 个,新建、改建标识标牌 1751 块,新建、改建游客服务中心 45 个,新建、改建休闲驿站 58 个,新建、改建自驾车旅居车营地 10 个,新建、改建演出场所 30 个,新建、改建智慧景区 25 个。① "互联互通"智慧旅游网快速覆盖,完成"河北旅游云"、河北省文旅分时预约平台等信息化项目建设,形成连通省、市、县、景区和涉旅企业的多层次、立体化产业运行监测和应急指挥体系,11 家景区成为首批智慧景区示范点,"一部手机游河北"(乐游冀)平台上线运营,有力推进产业复苏,激发市场活力。

三是提升接待条件,提高服务质量。邯郸借第六届省旅发大会改造升级了10 所高端酒店、8 处精品民宿,优化了邯郸市旅游住宿服务结构,增加了优质住宿产品供给,对提高邯郸市旅游接待能力和旅游体验具有重要作用。秦皇岛市着力培育阿那亚社区为引领的高端度假业态和以万豪、菲奢尔为代表的滨海高端酒店群,为北戴河滨海度假业态高质量发展提供了有力支持。承德将民宿业态培育作为旅发大会的一项重点工作,重点提升首旅寒舍柏旅满塘、蟠龙湖

---

① 数据来源:河北省旅游产业发展大会绩效评估组《2021 年全省旅游产业发展大会评估报告》,2021 年 12 月出版。

月牙岛、化皮花栖小筑等一批民宿和乡村酒店及农家院，廊坊依托毗邻北京的区位优势，大力支持水岸潮白等民宿项目不断完善，旅游接待服务质量实现了新的跃升。

四是促进城乡风貌提升，推动存量低效空间产业提效。定州通过五届旅发大会对古城进行反复打造，将开元寺塔、文庙、贡院、定州博物馆、古州署、崇文街、宋街、正清和定瓷研学基地等进行串联，为传统旅游景区带来新的生机、重燃定州古城，推动了城市有机更新。保定旅发大会承办地实施道路改造提升、雨污分流工程和乡村改造提升工程，城市功能品质全面提升，县容县貌得到极大改观。

（六）旅发大会为培树旅游品牌、扩大区域影响力做出重要贡献

一是突出发挥融媒体、新媒体作用，搭建全媒体宣传矩阵。以先进技术为引领，开设抖音、新浪、百度等专题，建立"中央厨房"新闻宣传机制，推出一批新媒体创意产品。第六届省旅发大会话题点击阅读量超过6.3亿人次，邢台市旅发大会全网曝光量超6500万次、微博话题阅读量超1105万次，抖音、快手、今日头条相关话题播放量超720万次，极大提升了省、市旅发大会的关注度、参与度和品牌影响力。

二是"京畿福地、乐享河北"品牌，成为展示河北形象的重要名片。第六届省旅发大会打造了太行红河谷、水韵古磁州等7个极富特色的区域旅游品牌。邯郸丛台区回车巷启动"回车巷中国风文化节"活动，在万宾楼广场及街区多个节点进行"将相和""邯郸学步"等情景剧演出，日均接待游客3.8万余人，街区"夜经济"带动周边商铺日均销售收入突破300万元，成为必游必看的"网红打卡地"。各市根据承办地区域文化和旅游特色，成功塑造了"千年运河古郡、时尚羊绒之都""唐山周末·乐享遵化""百年红色传承 千年运河流香""滦河百里画廊"等区域旅游品牌，进一步丰富和完善了全省旅游品牌体系。

三是发挥大会平台机制作用，不断优化旅游营商环境。秦皇岛着力培育高端度假业态，优化旅游环境，吸引了阿那亚、万豪等国内外知名旅游品牌不断加大投资力度。旅游搭台，经济唱戏，旅发大会在促进地方特色产业发展方面发挥了突出作用，邢台、保定等市利用旅发大会契机，优化特色产业发展的软硬件水平，吸引更多的大型企业前来投资兴业，发现培育了一批代表行业高质量发展方向的企业，加快了羊绒产业、中医药产业、纺织业、苗木产业等地方

特色产业发展壮大的进程。

二、当前需要破解的问题

（一）服务发展大局能力有待进一步提升

河北是长城大运河国家文化公园、太行山旅游等大型文旅项目的关键节点，河北推动和支持京津冀高质量发展责任重大，当前看有些地方主动服务并融入国家战略的使命感和担当意识还不足，没有切实将旅发大会作为推动区域跨越发展的抓手和平台。

（二）改革创新能力有待进一步提高

文化和旅游"十四五"规划提出全省着力构建"一体两翼六带"的空间布局，为旅游产业供给侧改革、文化和旅游消费城市建设等提出了新的要求，当前来看，部分地区转变观念和贯彻落实工作不到位，面对困难消极观望，办会模式和项目简单复制，缺乏对自身资源和特点的深度挖掘。

（三）综合带动作用有待进一步提升

近年来，旅发大会使举办地旅游业和经济社会发展在较短时间内取得了突破性飞跃，对推动河北省经济社会发展具有不可替代的作用。然而旅发大会的综合优势和带动效应还未充分显现，对全域资源的优化作用还发挥不够，部分地区旅发大会在市场拉动和产业带动上缺乏主动作为。

（四）文旅深度融合有待进一步突破

文化和旅游融合发展力度、广度、深度还不够，优质资源利用不充分，对当地文化、文物古迹及其内涵的挖掘整理不系统、不深入，对文化资源的创造性转化、创新性发展不足，缺乏轰动效应和市场带动力的精品，特色文化旅游线路欠缺，品牌建设不够。

（五）市场化水平有待进一步提升

市场化办会意识还不足，政府主导多、操心多、负担重，市场对项目的投入、管理、运作参与少，为会后的持续经营和建设埋下隐患。有些地方良性市场竞争环境尚未建立，没能吸引优质旅游企业进入，闲置低效项目仍然存在。

（六）"后旅发"运营有待进一步加强

有的项目后旅发投入骤减，虎头蛇尾，运营维持出现问题，项目的市场影响力和渠道建设不稳固，市场转化的周期较短。部分市大会闭幕就是结束，旅游产品的市场宣传推广力度骤减，旅游品牌和城市品牌的打造缺乏持续性。部分地区监督考核机制有待进一步完善。

三、优化河北旅发大会平台机制的对策与建议

（一）坚持守正创新，积极引入市场机制

一是坚持平台机制。充分把握旅发大会平台机制的初衷，始终把旅发大会作为消除发展瓶颈、补齐发展短板、创新发展体制、促进区域旅游快速发展和经济社会高质量发展的重要平台和手段，坚定不移地把省旅发大会一届一届办下去，鼓励各市结合自身实际，在条件成熟时因地制宜举办市级旅发大会。

二是坚持守正创新。第五届、第六届省旅发大会的成功举办，体现了数字技术助推"科技＋文化＋旅游"的深度融合与实践创新，今后要继续将线上线下结合办会常态化。强化互联网思维，强化顶层设计，巩固拓展网上办会模式与效果，积极与网络平台、网络技术等专业团队对接交流，充分挖掘数字旅发巨大潜力，进一步提升线上线下融合效果，在全国打造网上办会的河北样板。

三是鼓励市场化办会。变政府主导为政府引导，强化市场意识、市场开发和市场运作；在全省推广市场化办会模式，充分发挥省内国有涉旅企业作用；要逐步转变政府对旅发大会嘉宾邀请及会务组织等工作承担过多的现状，引入战略合作伙伴，由企业承担大会会务、承办活动等，进一步激发市场活力、提高资源配置效率。

（二）深刻总结省市旅发大会经验，加强区域示范效应

一是坚持底线思维，追求高质量发展。坚持科学排兵、有效布阵，坚持多想一步、深想一层，所有旅游产品都要坚持正确政治方向，传播时代正能量，所有旅游项目都要符合国家政策规定，确保手续齐全、合规合法，所有旅游景

点都要坚持保护优先、合理有序开发，所有项目建设都要着眼于为群众谋利，提供更多就业岗位、增加群众收入。只有牢固树立底线思维，才能自信从容应对各种挑战，牢牢把握文化旅游持续健康高质量发展的主动权。

二是坚持线上线下同步办会，扩大旅发大会辐射范围。要用足用好互联网这个平台，提升大数据服务能力，同时坚持正确政治导向和价值导向，强化互联网思维，提升旅游数字化治理能力，提高对网络舆论的引导，共创产业新未来。

三是突出项目引领，强化区域示范带动。借助旅发大会的影响力与对交通条件、休闲环境、公共服务的改善，整合大项目、新项目、跨区域项目，构建一批具有全国吸引力的精品线路，持续扩大旅发大会承办地乃至河北省旅游品牌的宣传，扩大旅游知名度和影响力。以"竞争力强、示范性高、产业带动作用大"为导向，科学确定观摩项目数量，培育龙头项目，打造精品工程，确保业态新颖、效益突出、引导性强。

（三）提高旅发大会项目质量，打造区域龙头产品

一是聚焦国家战略，实施品牌升级。紧紧抓住京津冀协同发展、雄安新区建设、2022 年冬奥会筹办三大战略机遇，全面推动旅发大会融入国家战略。增强主动对接意识，通过旅发大会的联合筹办和举办，提升京津周边地区基础设施和公共服务体系，使旅发大会成为推动京津冀协同发展的重要平台。谋划在雄安新区召开旅发大会，对标雄安新区先进的建设理念，突出前瞻性、引领性，以大会聚集优质文化旅游要素。持续优化提升张家口冰雪产品、冰雪产业及相关配套设施，将河北冰雪旅游产业推向世界舞台。

二是加强产业融合，实施产品升级。促进旅游与文化、农业、工业、康养、体育、商贸、教育等产业深度融合，打造一系列资源创新、功能创新、服务创新的新型产品，实现产业整体升级。加快乡村旅游提质升级，优化乡村环境，完善公共服务，做好"补短板"工作，以食、宿质量提升为重点，推动农家乐向中高端民宿发展，释放乡村旅游消费巨大潜力，助力"双循环"新格局。

三是注重软硬兼顾，实施服务升级。借助大会平台，重点打造升级国家"一号风景大道"、草原天路及太行山水、山海花田、锦绣长城、运河雄风等风景道，推动环首都、环白洋淀、环衡水湖等绿道网建设，深入推进旅游"厕所革命"，积极探索"以商建厕、以商管厕、以商养厕"的管理新模式，

加强科技赋能，完善沉浸式体验型文化和旅游消费内容，大力提升河北省文化旅游服务升级。

（四）推动平台机制持续改进，促进大会高质量举办

一是坚持长期主义，延长大会效益。以推动地方跨越式发展、可持续发展、高质量发展为初衷，加强大会谋划，做好前期培育，夯实市场机制，多措并举延长旅发大会效益的辐射周期，着力培育和引导市场消费，不要办完旅发大会就"一哄而散"。

二是加强项目建设的可持续性。强化对在建项目的跟踪与支持，进一步巩固建成片区的旅游成果，不断推动旅游产品升级、新型业态升级、服务品质升级，并借助旅发大会的影响力与对交通条件、休闲环境、公共服务的改善，整合大项目、新项目、跨区域项目，构建具有全国吸引力的精品线路，切实将旅游大会承办地逐步打造成为国家全域旅游示范区、全国知名旅游目的地。

三是构建良好的旅发生态。强化旅发大会主管部门的"主责、主业、主角"意识，把握大会举办初衷，牢记推动高质量发展主线，科学确定不同层级、不同岗位的目标任务和职责权限，防止越位、错位、缺位。省级主管部门不直接插手干预各市大会具体工作，重点抓好指导、督促、检查、评估、总结与改革创新工作。市级主管部门做好旅发大会的顶层设计，协助市场主体做好大会筹备举办工作，做好项目筛选，指导重点项目建设，协调其他部门做好相关配套项目建设，帮助企业做好各项手续的完善工作。

（五）加强后旅发监管督导，优化巩固大会各项成果

一是加强"后旅发"持续支持。按照机构不撤、职能不变、力度不减的原则，将"旅发大会筹备指挥部"整体转为"项目建设服务部"，持续出台支持政策、制定专项支持方案、统筹组织后续发展；对项目进行持续跟踪，不断推进产品提升、业态创新、品质升级，打造高品位、高质量、市场化、吸引力强的旅游产品，真正做到留住项目、做大做强项目。充分利用电视、广播、报刊等传统媒体以及微博、微信、网络等新媒体加强区域会后宣传，持续制造热点聚焦。构建具有区域竞争力的精品线路，不断增强旅发项目市场竞争力与持续经营能力。

二是强化签约项目督导落实。各市要探索组建签约项目推进领导小组，加强对签约项目落地实施的组织领导，层层压实责任，确保签约项目早日投产运

营；探索建立签约项目领导包联制度，对签约项目进行持续跟踪服务，协调解决项目后续建设、运营中遇到的困难和问题；探索建立签约项目推进协调推进工作机制，文旅部门会同发改、自然资源、生态环境、住建等部门共同推进签约项目落地实施，强化全过程的跟踪服务，规范项目建设手续和流程，合力推进项目建设。

三是做好监督、评估与培训工作。强化底线思维，加强全程监督监管力度。筑牢安全防线，压实监管责任，坚持在旅发大会各项工作中办事依法、遇事找法、解决问题用法、化解矛盾靠法，保证按程序办事、循规矩处事，做到不违规、不违纪、不违法，切实保障项目可行、工期合理、按规落地、依规建设。优化对旅发大会全程评估工作，逐步由"大会全程评估"向"会前统筹指导""会中顾问协调""会后总结提升"转变；建立健全旅发大会培训机制，举办专题培训班，重点对主管领导、相关部门、相关企业、旅游从业人员和志愿者进行系统培训与专业指导，提高思想认识，传播旅发大会先进经验、总结高效推进模式、宣传大会成果与品牌，为各地举办旅发大会提供借鉴与指导。